高等学校**跨境电子商务**系列丛书

国际搜索引擎优化与营销

缪晨卿　许绍宏　渠成　王延益　编著

清华大学出版社
北京

内 容 简 介

基于 Google 的搜索引擎营销是跨境电子商务最主要的在线营销方式，包括搜索引擎优化、搜索引擎广告两大方式，兼具操作灵活、功能丰富、效果直观等特点。

本书强调理论与应用的紧密结合，从搜索引擎的基本原理和功能入手，对搜索引擎优化和搜索引擎广告的有关内容进行了完整的阐述，对操作流程和步骤进行了详细的讲述，最后深入分析优化层面，形成一套完整的搜索引擎营销体系。全书以实践为基础，从策略制订到操作执行，帮助读者全面了解搜索引擎营销的各个方面。

本书共分为 10 章，针对海外搜索引擎营销的初学者及应用者，循序渐进，内容涵盖搜索引擎优化和搜索引擎广告的概念和基本操作、数据分析和效果优化，以及整体营销推广策略的制订和一些实用工具的使用。每章都对知识点进行了全面和详细的讲解，便于读者理解，并配以案例和练习题，帮助读者更好地结合实际运用。

本书封面贴有清华大学出版社防伪标签，无标签者不得销售。
版权所有，侵权必究。举报：010-62782989，beiqinquan@tup.tsinghua.edu.cn。

图书在版编目(CIP)数据

国际搜索引擎优化与营销/缪晨卿等编著. —北京：清华大学出版社，2022.4
（高等学校跨境电子商务系列丛书）
ISBN 978-7-302-60196-8

Ⅰ.①国… Ⅱ.①缪… Ⅲ.①搜索引擎－系统最优化－高等学校－教材 Ⅳ.①G254.928

中国版本图书馆 CIP 数据核字(2022)第 031421 号

责任编辑：张　民　常建丽
封面设计：常雪影
责任校对：焦丽丽
责任印制：朱雨萌

出版发行：清华大学出版社
　　　网　　址：http://www.tup.com.cn，http://www.wqbook.com
　　　地　　址：北京清华大学学研大厦 A 座　　　邮　　编：100084
　　　社 总 机：010-83470000　　　邮　　购：010-62786544
　　　投稿与读者服务：010-62776969，c-service@tup.tsinghua.edu.cn
　　　质量反馈：010-62772015，zhiliang@tup.tsinghua.edu.cn
　　　课件下载：http://www.tup.com.cn，010-83470236
印 装 者：三河市龙大印装有限公司
经　　销：全国新华书店
开　　本：185mm×260mm　　　印　　张：21.25　　　字　　数：516 千字
版　　次：2022 年 5 月第 1 版　　　印　　次：2022 年 5 月第 1 次印刷
定　　价：59.90 元

产品编号：082579-01

FOREWORD

前　言

随着互联网的普及与发展,人们在互联网上的行为变得更加丰富。随着经济全球化的发展,以及国家对外贸跨境电子商务的扶持,如何基于互联网进行在线营销,特别是利用在海外拥有极高使用率和庞大用户群的谷歌(Google)搜索引擎进行有效的营销,成为外贸企业新的课题。

新的营销方式的诞生和深入发展要求进一步提升在线营销人员的专业素养及在线营销效果,从而使得为企业带来的收益最大化。基于谷歌的搜索引擎营销作为跨境外贸行业在线营销的一大渠道,必然成为整个营销体系建设的重点。谷歌作为境外乃至全球市场份额及使用率较高的搜索引擎,在境外互联网用户中有着极高的普及率,为国内企业和境外远距离的潜在消费者群体搭起了通畅的桥梁。因此,利用好搜索引擎上产生的内容,包括利用搜索引擎优化提升自然排名和进行搜索引擎广告的投放,准确地触达用户由关键词及互联网行为体现出的需求至关重要。

本书介绍了搜索引擎的基本知识,让读者首先对搜索引擎的各种机制和功能有必要的了解,并从搜索引擎本身出发对搜索引擎营销进行阐述。其中,搜索引擎优化作为一种非付费的营销方式,将营销内容融入自然搜索的结果中,让潜在客户无形地接收营销信息推送。本书通过对理论知识和实践化的操作同步讲解,让读者可以快速且有效地掌握搜索引擎优化的核心知识及操作手法。

搜索引擎广告则更加直接地通过关键词将信息传递给消费者,同时再通过人群特征、互联网浏览位置等定位方式将更丰富的内容有针对性地传递给不同的消费者。本书通过讲解相关概念、操作步骤、数据分析、策略制订以层层递进的方式,让读者一步步深入对搜索引擎广告的了解,从而掌握搜索引擎广告营销的每一环节及实践化的运用。

同时,本书还讲述了如何利用一系列在线工具,帮助企业制订营销策略、数据处理及优化流程。搜索引擎营销触达企业从计划、实施到收获的每个步骤,也与消费者兴趣、思考到决策的过程相对应。

搜索引擎营销知识点较多,又需要与大量实践相结合,碎片化呈现难以形成整合分析的思维体系,为之后的营销执行和管理造成隐患。因此,本书系统

　　渐进式的阐述,以及案例和实践场景的配合,有助于读者全面掌握搜索引擎营销的知识,为将来在实际的营销工作中能够合理地运用打下坚实的基础。

　　本书主要由缪晨卿、许绍宏撰写,其中第2章、第5章及第10章中涉及搜索引擎非付费营销(SEO)的内容主要由渠成撰写。王延益负责全书文字内容的整理和统稿工作。

作　者

2022 年 1 月

目　录

第 1 章　搜索引擎营销概述　1
1.1　国际贸易新机遇　1
1.1.1　互联网跨境销售时代　1
1.1.2　全球化的商业机遇　3
1.2　搜索引擎营销简介　5
1.2.1　搜索引擎营销价值　5
1.2.2　海外搜索引擎营销环境　7
1.3　搜索引擎的发展　8
1.3.1　搜索引擎营销原理　8
1.3.2　搜索引擎的起源、历史　10
1.3.3　海外搜索引擎介绍及现状　11
1.3.4　搜索引擎的发展趋势　13
练习题　13
答案　14

第 2 章　搜索引擎优化　15
2.1　搜索引擎优化概述　15
2.1.1　搜索引擎优化的意义　15
2.1.2　搜索引擎优化的原理　16
2.2　搜索引擎优化介绍　18
2.2.1　站内搜索引擎优化介绍　18
2.2.2　站外搜索引擎优化介绍　24
2.2.3　YouTube 搜索引擎优化介绍　27
2.2.4　主流海外网站搭建平台介绍　30
2.3　搜索引擎优化常见误区　32
2.3.1　关键字堆砌　32
2.3.2　大量的垃圾外链　32
2.3.3　文章内容大多通过复制并粘贴得到　33

CONTENTS

2.3.4 网站更新无规律	33
2.3.5 隐藏文本	33
2.3.6 建立桥页	33
2.3.7 网站内图片、Flash 动画过多	33
2.3.8 黑帽法	34
2.4 案例	35
2.4.1 某家具类销售品牌	35
2.4.2 某仿真模型销售商	35
练习题	36
答案	37
第 3 章 搜索引擎广告基础营销方式	**38**
3.1 Google 搜索广告	38
3.1.1 为什么要做 Google 搜索广告	38
3.1.2 Google 搜索广告原理	39
3.1.3 Google 广告政策	48
3.1.4 Google 搜索广告账户的内容及基础操作	55
3.2 Google 购物广告介绍	65
3.2.1 为什么要做 Google 购物广告	65
3.2.2 Google 购物广告原理	66
3.2.3 Google 购物广告政策	70
3.2.4 Google Merchant Center 账户内容及基础操作	72
3.2.5 Google 购物广告账户内容及基础操作	81
练习题	88
答案	90
第 4 章 搜索引擎广告扩展营销方式	**91**
4.1 Google 展示广告	92
4.1.1 为什么要做 Google 展示广告	92
4.1.2 Google 展示广告原理	93
4.1.3 Google 展示广告政策	96
4.1.4 Google 展示广告账户内容及基础操作	101

4.2 Google 再营销广告 　　111
　　4.2.1 为什么要做 Google 再营销广告 　　111
　　4.2.2 Google 再营销广告原理 　　112
　　4.2.3 受众群体内容及基础操作 　　114
　　4.2.4 Google 再营销广告账户内容及基础操作 　　118
　　4.2.5 搜索再营销 　　119
　　4.2.6 动态再营销 　　121
4.3 其他搜索引擎广告 　　124
　　4.3.1 为什么要做其他搜索引擎广告 　　124
　　4.3.2 其他搜索引擎广告原理 　　125
　　4.3.3 其他搜索引擎广告账户内容 　　125
练习题 　　125
答案 　　126

第 5 章　搜索引擎非付费营销策略及应用　　127

5.1 寻找目标市场 　　127
　　5.1.1 如何寻找目标市场 　　127
　　5.1.2 如何制订搜索引擎优化营销策略 　　134
5.2 跨境搜索引擎优化策略 　　136
　　5.2.1 首页、类目、详情页等内容策略 　　136
　　5.2.2 海外多语言策略 　　138
5.3 案例 　　146
练习题 　　147
答案 　　148

第 6 章　搜索引擎付费广告策略及应用　　149

6.1 广告投放策略制订 　　149
　　6.1.1 跨境 B2B 行业的营销策略制订 　　149
　　6.1.2 跨境 B2C 行业的营销策略制订 　　153
6.2 基于场景的广告应用 　　156
　　6.2.1 基于事件场景的广告应用 　　157
　　6.2.2 基于地区的广告应用 　　160

CONTENTS

  6.3　搜索引擎付费广告与其他营销渠道的互动　164
      6.3.1　搜索引擎付费广告与搜索引擎优化及新闻稿 PR、维基百科　164
      6.3.2　搜索引擎付费广告与 SNS(FB、Twitter)　169
      6.3.3　搜索引擎付费广告与 EDM　174
  6.4　案例　181
      6.4.1　节日营销创意案例　181
      6.4.2　全球推广案例　182
      6.4.3　搜索广告与其他营销方式的联动　182
      6.4.4　Gmail 广告创意　183
  练习题　185
  答案　186

第 7 章　搜索引擎基础营销广告效果评估及优化　187

  7.1　Google Ads 转化跟踪与设置　187
      7.1.1　为什么要进行转化跟踪　187
      7.1.2　转化跟踪的原理　188
      7.1.3　Google 广告转化跟踪设置　189
  7.2　Google 搜索广告效果评估及优化　196
      7.2.1　Google 搜索广告主要报告与分析　196
      7.2.2　Google 搜索广告优化切入点与设置　207
  7.3　Google 购物广告效果评估及优化　218
      7.3.1　Google 购物广告账户的主要报告与分析　218
      7.3.2　Google Merchant Center 账户的主要报告与分析　219
      7.3.3　Google 购物广告账户优化要点与设置　221
      7.3.4　Feed 优化及设置　221
  7.4　案例　226
      7.4.1　根据 ROI 调整出价　226
      7.4.2　表现不佳关键字及广告优化步骤　227
      7.4.3　购物广告-Feed 优化　228
  练习题　230
  答案　232

CONTENTS

第 8 章　搜索引擎扩展营销广告效果评估及优化　233
- 8.1　Google 展示广告效果评估及优化　233
  - 8.1.1　Google 展示广告的主要报告与分析　233
  - 8.1.2　Google 展示广告优化点与设置　237
- 8.2　Google 再营销广告效果评估及优化　248
  - 8.2.1　Google 再营销广告主要报告与分析　248
  - 8.2.2　Google 再营销广告优化的切入点与设置　250
- 8.3　案例　253
  - 8.3.1　展示广告优化流程　253
  - 8.3.2　再营销优化　255
- 练习题　257
- 答案　259

第 9 章　搜索引擎广告效果评估及优化高阶应用　260
- 9.1　基于数据的效果评估及广告优化　261
  - 9.1.1　寻找数据关键点　261
  - 9.1.2　象限法评估及优化应用　263
  - 9.1.3　决策树评估及优化应用　267
- 9.2　基于广告目标的优化　270
  - 9.2.1　品牌知晓目标　271
  - 9.2.2　流量增长目标　273
  - 9.2.3　以销售促进 ROI 为目标　274
- 9.3　案例　277
  - 9.3.1　每天设置的预算都花不完，推广没有效果　277
  - 9.3.2　有很多的展示了，但是没人点击，网站流量少　277
  - 9.3.3　账户花费高，但是没有效果　277
- 练习题　277
- 答案　278

第 10 章　搜索引擎营销常用工具　279
- 10.1　Google Analytics　279

10.1.1	Google Analytics 概述	279
10.1.2	Google Analytics 的基本设置	290
10.2	Google Tag Manager	299
10.2.1	Google Tag Manager 概述	299
10.2.2	Google Tag Manager 基本设置	300
10.3	搜索引擎优化工具与插件	306
10.3.1	搜索引擎优化工具概述	306
10.3.2	搜索引擎优化插件概述	311
练习题		326
答案		327

第 1 章
搜索引擎营销概述

1.1 国际贸易新机遇

1.1.1 互联网跨境销售时代

电子商务,简称电商,是指在互联网(Internet)、内联网(Intranet)和增值网络(Value Added Network,VAN)上以电子交易方式进行交易和相关服务的活动,是传统商业活动各环节的电子化、网络化。

电子商务包括电子货币交换、供应链管理、电子交易市场、网络营销、在线事务处理、电子数据交换(EDI)、存货管理和自动数据收集系统等。

电子商务通常是指在全球各地广泛的商业贸易活动中,在互联网开放的网络环境下,基于浏览器/服务器应用方式,买卖双方不谋面地进行各种商业贸易活动,实现消费者的网上购物、商户之间的网上交易和在线电子支付,以及各种商务活动、交易活动、金融活动和相关的综合服务活动的一种新型商业运营模式。

其商业模式有 B2B 和 B2C 两种。B2B 是指企业在线上通过网络平台发布相关信息及广告资讯,然后在线下达成交易,采用 O2O(Online to Offline)交易模式;B2C 则是企业与消费者一对一直接交易。

跨境电子商务是指分属不同关境的交易主体,通过电子商务平台达成交易,进行支付结算,并通过跨境物流送达商品,完成交易的一种国际商业活动。跨境电子商务是基于网络发展起来的,网络空间相对于物理空间来说是一个新空间,是一个由网址和密码组成的虚拟但客观存在的世界。网络空间独特的价值标准和行为模式深刻地影响着跨境电子商务,使其不同于传统的交易方式而呈现出自己的特点。

1. 跨境电子商务的特征

(1) 全球性。依附于网络发生的跨境电子商务与互联网一样,具有全球性和非中心化的特性。跨境电子商务与传统的交易方式相比,是一种无边界交易,突破了传统交易受地理因素的制约。互联网用户不需要考虑跨越国界就可以把产品尤其是高附加值产品和服务提交到市场。网络的全球性特征带来了信息最大程度的共享。

(2) 无形性。网络的发展使数字化产品和服务的传输盛行。数字化产品和服务基于数字传输活动的特性也必然具有无形性,传统交易以实物交易为主,而在跨境电子商务中,无形产品却可以替代实物成为交易的标的物。以书籍为例,传统的纸质书籍,其排版、印刷、销售和购买被看作产品的生产、销售。然而,在电子商务交易中,消费者只要购买网上的数据权,便可以使用书中的知识和信息。而如何界定该交易的性质、如何监督、如何征税等一系列问题却给税务和法律部门带来了新的课题。

(3) 匿名性。由于跨境电子商务具有全球性和非中心化的特性,因此很难识别电子商务用户的身份和其所处的地理位置。在线交易的消费者往往不显示自己的真实身份和地理位置,重要的是这丝毫不影响交易的进行,网络的匿名性也允许消费者这样做。

(4) 即时性。对于网络而言,传输的速度和时空距离无关。传统交易模式中,信息交流方式(如信函、电报、传真等)在信息的发送与接收之间存在着长短不同的时间差。而跨境电子商务中的信息交流,无论实际时空距离远近,一方发送信息与另一方接收信息几乎是同时的,就如同生活中面对面交谈。某些数字化产品(如音像制品、软件等)的交易还可以即时结清,订货、付款、交货都可以瞬间完成。电子商务交易的即时性提高了人们交往和交易的效率,免去了传统交易中的中介环节。

(5) 无纸化。跨境电子商务主要采取无纸化操作的方式,这是以电子商务形式进行交易的主要特征。在跨境电子商务中,电子计算机通信记录取代了一系列的纸面交易文件。用户发送或接收的电子信息以比特的形式存在和传送,整个信息发送和接收过程实现了无纸化。

(6) 快速演进。基于互联网的电子商务活动正在以前所未有的速度和方式不断演进。短短的几十年,电子交易经历了从 EDI 到电子商务零售业的兴起的过程,而数字化产品和服务更是花样出新,不断地改变着人类的生活。

跨境电子商务作为推动经济、贸易全球化的技术基础,具有非常重要的战略意义。跨境电子商务不仅冲破了国家间的障碍,使国际贸易转变为无国界贸易,同时它也正在引起世界经济贸易的巨大变革。对企业来说,跨境电子商务构建的开放、多维、立体的多边经贸合作模式,极大地拓宽了进入国际市场的路径,大大促进了多边资源的优化配置与企业间的互利共赢;对于消费者来说,跨境电子商务使他们非常容易地获取其他国家的信息,并买到物美价廉的商品。跨境电子商务开启了购物无国界的新纪元,为全球企业带来更多商机。跨境电子商务在信用管理体系方面也具备自己的特点:低成本、高效率、全球性。

2. 跨境电子商务在中国的兴起与历史沿革

从20世纪90年代的"金关工程"算起,中国的跨境电子商务已经有30多年的历程,这也是从传统外贸向跨境电子商务转变的过程,见证了互联网浪潮和诸多跨境电子商务的百花齐放。跨境电子商务的发展不只是政策的晴雨表,也是互联网发展的百科书,更是中国经济发展的见证人。

跨境电子商务的历史起源,也是中国电子商务开始发展的初期,最早是从金关工程开始的。1993年,国务院提出实施金关工程,目标是要建设现代化的外贸电子信息网,将海关、商检、外经贸、金融、外汇管理和税务等部门实现计算机联网,用EDI方式进行无纸贸易,全面实现国家进出口贸易业务的计算机化。2001年,金关工程正式启动。金关工程的提出具有划时代的意义,它吹响了中国外贸电子商务的发展号角。

中国黄页是在互联网引入初期,在当时的互联网基础条件下形成的。对外贸企业来说,网络黄页推广主要是加入面向全球市场的国家级和世界级黄页目录,以及在目标市场的网络黄页上做广告。当中国互联网逐渐普及,特别是环球资源上市后,这种黄页式国际电子商务服务成为一种流行的模式。当时很多做外贸的网站,如中国制造网、全球市场、慧聪网、ECVV等,基本上都是网上黄页的模式。竞价排名、增值服务、广告、线下服务就是服务商的商业模式。中国迎来了B2B电子商务的1.0时代。

跨境电子商务1.0时代的主要商业模式是网上展示、线下交易的外贸信息服务模式。虽然通过互联网解决了中国贸易信息面向世界买家的难题,但是依然无法完成在线交易,对于外贸电商产业链的整合仅完成信息流整合环节。

跨境电子商务2.0阶段是从2004年开始的。这个阶段,跨境电子商务平台开始摆脱纯信息黄页的展示行为,将线下交易、支付、物流等流程实现电子化,逐步实现在线交易平台。

2013年,"一带一路"倡议的提出极大地刺激和推动了跨境电子商务的发展。2014年,海关总署56号、57号公告的发布使得进出口跨境电子商务变得有法可依。

2015年7月4日,国务院常务会议提出优化通关流程、落实退免税政策、鼓励外贸服务、鼓励培育自有品牌及资源四大举措,促进跨境电子商务健康、快速发展,用"互联网+外贸"实现优进优出,扩大消费、推动开放型经济发展升级、打造新的经济增长点。

移动互联网席卷全球的浪潮也影响着跨境电子商务的发展。2014年以来,新一代跨境电子商务网站及平台,借助移动互联网的风头迅速发展壮大。跨境电子商务移动化正在一步步成为主流。

1.1.2 全球化的商业机遇

2018年全国两会期间,经济全球化和"一带一路"成为关键字,2017年进出口总额增幅创六年新高,中国成为世界第一贸易大国。其中,跨境电子商务在经济全球化过程中扮演重要角色。近年来,国内企业纷纷布局出口跨境电子商务市场。相对于传统外贸模式,出口跨境电子商务将国产优势商品直接对接国外消费者,缩短了贸易中间环节,减少了商品流转成本。全球贸易逐渐线上化发展的趋势明显。特别是随着东南亚等新兴国家电子商务市场的快速发展,广阔的市场发展空间给外贸企业带来更多的机遇。

俄罗斯、巴西、以色列、阿根廷等国家和地区的电子商务迅猛发展,给中国卖家带来更大的用户规模,目标人群不断壮大。随着国际新兴市场的电子商务的发展,人们对电子商务观念的改变以及当地供应的不足等给中国企业带来机遇。欧美等发达国家用户消费升级,由低价向品质延伸。欧美发达国家消费者正在逐渐呈现出对商品品质需求的提高,这是用户消费的升级。同时,中国卖家也逐步通过品牌化的打造输出更多有品牌附加值、高质量的商品。

据网经社(100ec.cn)监测数据显示:2018年中国跨境电子商务交易规模达9万亿元,同比增长11.6%。2019年跨境电子商务交易规模首度突破10万亿大关,占中国进出口总值31.54万亿元的33.29%。其中出口跨境电子商务交易规模为8.03万亿元,较2018年的7.1万亿元同比增长13.09%。

消费者选择跨境购物,可以找到更便宜、国内市场上没有的商品,以及他们可以信任的国际零售商。这促使了跨境电子商务在全球范围内逐渐升温。

根据权威调研机构Forrester发布的2017—2018年全球跨境电子商务营销白皮书的预测,2022年跨境购物将占到电商份额的20%,销售额达6270亿元。跨境电子商务的增长将稳步超过国内电商的增长。具体而言,在中国的推动下,亚太地区将成为最大的进出口电子商务跨境地区,中国电商商家将继续向海外在线买家销售更多的产品。

Forrester对来自澳大利亚、马来西亚、新加坡、印度、英国、美国、泰国、越南和印度尼西亚的2825名消费者进行了在线调查。调查结果显示:超过70%的现有跨境买家可能或非常可能再次购买,形成再次消费;越南、印度尼西亚和澳大利亚的消费者从跨境线上卖家处再次购买占比最大;以印度尼西亚、印度和泰国为首的海外买家将更多选择中国卖家;一半的海外买家将继续选择中国卖家,另外27%的消费者将会适度或显著增加消费金额。印度尼西亚(44%)、印度(42%)和泰国(37%)的消费者最有可能再次选择中国供应商进行网上购物。

从全球视角看,在当前的历史时期,全球互联网进入下半场,跨境电子商务呈现了非常明确的阶段性特征。首先,还有大量有待开垦的电商市场,特别是增量喜人的新兴市场,例如东南亚、中东乃至南美洲、非洲,中国电商出海拓展空间巨大;其次,产业升级,从中国制造到中国智造,让中国出口电商企业自信出海,并在更大范围内积极应对、筹备下一次产业技术升级;最后,中国电商的蓬勃发展让中国企业更快适应全球渠道升级,减少中间环节,提升服务。不管是面对电商生态链上下游环节的整合优化,还是面对消费者的精细营销及会员管理,中国电商在全球的影响不可小觑。

从中国视角看,近年来,跨境电子商务已成为中国经济发展和外贸增长的新动能。跨境电子商务是巩固中国贸易大国地位的重要支撑、促进外贸供给侧结构性改革的重要动力、提高贸易便利化水平的重要抓手、引领国际经贸规则的重要突破口。大力发展跨境电子商务等新业态,既是培育竞争新优势、推进贸易强国建设的必由之路,也是促进经济持续健康发展、提升国际地位和影响力的战略选择。

1. 中国跨境电子商务发展呈现的特点

(1)规模不断扩大,增速快于同期进出口总体增速。自2014年以来,中国跨境电子商务进入了爆发式增长的阶段,跨境电子商务的增速明显快于同期中国进出口的总体增速,中国进出口贸易中的电商渗透率持续提高。跨境电子商务对推动国际贸易自由化和便利化,促进外贸转型升级发挥了重要作用。

(2)从市场格局看,跨境B2B贸易在中国跨境电子商务中一直占主导地位;跨境电子商务零售增势强劲,跨境电子商务零售占中国跨境电子商务市场的比重今后将大幅提升。

(3)跨境电子商务对就业发挥了重要作用。跨境电子商务涵盖制造、仓储、物流、支付、信息网络、外贸综合服务等多个领域与环节,产业链长,带动就业增长,创造了大量新的就业岗位,成为大众创业、万众创新的热点。相关数据显示,中国(杭州)跨境电子商务综合试验区直接和间接带动当地超过10万人就业。广东省从事跨境电子商务及相关支撑服务的企业有8万至10万家,从业人员超百万人。

(4)品牌培育增强企业竞争力,产业集聚效应明显。品牌培育是提升外贸竞争力的重要手段。跨境电子商务企业通过技术和商业模式创新,培育了自主品牌,增强了自身竞争力。唯品会、环球易购、通拓科技、有棵树等主流出口电商平台企业,高度重视自主品牌开发,在3C消费电子、礼品、服装和无人机等领域成功开拓海外市场品牌化营销之路,积极布局海外市场,扩大自身影响力。

(5)中国跨境电子商务出口额远远大于进口额,跨境电子商务对促进中国商品出口的贸易顺差效应非常明显。

2. 中国跨境电子商务发展的新机遇

中国跨境电子商务发展面临新的机遇:政策支持力度的不断加大,政策红利的逐步扩大和释放;国内居民消费结构由生存型向质量型转化;全球消费需求总量增加;互联网技术的不断快速升级。

综上所述,随着技术水平持续、稳步的提升和国际政治商业环境不断的优化,跨境电子商务正在以不可逆转之势,不断地打破、重构产业边界,形成多维度、多层次的动态商业生态体系。跨境电子商务搭建起一个开放、通用、便利的全球贸易平台,亿万消费者可以"买全球",国内的企业可以"卖全球",实现了全球连接、全球联动。跨境电子商务逐渐进入全球化大众消费时代。

1.2 搜索引擎营销简介

1.2.1 搜索引擎营销价值

在跨境电子商务行业爆发式增长的背景下,营销作为打开市场核心的一环,其重要意义不言而喻。

1. 搜索引擎营销的概念

搜索引擎营销(Search Engine Marketing,SEM)是指当用户利用搜索引擎查询信息时,通过搜索引擎付费营销或搜索引擎优化的手段,使营销内容展现在目标用户面前,通过用户点击访问目标网站达到营销目的的一种网络营销手段。

按点击付费(Pay Per Click,PPC)是搜索引擎付费营销最为常见的一种方式,如Google Ads、百度竞价排名等。

搜索引擎优化(Search Engine Optimization,SEO)是指根据搜索引擎排名规则对网站从站内到站外进行全方位的优化,从而达到在搜索引擎的搜索结果中排名靠前,进而为网站带来流量实现营销目的的网络营销手段。搜索引擎优化还主要分为两大部分:第一部分涉及在线内容的管理和创建,旨在提升其在主流搜索引擎,如Google、Bing等中的表现,从而带来更多的自然流量;第二部分则是在电商平台的搜索引擎优化,例如在亚马逊、eBay等主流电商平台中有数以百万计的商品,让自己的产品能在买家第一次搜索时就被找到,提高商品曝光率,是一个成功的出口电商所必须掌握的。对很多独立站点的电商来说,搜索引擎优化已经是从建站初期就必须考虑的事情。

2. 搜索引擎营销的特点

搜索引擎营销的实质就是通过搜索引擎工具,向用户传递他所关注对象的营销信息。相较于其他网络营销方法,搜索引擎营销有以下特点。

(1)用户主动创造被营销机会。搜索引擎营销和其他网络营销方法最主要的不同点在于,这种方法是用户主动创造营销机会。以关键字广告为例,它平时在搜索引擎工具上并不存在,只有当用户输入关键字,完成并结束查找过程,它才在关键字搜索结果旁边出现,虽然广告内容已定,不是搜索引擎用户所决定的,但给人的感觉就是用户自己创造了被营销机会,用户主动加入了这一过程,这也是搜索引擎营销比其他网络营销方法效果更好的原因。

(2)搜索引擎方法操作简单、方便。搜索引擎方法操作简单、方便,主要表现在以下几个方面。

第一,登录简单。如果搜索引擎是分类目录,企业想在此搜索引擎登录,那么工作人员按照相应说明填写即可,无须专业技术人员或营销策划人员,纯技术的全文检索则不存在登录的问题。

第二,计费简单。以关键字广告为例,它采用的计费方式是PPC,区别于传统广告形式。它根据点击的次数收费,价格便宜,并可以设定最高消费(防止恶意点击)。

第三,分析统计简单。一旦企业和搜索引擎发生了业务联系,通过搜索引擎为企业提供的数据统计平台,企业可以很方便地知道自己每天的点击量、点击率,这样有利于企业分析营销效果,优化营销方式。

3. 搜索引擎营销的优势

搜索引擎营销所做的就是全面而有效地利用搜索引擎进行网络营销和推广。搜索引擎营销追求最高的性价比,以最小的投入,获得最大的来自搜索引擎的访问量,并产生商业价值。

搜索引擎营销可以在搜索引擎中进行品牌的维护,预防竞争对手在网络上恶意的诬陷,同时可以进行商业信息的推广,进而达到品牌推广的目标。

4. 搜索引擎营销的基本方法

(1) 登录搜索引擎。按工作原理划分,常见的搜索引擎技术有两类。一类是纯技术型的全文检索搜索引擎,如 Google 等。其原理是通过机器检索程序到各个网站收集、存储信息,并建立索引数据库供用户查询。这些信息并不是搜索引擎即时从网络检索到的,通常所谓的搜索引擎,其实是一个收集了大量网站或网页资料并按照一定规则建立索引的在线数据库,这种方法无须各网站主动登录搜索引擎。另一类称为分类目录。这种方法并不采集网站的任何信息,而是利用各网站向搜索引擎提交网站信息时填写的关键字和网站描述资料,经人工审核和编辑从而使得各网站或网页登录到索引数据库中。早期由于搜索引擎第一类技术还未出现,大多采用的是第二类技术,加上其他网络营销工具的缺乏,当时的网络营销者认为,只要可以将网址登录到 Yahoo 并保持排名靠前(通过搜索引擎优化),网络营销的任务就基本完成,而无论付费登录还是免费登录,也无论登录上搜索引擎是被机器检索到的,还是网站主动提交资料登录的。作为搜索引擎营销的最底层的逻辑和目标,搜索引擎营销最基本的方法之一就是登录到搜索引擎,这也是实现更上层目标和其他方法的基础。

(2) 搜索引擎优化和竞价。网站信息在搜索结果中的排名非常重要。在一个检索结果中,往往前面几页或者第一页的前面部分的点击率最高。搜索引擎优化的目的就是通过对网站关键字、标题、网站结构的修改,使网站更符合搜索引擎的检索规则,使网站更容易被检索,排名更靠前。当然,现在很多搜索引擎,如初期的百度,采用竞价排名的方法,即在同类网页或网站信息之间用付费竞价的形式,谁出的价钱越多,谁就排在前面(需要一套信用审核机制)。

(3) 关键字广告。所谓关键字,也常称作关键词,就是用户所关注信息中的核心词汇,用户就是用它通过搜索引擎查找自己期望的网页或网站。现在不少搜索引擎,如 Google、百度等,充分利用用户对这些核心词汇的高度关注,在搜索结果的旁边显示关于它的产品广告,这就是关键字广告。事实证明,关键字广告是一种成功率很高的宣传媒体,成功率比其他网络广告高得多。现在也有不少网站用网页内容定位的方法,其实质是关键字广告的一种拓展,基本做法是在某些和搜索引擎友好的网站中的某些关键字旁,显示有关这个关键字的广告链接。

1.2.2 海外搜索引擎营销环境[①]

随着网上的站点于 20 世纪 90 年代中后期如雨后春笋般增加,搜索引擎开始更多地用

---

① wikipedia.org. 搜索引擎营销-维基百科,自由的百科全书[EB/OL]. https://zh.wikipedia.org/wiki/%E6%90%9C%E5%B0%8B%E5%BC%95%E6%93%8E%E8%A1%8C%E9%8A%B7,2019。

于帮助用户快速查找所要信息。搜索引擎在商业模式方面的开发也逐渐成形,如OpenText公司于1996年推出的点击付费方案,以及随后Goto.com公司于1998年推出的类似方案。Goto.com于2001年更名为商序曲(Overture)公司,被雅虎于2003年收购。Google于2000年推出Google AdWords方案,在搜索结果页面提供广告。截至2007年,点击付费被验证为搜索引擎的主要盈利模式。

随后,搜索引擎营销的主要焦点开始集中于通过搜索引擎做营销与广告。"搜索引擎营销"这一术语是丹尼·苏利万(Danny Sullivan)于2001年提出的,包括运行SEO、管理搜索引擎的付费列表、提交网站到网上目录以及为商业组织或个人开发在线营销策略的商业活动。统计数据显示,2006年,仅北美地区搜索引擎营销市场规模就达94亿元,相较于2005年增长62%,相较于2002年增长率更是达750%。最大的SEM厂商为Google,搜索引擎广告平台为Google Ads(曾用名Google AdWords);微软广告平台Microsoft Advertising(曾用名Bing Ads,Bing AdCenter)。

结合美国投资银行摩根大通及研究机构实力传播(Zenith Optimedia)发布的数据,2009年度全球搜索引擎市场规模已达339亿元,2015年全球的搜索引擎市场规模达到815.9亿元,保持着极高的增长率。

另外,根据IBISWorld的统计,单在美国,2015年搜索引擎的市场规模就达到了487.6亿元,2020年更是上升至777.8亿元。

参考链接 https://www.ibisworld.com/industry-statistics/market-size/search-engines-united-states/

1.3 搜索引擎的发展

1.3.1 搜索引擎营销原理

搜索引擎(Search Engine)的用户,首先是互联网用户,互联网用户是个极其宽泛的概念和定义,通常指一切使用互联网的人群。对于一个普通的互联网用户来说,整个互联网的世界和生态提供的信息、资讯、应用、资源等都极为丰富、庞大和纷繁复杂。相对于互联网用户而言,搜索引擎用户具有"主动性",即希望运用搜索引擎技术及应用,主动地在互联网生态中根据自身的实际需求,进行信息流的搜索、查找。随着互联网生态格局的演进和沿革,搜索引擎用户已成为互联网用户中的绝大部分。根据中国互联网络信息中心的相关定义和统计数据,在所有互联网用户中,搜索引擎用户占比已超八成。换言之,无论是在计算机终端或者移动手机终端,在所有互联网用户中,搜索引擎的复合渗透率、覆盖率已整体超过80%。

搜索引擎指自动从万维网或互联网世界中搜集信息,经过一定整理以后,提供给用户进行查询的系统。

1. 搜索引擎的工作原理

搜索引擎的工作原理大致包括以下几方面。

搜集信息:搜索引擎的信息搜集基本都是自动的。搜索引擎利用称为网络蜘蛛的自动搜索机器人程序链接到每一个网页上的超链接。机器人程序根据网页链接到其中的超链接,就像日常生活中所说的"一传十,十传百……",从少数几个网页开始,连到数据库上所有到其他网页的链接。理论上,若网页上有适当的超链接,机器人便可以遍历绝大部分网页。

整理信息:搜索引擎整理信息的过程称为"创建索引"。搜索引擎不仅要保存搜集起来的信息,还要将它们按照一定的规则进行编排。这样,搜索引擎根本不用重新翻查它保存的所有信息,便可以迅速找到所要的资料。

接受查询:用户向搜索引擎发出查询,搜索引擎接受查询并向用户返回资料。搜索引擎每时每刻都要接到来自大量用户的几乎同时发出的查询,它按照每个用户的要求检查自己的索引,在极短时间内找到用户需要的资料,并返回给用户。当前,搜索引擎返回主要是以网页链接的形式提供的,这样,通过这些链接,用户便能到达含有自己所需资料的网页。通常,搜索引擎会在这些链接下提供一小段来自这些网页的摘要信息,以帮助用户判断此网页是否含有自己需要的内容。

整理信息及接受查询的过程,大量应用了文本信息检索技术,并根据网络超文本的特点,引入了更多的信息。

不难看出,由于搜索引擎及其技术和应用提供了更丰富、高效、准确的信息和信息查找、检索的服务,所以搜索引擎用户对互联网上信息的需求和依赖,基本涵盖了其生活、日常行为的各方面。具体来说,其包括但不限于衣、食、住、行、新闻、购物、休闲娱乐、工作、学习、医疗、社交、学术研究等基本和高阶的物质及精神需求。

有需求,就有供给,有了供求关系,就有了交易行为,有了交易行为,就有了商业。显而易见,在互联网上用户为了满足日常各项需求而主动运用搜索引擎进行信息查询、检索时,其已经构建了一个需求与供给进行匹配的商业场景。那么,搜索引擎营销人员和搜索引擎营销行业便自然地应运而生了。

对搜索引擎用户和搜索引擎本身的属性进行分析可以得出,搜索引擎营销人员必须首先了解自身企业所生产和提供的产品/服务的属性与特征、生产经营流程,深刻理解自身企业的商业模式;在深刻理解自身产品和服务的基础上,必须广泛学习和了解互联网生态,搜索引擎的技术、功能、工具、应用、配套;同时,还要对互联网、搜索引擎用户的行为习惯有穿透式的理解与分析;最终,在上述基础上,充分利用一切可利用的技术、设施、功能、规则,在规范、合理的前提下,将自身的产品与服务和用户的需求进行主动的、高效的、低成本的匹配,产生和落地具体的交易,以达到合理化、稳定化、利益最大化的商业目的。

2. 合格搜索引擎营销人员的基本要求

一般来说,一个搜索引擎营销人员应具备的技能包含以下几点。

(1) 了解目标国家或地区主要搜索引擎原理和特点,熟悉排名规则和规律,并制订相应的优化策略及竞价策略;

(2) 了解第三方推广平台搜索引擎原理和特点,熟悉排名规则和规律,并制订相应的优化策略及平台广告投放策略;

(3) 分析目标国家或地区、目标客户、竞争对手,选择正确有效的关键字;

(4) 部署网站内部结构、内容、关键字,用户体验与搜索引擎友好度、着陆页质量分相结合;

(5) 有效制订持续高质量的外链建议策略、执行细节和过程控制;

(6) 分析搜索引擎自然及竞价流量,并分析目标用户搜索行为,调整后续相应的策略及执行实施细节。

1.3.2　搜索引擎的起源、历史[①]

1990 年年初,当时万维网还未出现,为了查询散布在各个分散主机中的文件,曾有过 Archie、Gopher 等搜索工具,随着互联网的迅速发展,基于 HTTP 访问的 Web 技术的迅速普及,它们就不再能适应用户的需要。1994 年 1 月,第一个既可搜索又可浏览的分类目录 EINet Galaxy(Tradewave Galaxy)上线,它还支持 Gopher 和 Telnet 搜索。同年 4 月,Yahoo 目录诞生,随着访问量和收录链接数的增长,开始支持简单的数据库查询。这就是早期的目录导航系统,其缺点是网站收录/更新都要靠人工维护。

1994 年 7 月,Lycos 推出了基于 robot 的数据发掘技术,支持搜索结果相关性排序,并且第一个开始在搜索结果中使用网页自动摘要。Infoseek 也是同时期的一个重要代表。它们在搜索引擎史上迈进了重要一步。

1995 年,一种新的搜索引擎工具——中介搜索引擎(Meta Search Engine)或称为元搜索引擎——出现了,第一个中介搜索引擎是华盛顿大学的学生开发的 MetaCrawler。用户只须提交一次搜索请求,由中介搜索引擎负责转换处理后提交给多个预先选定的独立搜索引擎,并将从各独立搜索引擎返回的所有查询结果集中处理后再返回给用户。

1995 年 12 月,AltaVista 登场亮相,推出了大量的创新功能,使它迅速到达当时搜索引擎的顶峰。它是第一个支持自然语言搜索的搜索引擎,具备基于网页内容分析、智能处理的能力,是第一个实现高级搜索语法的搜索引擎(如 AND、OR、NOT 等)。同时,AltaVista 还支持搜索新闻组、搜索图片等具有划时代意义的功能。同时期还有 inktomi、HotBot 等搜索引擎。

1997 年 8 月,Northern Light 公司正式推出搜索引擎,第一个支持对搜索结果进行简单的自动分类,也是当时拥有最大数据库的搜索引擎之一。

1998 年 10 月,Google 诞生。它是目前世界上流行的搜索引擎之一,具备很多独特而且优秀的功能,并且在界面等方面实现了革命性创新。

1999 年 5 月,Fast(Alltheweb)公司发布了自己的搜索引擎 AllTheWeb,它的网页搜索可利用 ODP(开放式分类目录搜索系统)自动分类,支持 Flash 和 pdf 搜索,支持多语言搜索,还提供新闻搜索、图像搜索、视频、MP3 和 FTP 搜索,拥有极其强大的高级搜索功能。它曾经是最流行的搜索引擎之一,在 2003 年 2 月被 Overture 收购。

在中文搜索引擎领域,1996 年 8 月成立的搜狐公司是最早参与作网络信息分类导航

[①] wikipedia.org.网络搜索引擎-维基百科,自由的百科全书[EB/OL]. https://zh.wikipedia.org/wiki/%E7%BD%91%E7%BB%9C%E6%90%9C%E7%B4%A2%E5%BC%95%E6%93%8E,2018。

网站的公司,曾一度打出"出门靠地图,上网找搜狐"的广告语。由于人工分类提交的局限性,随着网络信息的暴增,其逐渐被基于 robot 自动抓取智能分类的新一代信息技术取代。

吴昇教授所领导的 GAIS 实验室 1998 年 1 月创立了 Openfind 中文搜索引擎,这是最早开发的中文智能搜索引擎,采用 GAIS 实验室推出多元排序(PolyRank)核心技术,截至 2002 年 6 月,宣布累计抓取网页 35 亿,开始进入英文搜索领域。

北大天网是教育网最流行的搜索引擎,它由北京大学计算机系网络与分布式系统研究室(现为"北京大学信息科学技术学院网络与信息系统研究所")开发,于 1997 年 10 月 29 日正式在 CERNET 上提供服务,2000 年初成立天网搜索引擎新课题组,由国家重点基础研究发展计划(973 计划)项目基金资助开发,收录网页约 6000 万,它利用教育网优势,有强大的 FTP 搜索功能。

百度中文搜索由超链分析专利发明人、前 Infoseek 资深工程师李彦宏和好友徐勇于 2000 年 1 月创建,目前支持网页信息检索、图片、Flash、音乐等多媒体信息的检索。百度在中文领域第一个开始使用 PPC 经营模式。

从 2002 年开始,很多公司受搜索市场前景和 Google 神话的吸引,积极进入搜索引擎市场,谋求一席之地,如中搜、3721 等。中搜是由慧聪国际主持开发的,自称是搜索领域的后起之秀,中搜采用"流氓软件"手段推广后,抢占了不少用户的搜索引擎选择。2003 年年底,慧聪搜索改名为中国搜索,推出第三代智能搜索引擎。中国搜索主推桌面搜索——网络猪,是备受争议的"流氓软件"之一。

2003 年 11 月,Yahoo 全资收购 3721 公司。2005 年 8 月,阿里巴巴和 Yahoo 达成战略合作,全资收购雅虎中国,并更名为阿里巴巴雅虎,并将其业务重点全面转向搜索领域。

2004 年 8 月 3 日,搜狐公司推出中文搜索引擎"搜狗"。

2006 年 9 月,微软公司正式推出拥有自主研发技术的 Live Search,宣布进军搜索引擎市场,挑战 Google 在网络搜索领域的霸主地位。

2006 年 12 月,网易公司推出中文搜索引擎"有道"。

2009 年 6 月 1 日,微软正式上线原名为 Kumo 的搜索引擎 Bing,中文名为"必应"。

2009 年 11 月,微软学术搜索 Microsoft Academic Search Beta 版激活,该搜索引擎目前主要提供计算机学科及相关领域的学术论文、作者、会议和学术期刊。

1.3.3 海外搜索引擎介绍及现状

1. 以 Web 为基础的搜索引擎

广义的搜索引擎是一个非常宏观、宽泛的概念,按照来源、技术、架构、内容、应用、服务、主体等指标可以进行很多分类,在此不赘述。本书中的"搜索引擎"是指搜索引擎概念里最常见、最公开的"网络搜索引擎"。在网络搜索引擎中,按照工作方式分类,真正可以被称为"名副其实的搜索引擎"的,是基于 Web 的搜索引擎,即本书所阐述的搜索引擎概念的内核。

国际主流的以 Web 为基础的搜索引擎的基本情况见表 1-1。

表 1-1　国际主流的以 Web 为基础的搜索引擎的基本情况

搜索引擎名称	文种	可供搜索内容的类型							
		网页	新闻	图片	影片	书籍	地图	百科全书	购物
Bing	多文种	是	是	是	是		是		是
Google	多文种	是	是	是	是	是	是		是
Yahoo	多文种	是	是	是	是				
Yandex	俄文	是	是	是	是		是		是
百度	中文	是	是	是	是		是	是	
搜狗	中文	是	是	是	是		是	是	
360搜索	中文	是	是	是	是		是	是	
有道	中文	是	是	是					

2. 全球搜索引擎市场份额

截至 2019 年 6 月,最新的全球搜索引擎市场份额排名[①]:

(1) 全球最新的搜索引擎市场占有率排行榜:Google,排名第一,市场份额为 92.61%,Bing 排名第二,市场份额为 2.51%;Yahoo! 排名第三,市场份额为 1.78%;百度排名第四,市场份额为 1.11%;Yandex RU 排名第五,市场份额为 0.54%。

(2) 全球搜索引擎的 PC 端(Platform:Desktop)市场份额[②]:Google,排名第一,市场份额为 88.31%;Bing 排名第二,市场份额为 5.1%;Yahoo! 排名第三,市场份额为 2.79%;Yandex RU 排名第四,市场份额为 0.86%;Baidu 排名第五,市场份额为 0.83%。

(3) 全球搜索引擎的移动端(Platform:Mobile)市场份额[③]:Google 排名第一,市场份额为 95.58%;百度排名第二,市场份额为 1.32%;Yahoo! 排名第三,市场份额为 1.04%;Bing 排名第四,市场份额为 0.70%;Yandex RU 排名第五,市场份额为 0.36%。

(4) 搜索引擎市场份额的特殊情况:在全球搜索市场被 Google 占据的今天,在某些国家和地区,搜索引擎的使用情况却完全不同。

日本:Google 为主流搜索引擎,但雅虎搜索仍占超过 20% 市场份额[④]。

[①] statcounter.com. Search Engine Market Share Worldwide ｜ StatCounter Global Stats [EB/OL]. http://gs.statcounter.com/search-engine-market-share/all/worldwide/2019,2019。

[②] statcounter.com. Desktop Search Engine Market Share Worldwide ｜ StatCounter Global Stats [EB/OL]. http://gs.statcounter.com/search-engine-market-share/desktop/worldwide/2019,2019。

[③] statcounter.com. Mobile Search Engine Market Share Worldwide ｜ StatCounter Global Stats [EB/OL]. http://gs.statcounter.com/search-engine-market-share/mobile/worldwide/2019,2019。

[④] statcounter.com. Search Engine Market Share Japan ｜ StatCounter Global Stats [EB/OL]. http://gs.statcounter.com/search-engine-market-share/all/japan/2019,2019。

韩国：Google 为主流搜索引擎。本土韩文搜索引擎为 Naver，占有 16％ 左右市场份额[①]。

俄罗斯：Yandex 为主流搜索引擎。

中国：中文搜索主要使用百度。

1.3.4 搜索引擎的发展趋势

搜索引擎因其获取信息方便快捷的特点，渗透到人们生活的方方面面，其影响在不断扩大和加强。成长中的 Web、不断提高的用户需求、变化的网络环境都对搜索引擎提出更高、更新的要求。

随着技术的变革，网络生态的丰富、多样化，信息的多维度、多次元累积，用户需求的多元化、精细化、深入化，总体而言，在广度、深度、精度等不同的方面和维度，搜索引擎有以下几大发展趋势。

(1) 搜索信息量的绝对值最大化。尽管在信息总量呈现爆炸状态的今时今日，尽管"99％的信息对 99％的人没有用处"，但从整体看，用户对信息的追求是无止境的，他们永远希望能获得全部的信息，在信息量的绝对值、信息的广度上有着无尽的追求。

(2) 搜索引擎技术性的专业化。面向某一行业、某一主题或某一特定地区的信息而建立的垂直、细分搜索引擎是未来的发展方向，为有专业、细分领域特定需求的用户提供专业化的解决方案。

(3) 搜索功能智能化。搜索引擎的智能化体现在两方面：一是对搜索请求的学习、理解；二是对网页内容的分析。其中通过对用户的查询计划、意图、兴趣方向进行推理、预测，并为用户提供有效的答案是这种系统的支柱。

(4) 搜索服务个性化。搜索引擎个性化的核心是通过跟踪分析用户的搜索行为，充分地利用信息提高用户的搜索效率。通过搜索行为分析技术提高搜索效率的途径主要有两种，即"群体行为分析"和"个性化搜索"。

(5) 搜索服务的多媒体化。随着宽带技术的发展，尤其是 5G 时代，未来是多媒体数据的时代，可查询图像、声音、图片和视频的多媒体搜索引擎是趋势所在。

练习题

简答题

(1) 列举 4 个除 Google 外的海外搜索引擎及其在不同国家的使用程度。

(2) 简述跨境电子商务的主要特征及中国跨境电子商务的五大特点。

(3) 简述搜索引擎的工作原理。

(4) 什么是搜索引擎营销？搜索引擎营销有什么特点及优势？

(5) 简述合格的搜索引擎营销人员应具备的技能。

[①] statcounter.com. Search Engine Market Share Republic Of Korea ｜ StatCounter Global Stats [EB/OL]. http://gs.statcounter.com/search-engine-market-share/all/south-korea/2019，2019。

答案

简答题

（1）参见 1.3.3 节中相应内容。

（2）参见 1.1.1 节中"1.跨境电子商务的特征"及 1.1.2 节中"1.中国跨境电子商务发展呈现的特点"相应内容。

（3）参见 1.3.1 节中"1.搜索引擎的工作原理"相应内容。

（4）参见 1.2.1 节中"1.搜索引擎营销的概念""2.搜索引擎营销的特点""3.搜索引擎营销的优势"三部分内容。

（5）参见 1.3.1 节中"2.合格搜索引擎营销人员的基本要求"相应内容。

第 2 章
搜索引擎优化

2.1 搜索引擎优化概述

2.1.1 搜索引擎优化的意义

1. 搜索引擎优化的概念

搜索引擎优化是一种通过了解搜索引擎的运作规则和原理来调整网站,以提高和优化网站在搜索引擎内排名的方式。很多研究发现,在使用搜索引擎的行为过程中,搜索引擎的用户往往只留意搜索结果最前面的几个条目,因此搜索结果排序的优化就显得尤为重要。

搜索引擎会将网站彼此间的内容做一些相关性的资料比对,然后再由浏览器将这些内容以最快速且接近最完整的形态与方式,呈现给搜索用户。因此,"针对搜索引擎作优化的处理",即通过采用易于搜索引擎索引的合理手段,使网站各项基本要素适合搜索引擎的检索原则,并且对用户更友好,从而更容易被搜索引擎收录及优先排序,目的是让网站更容易被搜索引擎接受,并创造最佳的用户体验。同时,随着搜索引擎的排名算法规则不断变化和演进,搜索引擎优化是一个持续性的,并呈现多维度复杂性趋势的动态长期任务。

搜索引擎优化也是一种极为重要的宣传手段,并非为了单纯的搜索引擎排名的优化,往往也可以作用于 B2C 销售,例如京东商城、天猫、拼多多。

2. 搜索引擎优化的优势

(1) 用户接受程度高。相较于显性、直接的广告,优化排名具备隐性搭载的特征。优化排名的用户接受程度是广告排名的 50 倍以上。

(2) 针对性强。对企业产品真正感兴趣的潜在客户能通过有针对性的"产品关键字"直接访问到企业的相关页面,更容易达成交易。

(3) 一举多得的效果呈现。网站优化可以让网站同时在多个搜索引擎上取得良好的效果。

(4) 成本低。优化后的网站搜索排名属正常排名,因此,通过网站优化(搜索引擎优化推广或 SEO)使网站进入搜索结果第一页,无论每天点击量是多少次,都不用支付任何点击费用。

(5) 覆盖面广、集群效应。调查表明,网站 75% 的访问量都来自搜索引擎的推荐,因此主流搜索引擎是最具价值的企业推广平台,是全球最大网络营销平台群。

3. 搜索引擎优化的目标及意义

在电子商务实务中,搜索引擎优化为近年来较为流行的网络营销方式,主要目的是增加特定关键字的曝光率,以增加网站的能见度,进而增加销售的机会和营销的成功率。

进一步讲,搜索引擎优化是一种搜索引擎营销指导思想,而不仅仅是针对搜索引擎的排名情况。搜索引擎优化工作应该贯穿网站策划、建设、维护全过程的每个细节,需要网站设计、开发和推广的每个参与人员了解其职责对于搜索引擎优化效果的意义。

搜索引擎优化是一个动态的整体过程,从网站建设到网站的运营,这个过程都离不了优化策略,每个环节的发起、构建、存续、维护、管理都必须有优化思想。

4. 搜索引擎优化的常用方法

(1) 白帽法。白帽法是指在进行搜索引擎优化过程中所采取的正向的、积极的、根据搜索引擎优化的规范所执行的优化方法,以规避任何被搜索引擎惩罚的风险。从网站框架、关键字、网站内容、外链等各方面使用合乎搜索引擎规范、规律的手段,做到合理地、正向地优化网站,提高使用者体验,合理与其他网站互链。白帽法是本节方法论阐述的核心。

(2) 黑帽法。与白帽法相对的是黑帽法,即搜索引擎优化过程中采取的逆向的、负面的、恶意的、欺骗性的方法。本书将在后文"常见误区""黑帽法"部分进行介绍。

2.1.2 搜索引擎优化的原理

1. 搜索引擎的排名原理

要了解搜索引擎优化,首先必须了解搜索引擎的基本工作原理。搜索引擎排名大致可分为 4 个步骤。

(1) 爬行和抓取。

搜索引擎派出一个能够在网上发现新网页并抓取文件的程序,这个程序通常被称为"搜索引擎蜘蛛"。搜索引擎蜘蛛从数据库中已知的网页开始出发,就像正常用户的浏览器一样访问这些网页并抓取文件,并且搜索引擎蜘蛛会跟踪网页上的链接,访问更多的网页,这个过程就称为爬行。当通过链接发现有新的网址时,搜索引擎蜘蛛将把新网址记入数据库等待抓取。跟踪网页链接是搜索引擎蜘蛛发现新网址的最基本方法,因此反向链接成为影响搜索引擎优化的基本因素之一。没有反向链接,搜索引擎连页面都发现不了,就更谈不上排名了。搜索引擎蜘蛛抓取的页面文件与用户浏览器得到的完全一样,抓取的文件存入数据库。

(2) 索引。搜索引擎索引程序把搜索引擎蜘蛛抓取的网页文件拆分、解析,并以巨大表格的形式存入数据库,这个过程就是索引。在索引数据库中,网页文字内容以及关键字出现的位置、字体、颜色、加粗、斜体等相关信息都有相应记录。搜索引擎索引数据库存储了巨大的、海量的数据,主流搜索引擎通常都存有几十亿级别的网页及其信息。

(3) 搜索字词处理。用户在搜索引擎界面输入关键字,单击"搜索"按钮后,搜索引擎程序对输入的搜索字词进行处理,如中文特有的分词处理,区别关键字词序,去除停止词,判断是否需要启动整合搜索,判断是否有拼写错误或错别字等情况。搜索字词的处理必须十分快速。

(4) 排序。对搜索字词进行处理后,搜索引擎排序程序开始工作,从索引数据库中找出所有包含搜索字词的网页,并且根据排名计算法计算出哪些网页应该排在前面,然后按一定格式返回"搜索"页面。排序过程虽然在一两秒内就可完成返回用户所要的搜索结果,但实际上这是一个非常复杂的过程。排名算法需要从索引数据库中实时找出所有相关页面,实时计算相关性,加入过滤算法。搜索引擎是当今规模最大、最复杂的计算系统之一。

因此,搜索引擎优化的基本原理是在搜索引擎许可的优化原则下,通过对网站中代码、链接和文字描述进行优化,以及后期对该优化网站进行合理的外部链接建设,最终实现被优化的网站在搜索引擎的检索结果中排名得到提升。搜索引擎优化就是通过对网站功能、网站结构、网页布局、网站内容等要素的合理设计,使得网站内容和功能表现形式达到对用户友好并易于宣传推广的最佳效果,充分发挥网站的网络营销价值。

2. 搜索引擎优化的含义

进一步解析,搜索引擎优化的含义具体表现在 3 个方面:对用户友好、对网络环境(搜索引擎等)友好、对网站运营维护的优化。

(1) 对用户友好:经过网站的优化设计,用户可以方便地浏览网站的信息,使用网站的服务。具体表现为:以用户需求为导向,网站导航方便,网页加载速度尽可能快,网页布局合理,并且适合保存、打印、转发,网站信息丰富、有效,有助于用户产生信任。

(2) 对网络环境(搜索引擎等)友好:从通过搜索引擎推广网站的角度讲,经过优化设计的网站使得搜索引擎可顺利抓取到网站的基本信息,当用户通过搜索引擎检索时,企业期望的网站摘要信息会出现在理想的位置,用户能够发现有关信息并引起兴趣,从而点击搜索结果并到网站获取进一步的信息,直至成为真正的顾客。

(3) 对网站运营维护的优化:网站运营人员进行网站管理维护(日常信息更新、维护、改版升级),有利于各种网络营销方法的应用,并且可以积累有价值的网络营销资源(获得和管理注册用户资源等)。

2.2 搜索引擎优化介绍

2.2.1 站内搜索引擎优化介绍

顾名思义,站内搜索引擎优化即对网站的优化。站内搜索引擎优化的意义和重要性体现在以下3方面。

(1)提高用户黏性。黏性对网站的关键字排名有直接和间接的影响。站内优化得比较合理,相当于给了用户一个舒适的环境和氛围,让用户可以轻松找到需要的信息。此处可以简单类比为一个商场,有序的管理和理想的购物体验对累积用户基数有显著的积极意义。

(2)抓住重点。合理的站内优化还可以在保证用户浏览舒适性的同时,在技术层面为蜘蛛抓取关键字并收录提供巨大的优势。例如,不同的网站,网站版块之间是否相互有联系,首页与版块之间的链接关系怎么样,文章与文章页面都是什么链接关系,这些都是需要注意的问题。

(3)长尾流量。合理的站内优化能整体提升蜘蛛爬行的速度和深度,也能让搜索引擎抓取到最重要、最合适的内容,从整体上提升网页和网站的权重。那么,文章页的搜索结果排名就会得到提升。大家都知道文章的标题中包含了很多关键字,特别是长尾关键字,这样,被搜索的次数就会明显增加。因此,网站的流量也会增加。网站的很多内部优化涉及的不同参数、变量都是相互影响的,如站内链接、内部链接使用得体就可以提升长尾关键字的排名,甚至有难度的长尾关键字排名也会得到提升。关键字提升势必会增加网站的流量,因此合理的内部优化最终会帮助提升网站流量。

1. 站内优化的5个方面

(1)搜索引擎友好。包含:域名,服务器,robots.txt,nofollow,404页面,301永久重定向,网站地图,清晰导航,URL设计,图片alt说明,精简代码,避免复制内容和蜘蛛陷阱(flash、session id、各种跳转、框架结构、动态URL、JavaScript链接、要求登录、强制使用Cookies)。

(2)文档调用。包含:最新文章,推荐文章,热门文章,相关文章,已读文章,随机文章,最新评论。最新文章和评论能够自动更新页面;链接形式更灵活多样,有利于搜索引擎收录。

(3)布局锚文本。规划布局好站内的锚文本绝对是一件富有价值的工作,而站内的锚文本遵循的原则跟外部链接没有多大区别。

(4)分配权重。分配权重就涉及网站架构的设计,应尽量扁平化,首页、栏目页、专题页、内容页应有一个简单清晰的规划,通过站内的链接关系合理地分配网站的权重,使重要的页面得到更多的权重,有利于提高其关键字排名的竞争力。

(5)写好网页标题。网页标题(title)用于告诉用户和搜索引擎这个网页的主要内容是什么。搜索引擎在判断一个网页内容权重时,标题是主要参考信息之一。网页标题是网页上主要内容的概括,搜索引擎可以通过网页标题迅速地判断网页的主题。每个网页的内容都是不同的,每个网页都应该有独一无二的标题。

2. 站内优化的分析维度

从方法论的角度拆解,关于站内优化有以下分析维度。

(1) 关键字分析（也称为关键字定位）：这是进行搜索引擎优化最重要的一环。关键字分析包括关键字关注量分析、竞争对手分析、关键字与网站相关性分析、关键字布置、关键字排名预测。

(2) 网站架构分析：若网站架构符合搜索引擎的爬虫喜好，则有利于搜索引擎优化。网站架构分析包括剔除网站架构的不良设计，实现树状目录结构、网站导航与链接优化。

(3) 网站目录和页面优化：搜索引擎优化不只是让网站首页在搜索引擎有好的排名，更重要的是让网站的每个页面都带来流量。

(4) 内容发布和链接布置：搜索引擎喜欢有规律的网站内容更新，所以合理安排网站内容发布日程是搜索引擎优化的重要技巧之一。链接布置则把整个网站有机地串联起来，让搜索引擎明白每个网页的重要性和关键字，实施的参考是第一点的关键字分析。

(5) 与搜索引擎对话并形成交互逻辑，向各大搜索引擎登录入口提交尚未收录站点；在搜索引擎看搜索引擎优化的效果，通过"site:"命令，知道站点的收录和更新情况。

(6) 建立网站地图（SiteMap）：根据自己的网站结构制作网站地图，让搜索引擎通过SiteMap 就可以访问整个站点上的所有网页和栏目。

(7) 外部链接建设：建立高质量的外链，可以提高网页权重（page rank，PR）值及网站的更新率。

(8) 网站流量持续分析。

3. 优化的实务操作

具体的实务操作可以从如下几方面进行阐述。

(1) 基础优化。

① 设置好 404 页面。用户可能访问的网站主域正确，但 URL 中有其他部分错误，从而导致来到一个实际并没有的网页，在这种情况下，不能直接展示出错页面，而是需要使用适当内容对用户进行提示，并引导用户至正常的页面，如图 2-1 所示。

图 2-1　404 页面

② 设置好网站整体结构,如图 2-2 所示。首页、分类页、详细页等根据上下层级分配。

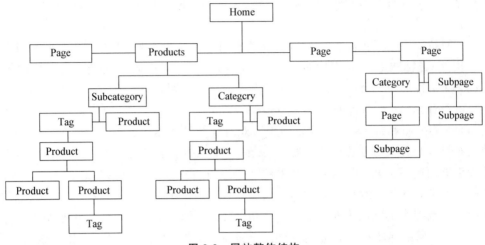

图 2-2 网站整体结构

③ 网站内链优化,如图 2-3 所示。每个网页根据实际内容合理放置引导至网站其他页面的链接。

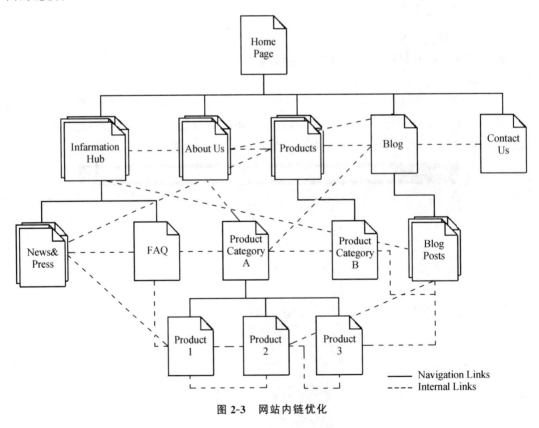

图 2-3 网站内链优化

④ 写好两个标签(即 title 和 description),如图 2-4 所示。

图 2-4　title 和 description

⑤ 清理网站死链：利用 Screamingfrog 工具查找网站死链，导出并清理，如图 2-5 所示。

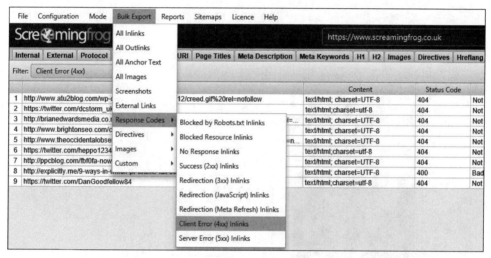

图 2-5　清理死链

Screamingfrog 工具在本书第 10 章有相应的介绍。

⑥ 设置网站地图：如图 2-6 所示。然后提交至搜索引擎，保证搜索引擎蜘蛛抓取能覆盖所有网页。

```
<?xml version="1.0" encoding="UTF-8"?>
<urlset xmlns="http://www.sitemaps.org/schemas/sitemap/0.9">
  <url>
    <loc>http://www.example.com/foo.html</loc>
    <lastmod>2018-06-04</lastmod>
  </url>
</urlset>
```

图 2-6　设置网站地图

⑦ 善于分配网站内部权重（让蜘蛛抓重点页面）：网站一般都是树形结构，首页下面有非常多的目录，目录下面又有很多的页面列表，列表下面又有很多的内容页面。网站内部

权重首页最高,首页的各个入口会将其权重传递到对应的页面。那就表示,为了提高除首页外的排名页面的权重,必须保证该页面在首页有入口可以访问。同时,可以通过其他页面设置关键字内链,链接到该排名页面,类似于投票的方式,提升排名页面与该关键字的相关性,此时该页面权重也会得到提升,更有利于获取搜索引擎排名。

⑧ 高性能的服务器:服务器的稳定性、速度、安全性等是比较重要的因素。

(2) 代码优化:所有在网页上呈现的内容都是通过代码实现的,因此,以下的网页内容在代码方面都要进行优化,在搜索引擎优化方面可获得更好的效果。

① 恰当地使用标题和简介标签。

② 避免页面重复。网站中不要有内容完全一样的页面,特别是不同的两条网页链接,网页上内容却一模一样。

③ 设计好网站导航,如图 2-7 所示,便于蜘蛛抓取。

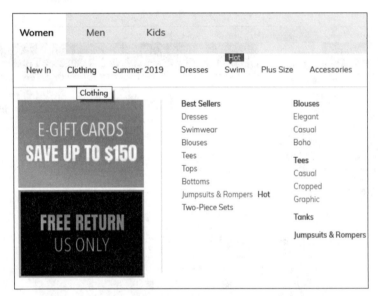

图 2-7 网站结构设计

④ 图片加上 alt 属性。蜘蛛不能抓取并获得图片这种抽象形式的内容,因此需要给图片加上一段 alt 属性,以文字的形式在网页和代码中将信息给到蜘蛛抓取,如图 2-8 所示。

图 2-8 图片 alt 属性

⑤ 少用脚本,外部调用。脚本是一种纯文本保存的程序。网站技术人员有时不直接将网页上的一部分内容写在网页的代码中,而是写在某个脚本里,当加载网页时,需要再调用这个脚本才能呈现出内容。但是,蜘蛛抓不到调用的脚本里的内容。因此,要少用甚至不用调用脚本的形式进行网页建设。

⑥ 网页布局结构:根据网页上的实际内容进行合理的布局,使得蜘蛛能够方便地抓取

网页上不同区块的不同内容。

⑦ 精简代码，合理布局。最后，保证网页没有冗余代码，并且代码布局合理。

（3）网址优化。

① URL 最好静态化。URL 静态化是指 URL 中不含有动态参数。例如，www.xx.com/a/b 就是静态化的网页，而 www.xx.com/a? xxx 中的"?"是动态参数，问号后面的内容是经常会变化的动态内容。动态的内容不利于蜘蛛抓取，所以尽量将所有网页的 URL 都静态化。

② URL 的长度尽量简短。同样，简短精练的 URL 内容页有利于蜘蛛抓取，如图 2-9 所示。

图 2-9　URL 长度尽量简短

③ 确定网站首选域。首选域是希望搜索引擎将网页编入索引的网站域，即在搜索结果会展示出的网站的版本。通常网站链接可能搜索引擎会同时使用"http://www.xxx.com"和"http://xxx.com"两个版本。如果不确立其中一个为首选域，搜索引擎会将该网域"http://www.xxx.com"和"http://xxx.com"视为两个页面，这样不利于集中网站首页权重，影响搜索引擎优化效果。

（4）Robot.txt 文件优化。确保蜘蛛能够顺利抓取到需要蜘蛛抓取的网站内容。Robot.txt 文件示例如图 2-10 所示。

```
# Rule 1
User-agent: Googlebot
Disallow: /nogooglebot/

# Rule 2
User-agent: *
Allow: /

Sitemap: http://www.example.com/sitemap.xml
```

图 2-10　Robot.txt 文件示例

（5）内容优化。

① 坚持更新文章，丰富网站内容，抢占更多的关键字。

② 建设企业新闻栏目，导入首页权重。

③ 围绕关键字，长期稳定地为网站推广企业站提供高质量、原创的内容。

如图 2-11 所示，为网站建立含有优质内容的板块，如新闻板块。

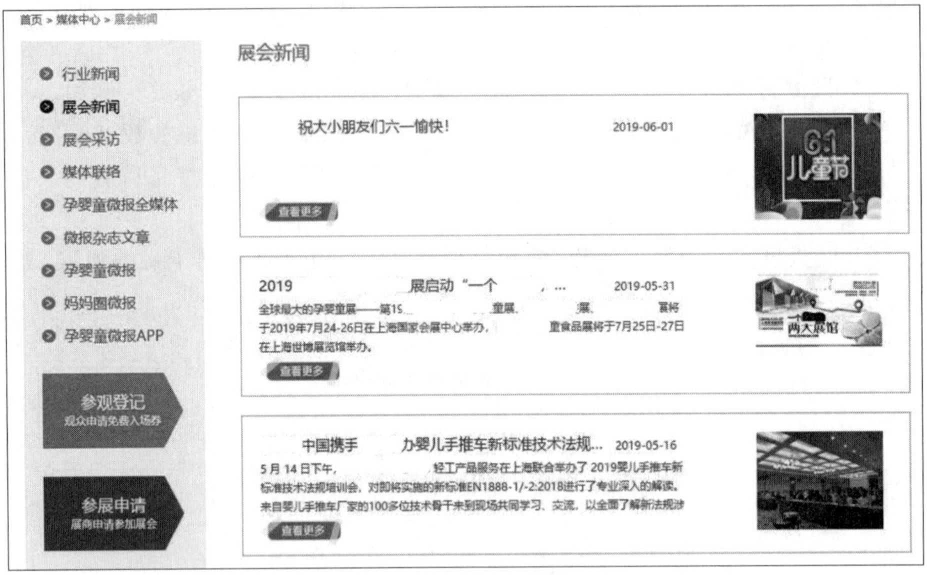

图 2-11 网站新闻板块

2.2.2 站外搜索引擎优化介绍

站外搜索引擎优化是相对于站内搜索引擎优化来说的。站外优化其实是建立在网站站内优化的基础之上的。从字面理解，站外搜索引擎优化就是非网站内容的、网站外部的优化。站内优化和站外优化的原理基本是相同的，不同的地方是站内优化主要指在自己的网站上做内链的优化建设，而站外优化主要是在第三方平台上做外链的推广宣传。在极端情况下，站内优化做得不好，如果站外优化得当，也能产生很好的结果。实际来看，相对于站内，站外优化的过程具备了较强的不可控性。

1. 站外优化工作

站外优化工作主要就是进行外链建设。外链是影响 Google 等搜索引擎的自然搜索的结果排名较重要的三个因素之一。由于高质量外链可传导更多权重给网站，因此站外优化对排名的促进作用更加明显，同时也能给网站带来较为精准的目标客户访问。

同时，由于在当下的实务操作环境中，许多站点为防止恶意信息传播（spam），或者避免自身权重流失，对于网站导出链接越来越保守和谨慎，很多都会加上 no-follow 标签，进行主动管理、选择不传导权重给站外链接，导致外链建设难度越来越大。在这样的情形下，如何才能给网站持续建设高质量外链？下面列举 8 个目前比较主流的外链建设方法。

（1）客座博客（guest posting）。客座博客是一种非常有效的外链建设方式。其原理很简单，即通过在其他热门网站上发表文章，吸引更多的新读者看到你的内容，获得更多的曝光。可以把它理解为投稿：向目标网站申请发表文章，如果对方愿意接受，发布文章即可获得外链，如图 2-12 所示。

客座博客可以促进品牌传播，提升网站权重。一般来说，如果文章内容质量有保证，特别

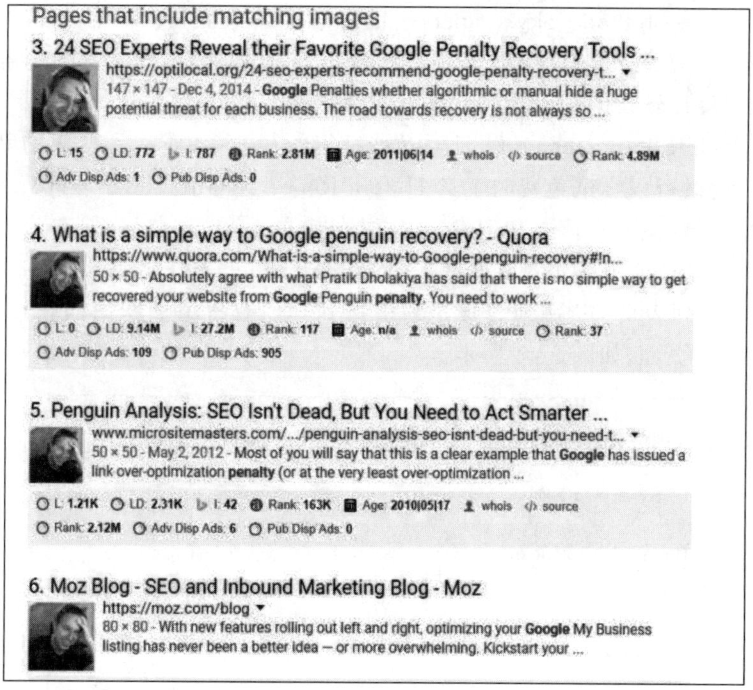

图 2-12 客座博客

是首次发布的新内容，很多人是愿意为其主动做客座博客的，也允许博主适当放一些链接。

（2）信息图（Infographic）。信息图是广受欢迎的外链建设方式之一，非常有利于提高网站形象，而且因为信息图容易理解和分享，通常在社交媒体上有很高的分享量，如图 2-13 所示。将信息图设计好发布到自己的网站，还可以将信息图进行外部推广，比如提交到 Reddit Infographics、Fast Company Infographics、Mashable Infographics 等。

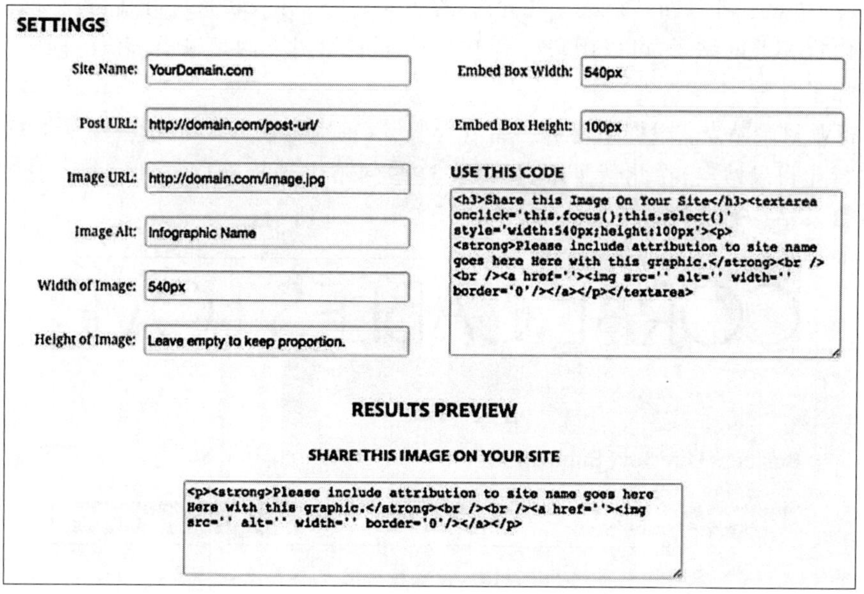

图 2-13 信息图

(3) Skyscraper Method：Skyscraper，字面意思为摩天大楼。这种方式类似构建摩天大楼，找到竞争对手获得最多社交分享和自然外链的文章，把这些文章的内容进行重新组合、改写，得到一篇比较长的、有质量、有深度的综合性文章。

(4) 工具 Help a Reporter Out：针对某些特定的行业，很难找到权威的新闻网站和博客的外链资源，此时可以尝试免费的工具 Help a Reporter Out（HARO）进行寻找。它把需要资源的对象/主体（主要是博主和记者）和需要外链的对象/主体联系起来，其实施难度不可小觑，但这并不妨碍它成为大规模扩展高质量外链最好的方法之一。

(5) 权威资源列表页：资源列表页是为链接到其他有价值的网站而存在的页面，是很好的外链建设目标页面，如图 2-14 所示。

图 2-14　权威资源列表页

(6) 404 外链：有些网站存在一些死链，在此情形下，可以联系对方站长，主动说明有一篇和网站内容相关的帖子，可以用来替换 404 页面，在给对方网站输出价值的同时也给自己的网站增加了外链。

(7) 行业目录站点：根据销售的产品或者服务（特别是在 B2B 的销售场景下）可以找到很多相关行业目录站点，在此情景下，可以去这些网站主动提交网站和链接。这些被动匹配的行业目录站点通常拥有很高的域名权限，如图 2-15 所示。

图 2-15　行业目录站点

(8)品牌提及:在任何适配的情形下,如果有人提到公司的品牌、网站、名称,或者用了公司原创图片,其行为可能只是提到了相关的品牌,但是并没有做链接的主观意愿。一般来说,主动的"采用行为"只发生于对内容认可的情形下。因此,如果能找到它们,并对其行为进行影响和干预,可以极大地提升它们为你做链接、主动输出影响力的概率。

很多时候,外链的质量就可说明网站关键字排名的名次,高质量的外部链接能够提高网站流量和知名度。但是,一个网站如果想拥有稳定的搜索引擎排名,网站的内容、更新频率和网站内部结构是比较重要的。

一个好的外部链接,能够使产品和服务让更多人知道,可提高网站自身的知名度,也能为网站带来精准的流量和转化。

2. 站外搜索引擎优化技巧

(1)反向链接的数目越多,对排名越有利(前提是反向链接必须是合规的正常链接)。

(2)高权重网页对排名的影响更大,质量远比数量重要。

(3)相关内容网站而来的外链对排名影响更大,不相关网站而来的影响不大。

(4)域名越久,质量越好,但域名第一次被收录之后才真正开始累积权重,经转手的域名会被重新考核。

从目前的排名算法看,外链与网站内容都占据着极其重要的位置,至于在搜索引擎眼中,当下恐怕也不能得出一个准确的结论。简单地说,无论是外链还是网站内容,只要是高质量的,符合用户需求的,搜索引擎都会对此给予权重和排名。

因此,关于网站内容与外链哪个更重要这类说法,不能一概而论,但是可以肯定的是,未来搜索引擎算法的改变一定会将更多的权重给予高质量的内容及外链。换句话说,只有做好用户体验,让用户为你说话,你的网站才能持续发展下去。

2.2.3 YouTube 搜索引擎优化介绍

YouTube 是源自美国的视频分享网站,让用户上传、观看、分享及评论视频。YouTube 的口号为"Broadcast Yourself"(表现你自己),该网站于 2005 年成立。2006 年 11 月,Google 公司以 16.5 亿元收购 YouTube,该网站借由 HTML 5 WebM 视频播放由上传者制成的视频内容,包括电影剪辑、电视短片、预告片、音乐录影带等,以及其他上传者自制的视频,如 VLOG、原创的视频等。大部分 YouTube 的上传者为个人,但也有一些媒体公司,如哥伦比亚广播公司、英国广播公司、VEVO 以及其他团体与 YouTube 有合作伙伴计划。

在当今的互联网世界,YouTube 已经成为影音网站的翘楚,成功把庞大流量转变为社区平台,并激发网上创作产业。2014 年 7 月 17 日,Google 公司发布截至 6 月 30 日的 2015 财年第二季度财报显示,现在 YouTube 有超过 15 亿用户,世界上所有上网的人群中几乎有三分之一的人每天在 YouTube 合计耗费数亿小时的时间观看视频,现在 YouTube 的观看时间比过去增长 60%,这是近几年来最高的增长比例。截至 2017 年 2 月,YouTube 每分钟上传的视频时长超过 400 小时,每天的观看时长达 10 亿小时。据 Alexa Internet 报道,截至 2018 年 8 月,YouTube 被评为全球第二大热门网站。参考链接 https://zh.wikipedia.org/wiki/YouTube#%E6%AD%B7%E5%8F%B2。

1. YouTube 的排名算法

国外的网站都很注重用户体验,Google 是这样,YouTube 也是这样,它们都希望用户在访问网站的时候可以看到让他们喜欢、有价值的内容。

YouTube 观察用户体验的方式,就是分析他们和影片的互动,大致会从观看次数、平均观看时间以及互动程度(点喜欢、不喜欢和留言)等方面着手,通过使用者的行为直接了解他们对影片的看法,这些内容会经过整理转化,放置到 YouTube 数据分析(YouTube Analysis),供视频上传者观看了解。

想要利用 YouTube 收获理想的效益,内容才是影响成败的关键。若是上传品质低的视频,却想要用生动、夸张的标题欺骗访客点击,并不会提升视频在 YouTube 的排名。

因此,为了有效提升排名,许多 YouTube 也会在影片最后放上"请支持点赞、留言或分享"等标语,加强用户与视频的互动,借此提升排名及视频触及数。

同时,经常上传视频也是影响排名很重要的指标,若是经常在 YouTube 更新自己的影片,YouTube 就能通过数据分析,知道这是一个积极产出内容的账号,并提高视频在搜索排名的比重。

2. YouTube 搜索引擎优化实务操作

(1)影片基本信息设置。上传 YouTube 视频,标题、标签等基本资料都很重要,若设置得当,放置搜索量高的关键字,YouTube 就能通过这些资料,替视频和访客搜索结果做出更好的匹配,让更多对视频主题感兴趣的访客看到视频。

(2)决定视频关键字。给视频的基本信息设定关键字,须先了解关键字的组成形式。关键字的组成可以拆成"字""词""短语",简单而言,若把标题设置成"快来看高考必胜秘籍!",则这个标题可以拆分的关键字有"高考""必胜""秘籍""高考秘籍"。

因此,基本信息的每个字都很重要,需要特别设计,使用关键字分析工具,如 Google Keyword Planner、SEMrush 和 SEOProfiler 等,可以快速查到热门、搜索量大的关键字。

也有专门分析 YouTube 视频和频道的工具——vidIQ 和 TubeBuddy。在它们的网站内输入影片网址,就可以直接看到自己与竞争者的视频及频道资讯,可以从中了解平均观看时间、使用的影片标签、使用者互动成效等。

综上所述,在实务操作中,优化最重要的一点是创建和优化视频元数据。简单地说,元数据可让观众获得更多有关视频的信息,其中包括视频标题、说明、标签、类别、缩略图、字幕和隐藏式字幕。在视频的元数据中提供正确的信息,有助于确保 YouTube 可以将你的内容编入索引,并在用户搜索时显示出来。在填写元数据时,要简明扼要,如果使用无关字词进行宣传,那么你的内容可能会被删除。

3. 提高搜索结果中的排名的优化方法

(1)标题(title)。标题是浏览视频列表时最先看到的内容,因此要确保它清晰且有吸引力,包含最重要的信息和关键字。好标题的标准是,观众看到后会对内容感到好奇,或者清楚你的视频能帮助他们解决什么问题。可以做一些关键字研究,以更好地了解观众正在寻找什么,如图 2-16(a)所示。

(2)简介(description)。YouTube 只会显示视频简介的前 2~3 行,点击"显示更多"才能看到其余的内容。因此，开头几句要把关键字或重要链接放进去，之后可以继续加上视频描述。由于描述里会有很多关键字，这样可以大大提高搜索引擎优化程度。还可以添加默认频道说明，添上你的其他社交媒体的链接等，如图 2-16(b)所示。

（3）标签(tag)。标签可以再度突出标题和说明中的关键字。使用标签可以将你的视频与类似视频相关联，从而扩大视频的发布范围和曝光率，如图 2-16(c)所示。

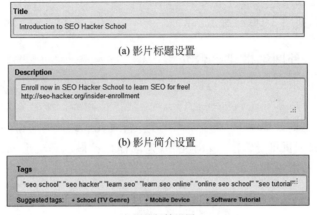

(a) 影片标题设置

(b) 影片简介设置

(c) 影片标签设置

(d) 影片类别设置

(e) 缩略图设置

图 2-16

(4) 类别(category)。上传视频后,在"高级设置"下选择视频类别。视频类别也可把你的视频与平台上的相关内容进行分组。当观众查看相关视频时,你的视频也有可能被发现,如图 2-16(d)所示。

(5) 缩略图(video thumbnail)。视频缩略图是观众在视频列表中看到的主要图像,并且对视频的点击次数和观看次数会有很大的影响。YouTube 会为你的视频自动生成一些可选的缩略图,但建议用户上传自定义的缩略图,1280×720 像素的图片在大多数屏幕上看起来是比较合适的,如图 2-16(e)所示。

2.2.4 主流海外网站搭建平台介绍

随着电商建站需求的蓬勃发展与快速提升,越来越多的电商建站系统被开发出来。这可能导致线上电子商户不知道该如何选择,产生选择性障碍。本节将对全球性的、占据全球市场份额前三的电商建站系统进行详细的介绍、对比。跨境电子商务在具体实际操作中,可以充分了解和分析自身需求,权衡利弊,并选择自己最合适的电商建站系统。图 2-17 是几个主流海外网站搭建平台的市场份额。

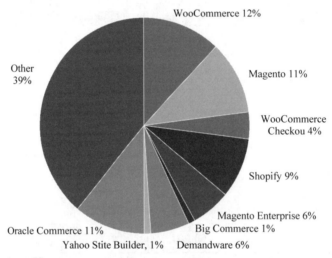

图 2-17 主流海外网站搭建平台的市场份额

为什么要选择海外建站系统?对于跨境电子商务而言,有以下几个比较重要的考量因素。

① 海外电商系统在支付、物流等方面的资源更为丰富。

② 海外电商系统的营销功能针对海外主流的营销渠道都有集成或拓展插件,功能相对强大。

③ 系统比较完善,减少了二次开发成本,后期维护成本也比较低。

(1) WooCommerce。WooCommerce 2015 年被 WordPress 母公司 Automatic 收购,是目前 WordPress 平台上最流行的电子商务插件,在 WordPress 后台安装即可。其功能实用且强大,还有很多拓展插件,可以让你实现在网上销售任何商品,详情见表 2-1。

表 2-1　WooCommerce

价格	WordPress 的插件，免费
核心功能	支付集成，包括 PayPal、BACS(银行转账)以及货到付款；运费设置支持免费、固定运费；订单、评论、库存及基本的店铺表现报表；根据税收等级及当地税率进行税费设置；营销活动设置，包括折扣、使用限制、产品及用户的限制；一系列 WooCommerce 扩展插件，轻松实现商务网站的高级功能，具体涵盖营销活动、支付、物流、库存管理等
优点	用户评论及评星功能；可以按照不同维度输出销售报告，包括按照日期、产品、类别、优惠券等；免费的 WordPress 插件，上手简单，下载安装后就可以在 WordPress 后台直接添加产品
缺点	WordPress 虽然是免费的，但不提供免费的服务器，需要单独购买；因为是 WordPress 的插件，所以必须用 WordPress 建站
适合企业类型	目前已经用 WordPress 搭建了网站的企业，直接安装插件就可以完成了，非常方便。与大型的电子商务系统相比，采用 WordPress＋WooCommerce 标准模式搭建电商网站更快捷

（2）Magento。Magento 总部在美国，它是全球范围内最受欢迎的开源电商系统，拥有最实用、最完整的系统架构。Magento 的功能非常强大，可拓展性强，它根据全球最前沿的电子商务实践需求，将整套电子商务流程中的产品展示出来，购物车、结账，以及订单管理、库存管理、客户管理等功能无缝集成，详情见表 2-2。

表 2-2　Magento

价格	EC 版免费，企业版 1999 美元/月起
核心功能	响应式架构(适应 iPhone、iPad、Android)；模板可个性化定制；用户细分、精准营销、邮件营销自动化功能；多个愿望清单功能；集成 CMS(内容管理系统)；投票及用户分组功能；不限制产品属性数量
优点	界面专业，信息目录架构清晰、整洁，覆盖了创建一个强大的电商网站的所有功能；集成多语言、多货币
缺点	界面过于专业，用户体验不是那么友好；需要专业的开发人员维护；需要自己找服务器托管；企业版费用非常高
适合企业类型	Magento 提供了一系列复杂的定制功能，几乎所有电子商务需要的功能都能实现，比较适合能投入大量精力和资源的大卖家，成长空间大

（3）Shopify。Shopify 总部位于加拿大，提供的服务非常全面，功能齐全，而且界面简洁，容易上手，用户几乎不需要任何代码方面的知识，直接使用模板轻轻松松就可以创建一个电商网站，详情见表 2-3。

表 2-3　Shopify

价格	29 美元/月，79 美元/月，299 美元/月
核心功能	有模板库，提供免费及付费的模板；支持移动自适应；可以直接编辑页面代码(如 HTML、CSS 等)；可以关联自己的域名；博客功能；营销功能(如社交媒体、用户评论、邮件营销、折扣等)；不限制带宽；带网站分析功能
优点	提供免费的网站服务器，基本上只要创建一个 Shopify 账号，就可以在网站售卖商品；支持很多搜索引擎优化项，让网站更容易被谷歌索引，获得好的排名；后台界面简单，用户体验好

续表

缺点	每个产品属性最多只能有 3 个,如颜色、大小、风格,但每个产品的 3 个属性可以不一样
适合企业类型	Shopify 操作简单,模板化,定制程度低,几乎包含所有基础的功能,卖家不需要做太多额外的开发与设计工作,适用于不具备太多开发经验的中小型卖家

作为全世界最流行的三大电商建站系统,上述三个主流建站系统在电商建站的功能方面都很完善。Magneto 的最大优势是功能较为强大,可拓展性也较强,但是需要商户自己处理服务器的问题,适合有一定开发实力的大型企业;Shopify 提供的服务较为完善,包含免费服务器托管服务,不需要安装复杂的系统,且操作简单,适合中小企业;WooCommerce 则适合对 WordPress 熟悉或者目前网站就是用 WordPress 搭建的小型企业,只须安装一个插件,就能实现电商功能。

2.3　搜索引擎优化常见误区

在对网站内部进行搜索引擎优化操作过程中,往往也会出现很多错误的做法。但是,作为一名合格的搜索引擎优化人员,常见的错误操作也是必须避免的。本节将介绍并列举一些实务操作中的常见误区。

2.3.1　关键字堆砌

关键字在优化过程中非常重要,但是也往往因此导致站长过于看重关键字。一些站长希望通过加大关键字密度获得较多的搜索,其实这样的做法恰恰会导致相反的结果。大量堆砌关键字会加重搜索引擎的抓取负担,并且关键字密度在搜索引擎优化中的位置已逐渐降低,所以没有必要通过这种手段获取较高的排名。图 2-18 是一个关键字堆砌的不良示范。

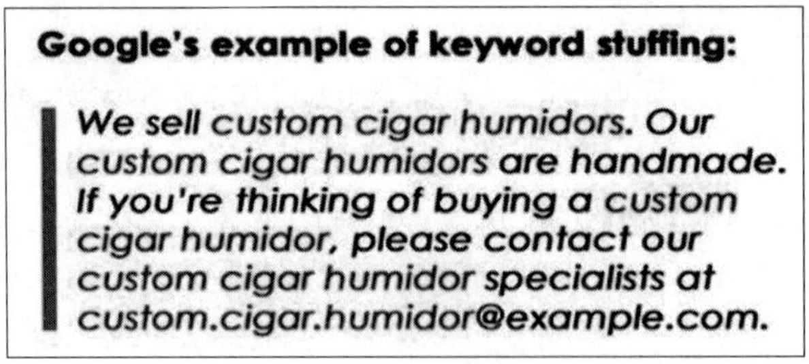

图 2-18　关键字堆砌示例

2.3.2　大量的垃圾外链

外链是能够直接影响网站排名的因素之一。如今搜索引擎相对于外链数量而言,更加看重的是外链质量。短时间内获得大量外链或者外链内容与网站毫不相关都有可能受到搜索引擎的惩罚。例如,一个销售 3C 的网站却在服装类的网站上短时间内放置了大量链接,那么搜索引擎就会判断这些外链质量不佳,从而对网站排名带来不利的影响。

2.3.3 文章内容大多通过复制并粘贴得到

在做搜索引擎优化过程中,往往会出现站长由于心急而在网上复制并粘贴一些高质量文章,希望以此获得较高排名。这些几乎完全相同的文章会被搜索引擎认为网站没有更新内容,长期下去,站点可能被惩罚。

2.3.4 网站更新无规律

一些不专业的站长可能会一两个月之后再更新一次网站,或者一天在网站上更新几十、几百篇文章。这样的做法会降低搜索引擎的抓取次数,是不可取的。

2.3.5 隐藏文本

这种方式是指通过调节关键字的大小和颜色达到隐藏的效果,从而获取流量的手段。这种隐藏效果使得用户很难看到或者完全看不到。这种行为欺骗了用户和搜索引擎,一旦被发现,将会受到严重惩罚。图 2-19 是一个隐藏文本的不良示例。

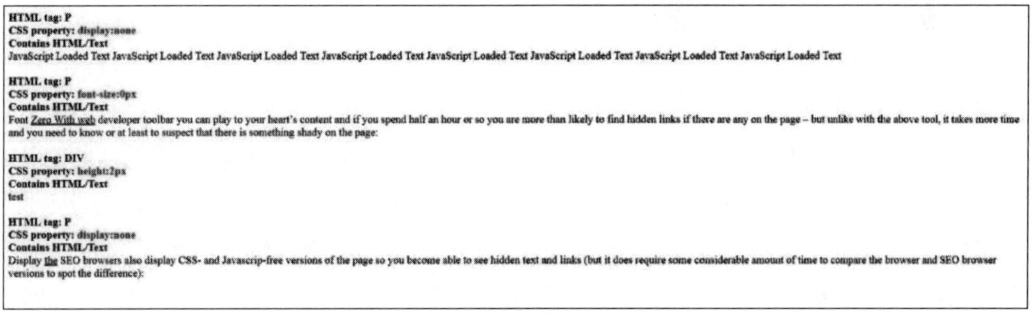

图 2-19 隐藏文本示例

2.3.6 建立桥页

桥页(doorway pages)是通过设置网页重定向引导用户从一个优化得很好的网页进入自己的网站。与隐藏文本类似,这也是一种作弊行为。这种方法很容易被搜索引擎发现,惩罚也是非常严重的。例如,有一个搜索结果排名很高的网页 www.abc.com,但是来到这个网页后,瞬间会跳转到自己网站的网页 www.cba.com,这个网页就是桥页,这种行为很容易被搜索引擎发现并受到处罚。

2.3.7 网站内图片、Flash 动画过多

如果你的网站不属于服装、化妆品等这种类型,那么最好不要有太多的图片、Flash 动画等。网站画片过多会降低用户体验,加大搜索引擎的抓取难度,对 SEO 不友好。图 2-20 是一个几乎只有 Flash 内容的网页,文字内容几乎没有,搜索引擎抓取不到内容。

总之，做搜索引擎优化的主要目的是提高网站的用户体验，搜索引擎通常会让那些用户体验较好的网站获得较好的排名。做搜索引擎优化需要通过自己的努力慢慢起效，切不可急于求成，一些违规行为终将受到惩罚。

图 2-20　Flash 网页

2.3.8　黑帽法

前文所提，所谓黑帽法是指进行 SEO 过程中采取的逆向的、负面的、恶意的、欺骗性的方法，因此放在常见误区章节加以阐述。黑帽法有以下几种常见形式。

（1）垃圾索引（Spamdexing）是指通过欺骗技术和滥用搜索算法推销毫不相关、主要以商业为着眼的网页。许多搜索引擎管理员认为任何搜索引擎优化的形式，其目的都是改进网站页的排名，都是垃圾索引。然而，随着时间的流逝，业界内公众舆论发展出哪些是哪些不是可接受的、促进某站的搜索引擎排名与流量结果的手段。

因为搜索引擎以高度自动化的方式运作，所以网站管理员通常可以利用某些未被搜索引擎认可的手段、方法促进排名。这些方法经常未被注意，除非搜索引擎雇员亲临该站点并注意到不寻常活动或在排名算法上的某个小变化导致站点丢失以过去方式取得的高排名。有时某些公司雇用优化顾问评估竞争者的站点和"不道德的"优化方法向搜索引擎报告。当这些负面的垃圾索引被发现时，搜索引擎也许会对那些被发现使用不道德的优化手段者采取行动。

（2）斗篷法（cloaking）简单来讲就是网站站长用两版不同的网页达到最佳化的效果。一个版本只给搜索引擎看，一个版本给用户看。搜索引擎认为这种做法不正规，如发现，该网站会永远从搜索引擎名单中被剔除。

（3）关键字隐秘字（hidden text with keyword stuffing）是另外一种欺骗搜索引擎的做法，通常指设定关键字的颜色和网页背景颜色一样，或通过 css hidden attribute（隐密特性）达到优化效果。这种做法一旦被 Google 发现，遭遇也会是该网站从 Google 的资料库中除名。

（4）桥页（doorway pages）也称为门页，是通常用软件自动生成大量包含关键字的网页，然后从这些网页自动转向到主页，目的是希望这些以不同关键字为目标的桥页在搜索引擎中得到好的排名。当用户点击搜索结果的时候，会自动转到主页。有的时候是在桥页上放上一个通往主页的链接，而不自动转向主页。

（5）付费链接（paid link）是利用支付费用方式要求其他网站提供链接至自身网站，借此伪装高信任网站欺骗搜索引擎，付费链接类型多为锚点文字（anchor text）类型，Google 的品质方针也明确指出以金钱交换的链接可能会对网站造成负面影响。

（6）链接农场（link farm）是故意在一些低质量、内容跟自己内容无关的网站上取得大量链接，以提高排名。

2.4　案例

2.4.1　某家具类销售品牌

通过整站全面的搜索引擎优化，包括站内 URL、Title、description 面包屑导航等，如图 2-21 所示。

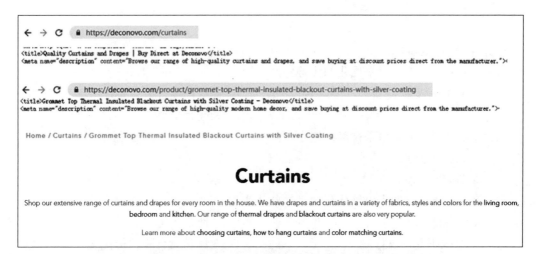

图 2-21　某家具销售网站搜索引擎优化站内优化

再基于高效关键字创建高质量内容，例如对产品使用场景、评测类、热点等，配合外链合作建设，提升品牌和产品的知名度。不断优化后，自然搜索的流量将提升 50%。

2.4.2　某仿真模型销售商

通过整合 WordPress 与 WooCommerce，短时间内就完成了站点的设计和建设，网站得以快速上线并产生销售线索。同时，网站用户可以自由地将各种产品添加到报价单系统，一次性提交所有感兴趣的产品，并获取整体报价，如图 2-22 所示。

图 2-22 某仿真模型销售商网站建设

练 习 题

1. 选择题（不定项）

（1）以下哪些是搜索引擎优化的优势？（ ）
    A. 用户接受程度高　　　　　　　　B. 针对性强且效果呈现一举多得
    C. 成本低　　　　　　　　　　　　D. 覆盖面广

（2）按顺序列出搜索引擎排名的四个步骤：（ ）。
    A. 爬行和抓取　　　　　　　　　　B. 搜索字词处理
    C. 排名　　　　　　　　　　　　　D. 索引

（3）以下哪些不是搜索引擎优化含义的具体表现？（ ）
    A. 对用户友好　　　　　　　　　　B. 对网络环境友好
    C. 对线下互动友好　　　　　　　　D. 对网站运营维护的优化

（4）以下哪些是 YouTube 监测用户体验的方式？（ ）
    A. 观看次数　　　　　　　　　　　B. 平均观看事件
    C. 视频发布者的名气　　　　　　　D. 互动程度

2. 判断题

（1）小明为网页做了两个版本：一个给用户浏览，一个给搜索引擎抓取，这样对搜索引擎友好，又能兼顾用户。（ ）

（2）外链数量越多越好。（ ）

3. 简答题

（1）什么是搜索引擎优化？

（2）简述搜索引擎优化的站内优化的 5 个方面及实务操作的要点。

(3) 简述搜索引擎优化的站外外链建设的 8 个主流方法及实务操作要点。

(4) 请为一个销售手机的网站的首页撰写页面标题和描述。

答案

1. 选择题(不定项)

(1) ABCD　(2) ADBC　(3) C　(4) ABD

2. 判断题

(1) 错　(2) 错

3. 简答题

(1) 参见 2.1.1 节中"1.搜索引擎优化的概念"相应内容。

(2) 参见 2.2.1 节中"1.站内优化的 5 个方面"及"3.优化的实务操作"相应内容。

(3) 参见 2.2.2 节中"1. 站外优化工作"及"2.站外搜索引擎优化技巧"相应内容。

(4) 要点：准确体现网页主要内容,包含核心关键词,文字表达规范;字符数适当(标题 60 个字符左右,描述 150 个字符左右);关键词数量适当(1~2 个即可)。

第 3 章

搜索引擎广告基础营销方式

3.1 Google 搜索广告

3.1.1 为什么要做 Google 搜索广告

Google[①] 有限公司（英文为"Google Inc."，中文为"谷歌"），是源自美国的跨国科技公司，为 Alphabet Inc. 的子公司，业务范围涵盖互联网广告、互联网搜索、云计算等领域，开发并提供大量基于互联网的产品与服务，由在斯坦福大学攻读理工博士的拉里·佩奇和谢尔盖·布林于 1998 年 4 月共同创建。Google 以私营公司的形式创立，目的是设计并管理互联网搜索引擎——"Google 搜索"。Google 的宗旨是"整合全球信息，供大众使用，使人人受益"。

Google 在全世界的数据中心内运营着上百万台服务器，每天处理数以亿计的搜索请求和约 24PB 用户生成的数据。信息分析网站 Alexa 数据显示，Google 的主域名"google.com"是全世界访问量

---

① wikipedia.org.Google-维基百科，自由的百科全书［EB/OL］. https：//zh.wikipedia.org/wiki/Google，2018．

最高的站点。2011年5月,Google的月独立访客数量首次超过十亿,成为首个获取该数据里程碑的网站。在高速发展过程中,作为执搜索引擎江湖之牛耳的Google,作为动词被收入至梅里亚姆-韦伯斯特词典和牛津英语词典内,释义为"使用Google搜索引擎在因特网上获取信息"。

Google搜索是Google公司最重要也是最普及的一项功能,是全球使用率最高的搜索引擎。根据comScore于2009年11月公布的市场统计,Google在美国搜索引擎市场上占有率为65.6%。Google抓取数十亿的互联网网页,帮助用户通过搜索关键字等操作较为轻松地获取想要搜寻的信息。

在发展强大搜索引擎的基础之上,Google自2000年起便开始经营搜索关键字的广告业务。时至今日,Google 90%以上的营收来自其广告系统,Google的广告系统由两部分组成,通过第三方网站放置。Google Ads(原称AdWords)为广告客户提供在网络中展示广告的服务,按点击或展示收费;AdWords的姊妹项目AdSense,允许网站站长在自己的网页中提供广告展示的位置,并参与分成。

那么,在当今互联网世界和电子商务实际操作中,为什么要使用Google搜索广告呢?

第一个原因:显而易见,为了获取更多的客户。在全球范围内,Google搜索是被广为认可的最佳搜索引擎。除了最基本的文字搜索功能之外,Google搜索还提供了至少22种其他功能,如同义词、天气预报、时区、股价、地图、地震数据、电影放映时间、机场、体育赛事比分等。Google搜索在搜索与数字相关的信息时又会有另一些特殊功能,如单位换算、货币换算、数字运算、包裹追踪、地区代码。同时,Google也为搜索页面提供了语言翻译功能。2011年,Google先后推出语音搜索和图片搜索。如此多维度的综合性、系统性功能的整合,使得Google成为最权威的"一站式解决问题"的搜索引擎,能够建立起极为牢固的用户习惯和用户黏性。

第二个原因:Google广告的传播、覆盖范围最为广泛。综合衡量多项指标,Google在全球范围已经连续实现了多年市场份额逾九成。数据显示:截至2018年10月,Google全球市场份额为92.75%,排名第一;Yahoo! 排名第二,市场份额为2.32%;Bing排名第三,市场份额为2.16%;Yandex排名第四,市场份额为0.89%;百度排名第五,市场份额为0.81%;其他搜索引擎的市场份额合计为1.07%。所以,称Google为睥睨天下也毫不为过。

第三个原因:Google广告最为精准。Google拥有全球最为领先的核心技术。例如,Google在收购DoubleClick后获取技术,得以获取用户兴趣和确定广告目标;Google Analytics可以让网站站长查看并追踪访问者在何时以何种方式访问自己的网站,如检查某一页面上所有链接的点击情况等;另外,Google还启动了一个名为Demo Slam的网站,以展示自有产品的技术示范。每周都会有两个团队竞相把Google的新产品公布到网站上。《搜索引擎杂志》对此评价为:Demo Slam是"创造者和技术领导者制作视频,让世界上的其他人得以了解全球最新、最伟大技术的地方"。

3.1.2 Google搜索广告原理

1. Google搜索广告介绍

搜索广告的定义就是用图片展示搜索广告展示页面,并标注出广告、展示位置(展示还可以出现在搜索合作伙伴的展示位置）及展示数量。搜索广告的内容组成包括：最终到达网址（点击广告后来到网站的着陆页）、标题、描述、显示网址、附加信息等。

（1）搜索广告的内涵。如果使用 Google Ads 投放广告，搜索引擎用户在 Google 上搜索了与商户的核心业务相关的产品或服务，所呈现的搜索结果将会由两个模块组成。如图 3-1 所示，一个模块为直接的广告推送，并以"广告（Ad）"字样作为标签标记，另一个模块为"自然"搜索结果。

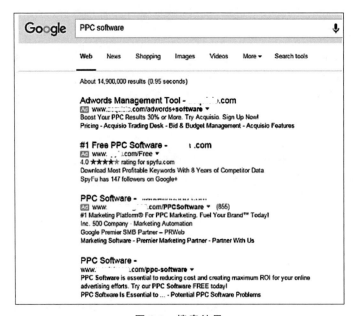

图 3-1　搜索结果

广告有可能出现在搜索结果中，并且以"广告（Ad）"标签标记。同时，广告可能出现在搜索结果的上方，如图 3-2 所示，但搜索结果的上方最多可展示 4 条广告。

广告也可能出现在搜索结果页的下方，如图 3-3 所示，且搜索结果页的下方最多可展示 3 条广告。

综上所述，一页 Google 搜索结果最多能展示出 7 条广告，配置方式和比例为上四下三。

另外，在 Google 的搜索合作伙伴的页面上也可能出现广告，同样也以"广告（Ad）"标签标记，如 Google Map 地图搜索，如图 3-4 所示。

（2）搜索文字广告内容的组成。一条广告从上至下由标题、显示路径、广告内容描述以及可能展示出的广告附加信息构成，如图 3-5 所示。

其中，可能展示出的附加信息又有 9 种。

① 附加地址信息：通常在广告中显示商家地址信息、前往营业地点的地图或用户与商家之间的距离。用户可以点击或点按此附加信息，前往该地址，如图 3-6 所示。

② 附加宣传信息：在广告中可以展示特色服务，如免费送货或 24 小时客户服务。通过附加宣传信息，用户可更直观地了解有关商家的产品和服务的详细信息，如图 3-7 所示。

③ 附加电话信息：在广告中加入电话号码，显示附加电话信息时，用户通过单击按钮就可以直接致电商家，如图 3-8 所示。

第 3 章　搜索引擎广告基础营销方式

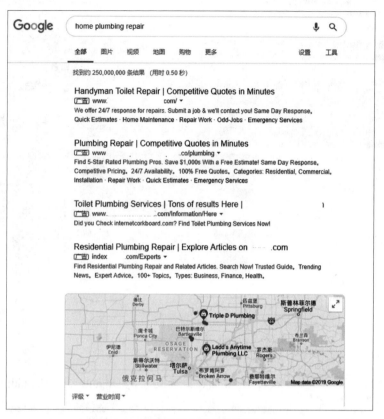

图 3-2　广告出现在搜索结果的上方

图 3-3　搜索结果的下方

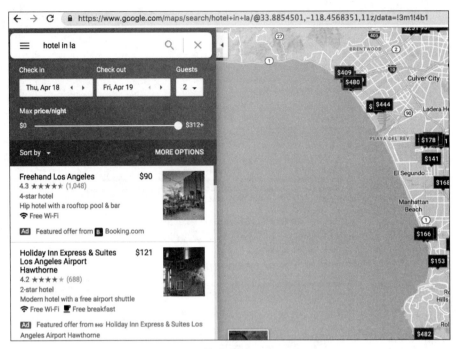

图 3-4　Google 搜索伙伴——Google Map

图 3-5　搜索文字广告内容

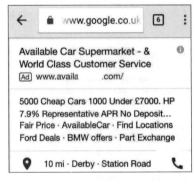

图 3-6　附加地址信息

图 3-7　附加宣传信息

图 3-8　附加电话信息

④ 附加短信信息，在广告中展示附加短信信息后，用户就可以通过单击广告中的相应按钮发送短信，进行预约、询价、索取资料、提出服务要求等，如图 3-9 所示。

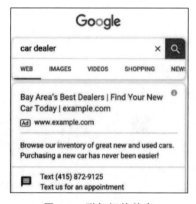

图 3-9　附加短信信息

⑤ 附加链接：在广告中可以展示多个不同的链接，用户点击相应的链接时，便会直接跳转到不同内容所在的网页，如图 3-10 所示。

图 3-10　附加链接

⑥ 附加结构化摘要信息：在广告中可展示产品和服务的具体特点，如图 3-11 所示。

⑦ 附加价格信息：在广告上展示不同选项和价格后，用户可以通过点击直接访问网站上感兴趣的商品，如图 3-12 所示。

图 3-11　附加结构化摘要信息

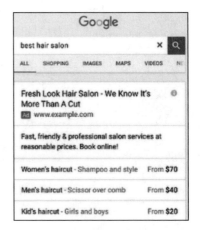

图 3-12　附加价格信息

⑧ 附加应用信息：在广告中展示出应用的链接后，用户通过点击可访问移动或平板应用，如图 3-13 所示。

⑨ 附加促销信息：在广告中可直接展示促销和推广活动，如图 3-14 所示。

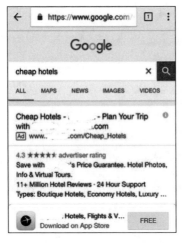

图 3-13　附加应用信息

图 3-14　附加促销信息

2. Google 搜索广告中几个核心要素的原理

（1）竞价①。竞价行为和过程搭载在每一次的 Google 搜索行为上，且是动态变化的。其目的是确定针对具体搜索展示哪些广告，以及按什么样的顺序在网页上展示这些广告（或者是否会有任何广告展示）。

---

① Google Ads 帮助. Google Ads 竞价中的关键字出价-Google Ads 帮助［EB/OL］. https://support.google.com/google-ads/answer/6366577，2019．

每次广告符合在搜索结果中展示的条件时,都需要参加广告竞价。竞价可以决定广告实际能否获得展示,以及在网页上会以怎样的排名进行展示。

由于用户在 Google 上执行每一次搜索时,系统都会重复此竞价过程,因此每次的竞价结果可能都不一样,会呈现动态变化的状态,每一次的具体结果都取决于竞价发生时的竞争状况和格局。正因为如此,同一条广告在不同的搜索过程中排名呈现一定的波动性,甚至可能发生无法获得展示机会的情况。需要注意的是,这并非偶发性的情况,而是竞价过程的常态。

竞价的工作原理如下。当用户每次搜索时,Google Ads 系统会查找关键字与该搜索相匹配的所有广告。系统从这些找到的广告中剔除不符合条件的广告(例如,定位到其他国家/地区的广告或因违反政策而被拒登的广告)。对于剩下的广告,只有广告评级足够高才有可能获得展示。广告评级是一个综合的评价体系和模型,由以下因素共同决定:出价、广告质量、广告评级要求、用户搜索情境,以及广告附加信息和其他广告格式的预计影响。

(2) 广告排名[①]。广告排名是指广告在竞价结果中相对于其他广告进行展示的顺序。注意,广告排名与搜索结果页展示顺序不同。广告排名为"1"仅意味着在本条广告之前不会展示其他广告,但可能会展示其他的自然搜索结果。换言之,广告排名不一定就是广告在搜索结果页上的实际位置。如果自然搜索结果上方无广告展示,则排名为"1"的广告会是在自然搜索结果下方展示的第一条广告。广告排名是一个由一组动态参数指标决定的加权平均值。

(3) 广告评级(Ad Rank)。前面我们已经了解到,Google 通过广告竞价确定所要展示的广告及广告的展示顺序。而 Google Ads 会为参与竞价的每条广告计算广告评级。广告评级决定了广告排名以及展示资格。概括来讲,影响广告评级的主要变量和参数指标为:

$$\text{Ad Rank} = 最高每次点击费用(出价) \times 质量得分 \times 广告附加信息及其他广告格式的预计影响 \times 用户搜索情境$$

① 最高每次点击费用(出价):设置出价时实际上是在告诉 Google Ads 愿意为每次广告点击支付的最高金额(实际支付的金额通常会低于设置的出价金额),并且可以随时更改。

② 质量得分即广告和着陆页的质量:Google Ads 还会站在广告观众的角度分析该广告及所链接网站的相关程度和实用性。对广告质量的评估会体现在质量得分中,质量得分可以经由调整和优化进行提升。

③ 广告附加信息及其他广告格式的预计影响:制作广告时,可以选择为广告添加其他信息,例如电话号码,或者指向网站特定网页的更多链接。此类信息称为"广告附加信息"。Google Ads 估算附加信息及其他广告格式将如何影响广告的效果。

④ 用户搜索情境:在广告竞价中,情境非常重要。计算广告评级时,系统会分析用户输入的搜索字词、用户搜索时所处的地理位置、用户使用的设备类型(如移动设备或桌面设备)、搜索时间、搜索字词的性质、网页上显示的其他广告和搜索结果,以及其他用户的信号

---

① Google Ads 帮助. 广告排名和广告评级简介-Google Ads 帮助[EB/OL]. https://support.google.com/google-ads/answer/1722122,2019。

和属性。

3. 质量得分[①]

（1）质量得分的定义。质量得分是对广告、关键字和着陆页质量估算的分数。质量较高的广告能够以较低的价格获得较为理想的广告排名。质量得分采用 10 分制。其中 1 分是最低分，10 分是最高分。1～4 分质量得分为差，5～7 分为一般，8～10 分为好；如果没有足够的展示次数或点击次数来准确判定某个关键字的质量得分，则系统会将质量得分显示为空（在表格中显示为"—"）。

（2）质量得分的组成要素。质量得分的组成要素及影响质量得分的主要变量和参数包括：广告的预期点击率、广告与搜索的相关性以及着陆页质量。

① 广告的预期点击率：此项指标部分取决于广告以前获得的点击次数和展示次数（会根据以下因素进行调整：广告排名、广告附加信息及对用户以前点击的某个广告的展示情况造成过影响的其他格式）。

预计点击率和实际点击率的区别：

- 点击率是一个比率，表示在看过广告的用户中有多少用户点击了该广告。
- 点击率详解：点击率＝点击次数/展示次数。
- 实际点击率的定义：实际点击广告的用户数占所有看过广告的用户数的比率，即"点击次数/展示次数"。实际点击率这项指标可用于评估关键字和广告的效果。
- 预计点击率是一种关键字状态，衡量当相应关键字触发广告进行展示时，该广告获得点击的可能性的大小，是在假设搜索字词与该关键字完全匹配的基础上计算出的估算值。在竞价时（也就是用户的搜索字词触发某个广告时），Google Ads 会根据搜索字词、设备类型和其他竞价实时因素计算出更加精确的预计点击率。
- 预计点击率包括：搜索字词、完全匹配下的关键字，以及广告的预计点击率。

② 广告与搜索的相关性：衡量关键字与广告之间的匹配程度，基于广告文字内容本身进行文字评估，只给出区间标准，即高于、低于平均值。

③ 着陆页质量：其中包括网站的加载速度，网页的相关性、透明度以及是否便于浏览，只给出区间标准参考值，即高于、低于平均值。

有时可能会在广告系列或广告组中看到相同关键字的质量得分不同，这是因为构成质量得分的 3 个要素（广告的预期点击率、广告与搜索的相关性和着陆页质量）取决于广告素材、定位条件、着陆页等因素，而这些因素会因广告组而异。因此，如果广告组不完全相同，则相同的关键字可能会在不同的广告组或广告系列中获得不同的质量得分。曾被使用过的特定关键字在搜索合作伙伴上被使用的历史数据和使用效率并不会作为参数指标计入质量得分的评价体系。

（3）质量得分与竞价时广告质量的区别。质量得分不会被用作竞价过程中确定广告评级的依据，两者不存在相关性。

当用户的搜索触发广告参与竞价时，系统会马上计算广告评级。针对广告评级，系统

[①] Google Ads 帮助. Google Ads 质量得分的定义-Google Ads 帮助[EB/OL]. https://support.google.com/google-ads/answer/140351,2019.

会参考查询和用户情境(如设备类型、语言偏好、地理位置、时段、搜索字词的本质、网页上显示的其他广告和搜索结果,以及其他用户信号和属性)等实时信号,更精准地衡量广告的预期点击率、广告与搜索的相关性和着陆页质量。同时,质量得分是根据平均历史效果进行更一般的评估。此外,质量得分的分析标的是关键字,而广告评级则不同。

质量得分相关要素及其作用如图 3-15 所示。

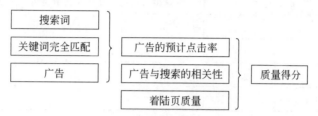

图 3-15　质量得分相关要素及其作用

4. 广告质量对搜索广告的影响

广告质量对搜索广告的影响如图 3-16 所示。

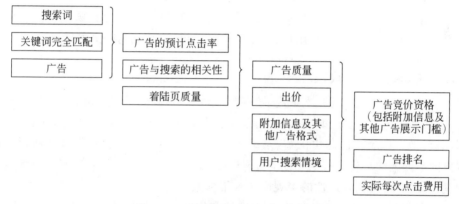

图 3-16　广告质量对搜索广告的影响

(1) 广告竞价资格,即最低质量要求的标准。为确保提供高品质的广告,Google 设定了最低质量要求,意指广告必须达到该最低要求,才能在特定广告位置中展示。

广告附加信息和其他广告格式的使用资格:广告评级决定该广告是否有资格使用广告附加信息和其他广告格式(如附加链接)进行展示。

(2) 广告排名:广告质量越高,广告排名通常越靠前,这就意味着广告可以在网页上更靠前的位置展示。

(3) 实际每次点击费用:高质量的广告往往拥有较低的每次点击费用,也就是说,广告质量越高,为每次点击支付的费用越少。

在几个广告主同时竞价的情况下,假设几个广告主的附加信息及其他广告格式这两个因素处于相同条件,实际每次点击费用可以通过以下公式进行计算。

该广告主实际每次点击费用=(排名下一位广告主的出价×排名下一位广告主的质量得分÷该广告主的质量得分)+ 0.01(见表 3-1)

广告主1实际每次点击费用＝(广告主2的出价×广告主2的质量得分)
$$÷广告主1的质量得分＋0.01$$
$$＝0.6×6÷10＋0.01＝0.36÷10＋0.01＝0.046$$

表3-1 实际每次点击费用计算

广告主	排名	出价	质量得分	出价×质量得分	实际每次点击费用
广告主1	1	0.4	10	4	0.37
广告主2	2	0.6	6	3.6	0.38
广告主3	3	0.45	5	2.25	0.41
广告主4	4	1	2	2	

广告主4的实际每次点击费用是由Google根据该广告的质量得分结合最低广告竞价资格计算得出的。

总体而言,从实务操作中的口径可以得出结论:广告质量越高,实际每次点击费用越低,广告排名越靠前,而且广告发布的权益、成效越好。如果我们展示的广告具有相关性,契合用户要寻找的信息,Google Ads 算法、系统就可以发挥协同作用、联动效应,以达到相对最佳的效果,让包括广告客户、用户、发布商和 Google 在内的每一方都能从中受益。

3.1.3 Google 广告政策[①]

作为全球用户最多、应用频次最高、覆盖范围最广、涉及领域最多元的搜索引擎广告服务商,基于其广告传播业务的基本属性、行业特征及业务呈现的表征和形态,叠加全球范围内不同国家、地区因不同的历史沿革、宗教信仰、法律法规、伦理道德、发展现状、行为习惯等呈现出的不同人文环境及社会形态,Google 以几个维度的主要变量为依据和参数,制订了明确具备显性特征的、普适性的宏观广告政策框架。

为了在庞大信息量中梳理出一个便于理解和记忆的框架并避免重复叙述,本节将从3个维度拆分 Google 广告政策框架:宣传产品政策(包括完全禁止和受限制的内容);禁止的行为;编辑指南。

1. 宣传产品政策

(1) 禁止的内容。

① 仿冒产品。仿冒产品的界定要素:使用与其他产品完全相同或高度相似的商标或徽标或模仿正品的品牌其他特征,具备让人误以为它们是出自该品牌所有者的正品产品的主观意图。

仿冒产品的示例:带有其他品牌名称或标志的仿冒产品。

② 危险的产品或服务。任何会造成破坏、财产损失或人身伤害的产品或服务。

危险内容的示例:毒品(化学药品或草本药);精神活性物质;吸毒辅助用具;武器、弹

[①] Google Ads 政策帮助. Google Ads 政策-Google Ads 政策帮助[EB/OL]. https://support.google.com/adspolicy/answer/6008942,2019。

药、爆炸物和烟花;关于制造炸药或其他有害产品的说明;烟草制品。

③ 促成不诚实行为。会构成欺骗行为的产品或服务。

构成欺骗行为的产品或服务的示例:黑客软件或指导说明;旨在人为夸大广告或网站流量的服务;伪造文件;学术造假。

④ 不当内容。不允许广告或目标网页显示惊悚内容或宣扬仇恨、偏执、歧视或暴力的内容。

令人反感或不适当的内容示例:欺凌或胁迫个人或群体、种族歧视、仇恨团体的用具、犯罪现场或事故图片、虐待动物、谋杀、自残、敲诈勒索、贩卖或交易濒危物种、言语污秽的广告。

(2) 受限制的内容。所谓受限制,即在有限定条件的约束下,在特定的地点向特定的用户做局部性的定向展示。原因在于,在不同的国家、不同的法律体系、不同的文化背景、不同的表达语境下,某些内容会或多或少地具有敏感性,或触及某些边界。受限的领域主要体现在法律和文化两个方面。

需要注意的是,除了地域及人口因素(demographic)以外,时间也是一个重要的变量。Google 的政策中明确地写道:"努力避免在不恰当的时间和地点展示这些广告。"

除了确保符合 Google 的广告政策,还要确保始终遵守当地的所有适用法律及法规。

① 成人内容。涉及成人内容的广告应尊重用户偏好并符合法律规定,因此 Google 不允许广告和目标页面中出现特定类型的成人内容。但某些类型面向成人的广告和目标页面是被允许投放的,前提是它们要符合政策的规定,且未定位到未成年人。然而,即便是这类广告和目标页面,也只能在有限的情形下显示。也就是说,它们能否显示取决于用户搜索查询的内容、用户年龄以及广告投放地的当地法律。

受限制的成人内容的示例:脱衣舞俱乐部、色情电影院、成人杂志、性功能增强产品、相亲网站、姿势性感的模特等。

② 酒精饮料。众所周知,在不同的国家、文化、宗教的背景下,人们对酒及含酒精饮料的界定和态度是不同的。即便在法律、文化、宗教的层面不存在问题,酒精及相关饮料产品依然有着不同的行业标准。因此,酒精、酒精饮料的广告应遵守当地的酒精饮料法律和行业标准,因此不允许投放特定类型的酒精饮料广告,包括酒精饮料和类似酒精饮料的饮品。但是,某些类型的酒精饮料广告是允许投放的,前提是这些广告符合以下政策:未定位到未成年人,而且只定位到明确允许展示酒精饮料广告的国家/地区。

受限制的酒精饮料的示例:啤酒、葡萄酒、清酒、烈性酒、香槟、烈性葡萄酒、无酒精的啤酒、无酒精的葡萄酒和无酒精的蒸馏酒。

③ 版权内容。不允许投放未经授权使用受版权保护的内容的广告。在已取得合法授权的情形下,可以使用受版权保护的内容,但有前置条件,即申请认证。

④ 博彩和游戏。在严格遵守政策的前提下,某些赌博、博彩业广告是可以投放的,且需要广告客户已获得相应的 Google Ads 认证。赌博广告必须定位到获准投放的国家/地区,并且其着陆页必须"显示有关负责任赌博的信息"。换言之,对博彩业的广告宣传,必须进行恰当的、合理的信息披露,且须秉持严谨审慎的态度和操守。在博彩业的广告投放标准中,有一条是绝不容逾矩的:绝不能定位到未成年人。

与赌博相关的受限内容的示例:实体赌场;用户可以押注扑克、宾果卡、轮盘或体育赛事的网站；国家或私人彩票；体育赔率聚合网站；为赌博网站提供奖励代码或优惠活动的网站；针对赌场游戏的在线培训材料；提供"扑克娱乐"游戏的网站；不涉及赌场的现金游戏网站。

⑤ 保健和药物。某些与保健相关的内容完全不允许进行广告宣传，而有些内容则允许进行广告宣传，但前提是广告客户获得了 Google 的认证，而且广告仅定位到获准投放的国家/地区。

⑥ 政治内容。所有政治类广告和目标页面都遵守广告定位到的任何地区的当地竞选和选举法律，包括遵守法律要求的选举"沉默期"规定。政治内容的示例：宣传政党或候选人、政治议题主张的宣传内容。

⑦ 金融服务。金融服务与产品的特殊性，决定了用户在决策之前需要掌握充足的信息，且对自身的状况有充分的了解与认知，在此前提之下做出尽可能符合自身当时状况的、明智的选择。因此，Google 制订了相关政策，确保用户获得必要信息，以便于用户权衡金融产品和服务有关的成本、收益、风险等核心要素，并防止他们的利益受损或遭到欺诈。在本政策中，金融产品和服务的界定是"与资金和加密货币的管理或投资相关的产品和服务，包括个性化理财建议"。

宣传金融产品和服务时，必须遵守广告定位到的任何区域的国家或地区的地方性法规，例如按照当地法律要求加入特定的披露信息。

⑧ 商标。能否在广告中使用具体商标取决于很多因素。除了政策中心所述的因素，商标所有人还需要向 Google 提交有效的投诉。

2. 禁止的行为

（1）滥用广告网络。不允许投放恶意的或试图欺骗或绕过广告审核流程的广告、内容或目标页面。此类违规行为将会被严肃处理，因此请务必遵守政策。滥用广告网络的示例：宣传包含恶意软件的内容；"隐藏真实内容"或使用其他技术隐藏将用户实际引导至的目标位置；"套利"或以展示广告为唯一目的或主要目的来宣传目标网址；宣传只是为了将用户引导至其他位置的"桥页"或"通道页"；广告的唯一目的或主要目的是在公共社交网络上获得用户推荐；使用"障眼法"或操纵设置以绕过政策审核系统。

（2）数据收集和使用。广告商不能滥用用户相关的信息，也不能在没有明确目的或者未采取适当安全措施的情况下收集这些信息。要谨慎处理的用户信息的示例：全名；电子邮件地址；邮寄地址；电话号码；身份证号、养老金账号、社保号、税号、医疗保险号码或者驾照号码；生日或母亲的曾用名外加上述任何信息；财务状况；政治派别；性取向；种族或民族；宗教信仰。不负责任的数据收集和使用行为的示例：通过不安全的服务器获取信用卡信息、声称知道用户的性取向或财务状况的宣传内容、违反针对用户兴趣投放广告和再营销方面政策的行为。

（3）虚假陈述。广告信息坦诚、明确，并为用户提供所需的信息来帮助他们做出明智的决策。如果广告或目标页面有意欺骗用户，其中不含相关信息或所提供的有误导性的产品、服务或商家信息，则不允许投放此类广告或目标页面。

虚假陈述的示例：闭口不提或模棱两可地向用户陈述收费的方式、收费项目和收费时间等结算详情；闭口不提或模棱两可地陈述与金融服务相关的收费，例如利率、费用和罚款；未显示相关的税号或牌照号码、联系信息或者实际地址；提供虚假优惠；就减肥效果或经济收益进行误导性或不切实际的声明；以虚假的理由募集捐款；"网上诱骗"或谎称自己是有信誉的公司，以欺骗用户提供有价值的个人或财务信息。

3. 编辑指南

Google 制订了各种编辑及技术要求，目的是让广告有充分的友好度、体验价值以及用户黏性。

（1）编辑。为了提供优质的用户体验，Google 要求所有广告、附加信息和目标页面都符合较高的专业水准和编辑标准。广告的外观必须清晰、专业，且可以引导用户访问密切相关、实用且容易互动的内容，符合以下编辑政策。

① 拼写：保证单词拼写正确，除某些常用的变体形式（thru、tonite、biz）。图 3-17 展示了不正确和正确的拼写广告。

图 3-17　不正确和正确的拼写广告

② 间距：如果广告是全英语，字与字中间必须有一个空格，如"ShirtsShortsPants"必须写成"Shirts Shorts Pants"；字母中间不可以有过多空格，如"Ｃｈｅａｐ"必须写成"Cheap"；标点后面必须有一个空格，如"Buy today.Free Shipping"必须写成"Buy today. Free Shipping"，如图 3-18 所示。

图 3-18　不正确及正确的间距

如果广告文字包括中文和英语，则广告文字只须遵从中文的间距规定。

③ 标点符号：不能使用重复的、不必要的标点符号。一行中的标点不能重复两次或多次；广告标题中不能有感叹号；全英语的广告文字不可以有中文的标点符号，例如、。《》「」『』，如图 3-19 所示。

④ 语法、大小写、重复：用词正确、符合逻辑的句子或短语；符号、数字或字母必须符合自己的真正含义；不能使用全大写强调某一字词或短语（如 FREE、NEW 等）；可以在文字中用大写强调每个字词的首字母；不能在一行中重复同一字词 3 次或 3 次以上，如图 3-20 所示。

⑤ 言辞不得体：不能使用攻击性的、不得体的语言；广告文字不能包含任何极端性声

图 3-19　不正确与正确的标点符号用法

图 3-20　不正确及正确的语法、大小写、重复

明,如"最好""最佳""顶级""极品""最高级""第一""国家级"等;广告文字中不得出现某些"号召性"的词语,如"click here"(单击此处);不得包含暗示性的拼写错误和/或其他不适当的语言变体形式,确保语言简练、恰当,如图 3-21 所示。

⑥ Google 商标:不允许在广告文字中出现 Google、Froogle、Gmail、Orkut、PageRank、Keyhole 等 Google 及相关产品的内容和其他变形形式。

⑦ 广告文字中含有电话号码:广告文字中不得出现例如"致电 1-800-123-4567"这样的电话号码。

⑧ 不明的业务宣传:广告必须表达出产品、服务或实体的名称。

(2) 目标页面要求。广告目标页面即着陆页必须准确表达出所宣传的产品、服务,向用户提供独特的价值,能够正常工作,并且切实有用而易于浏览。

不符合目标页面要求的宣传做法示例:显示网址不能准确反映着陆页网址,例如"google.com"将用户引导至"gmail.com";网站或应用尚在建设中、采用托管域名或域名已经失效;网站无法使用常用的浏览器浏览;网站停用了浏览器的后退按钮,如图 3-22 所示。

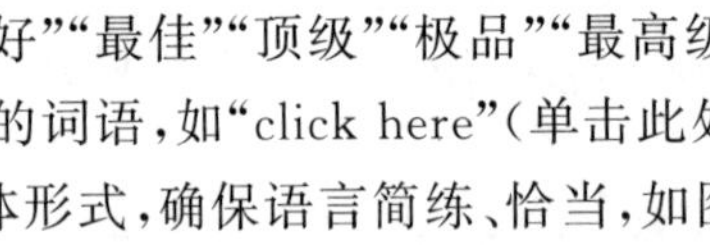

图 3-21　不正确的词语运用 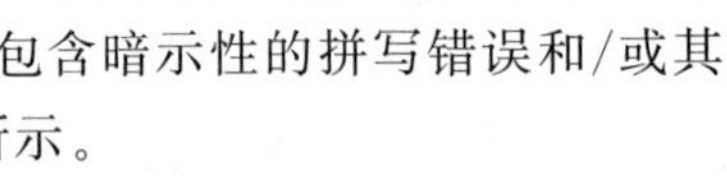　　　图 3-22　停用浏览器的前进按钮

可以按如下步骤检查"后退"按钮：打开新的视窗；从新视窗打开广告的目标网址；单击视窗的后退按钮。若单击或快速地双击以后可以返回上一页，则广告可以通过审核。若无法返回上一页，则广告违反"后退"按钮政策。

（3）技术要求。为确保广告清晰、明了并可以正常运作，广告客户必须遵守技术要求，同样不得违反 Google Ads 政策中禁止的行为。

① 每个广告组一个网站：每个广告组中推广的网站不得多于一个。

② 不可接受的 HTML 5 广告：不允许出现功能不正常或显示为空白的 HTML 5 广告。示例：在子框架中嵌入素材资源、加载来自未经批准的第三方来源的资源、使用非 Google 字体、添加音频或视频标记。

③ 账户限制：不允许出现账户的相关限制。账户的相关限制规定在 3.1.4 节中有详细说明。

移除的项不会计入账户限制。

④ 语言不受支持：不允许出现广告或目标页面内容所使用的定位语言不受支持的情况。

（4）广告格式要求。Google 针对每种类型的广告分别做出了具体规定，仅允许投放符合这些规定的宣传内容。

文字广告字数限制：

① 每行标题不得超过 30 个半角字符。

② 每段显示内容不得超过 15 个半角字符。

③ 每行内容描述不得超过 90 个半角字符。

如图 3-23 所示，Google Ads 账户后台的撰写文字广告界面有相应提示。

图 3-23　撰写文字广告界面

(5) 广告附加信息要求。

① 附加促销信息：促销代码字段一定要是促销代码，而不是如产品说明、电话号码等内容。

② 附加地址信息：只有在地址等商家信息得到认证或者商家所有者明确许可的情况下才能使用附加地址信息。

③ 附加电话信息：使用的电话号码必须通过 Google 验证，且电话号码必须准确无误。

④ 附加短信信息：电话号码必须准确无误且确保能在广告定位的国家接通；不得使用需要用户为发送短信支付额外费用的电话号码；不允许收到用户的信息后很久或响应时间超出合理限度才回复用户；不得发送与产品或服务无关的信息；不得收集身份证和财务信息。

⑤ 附加价格信息：标题和说明中不得含有价格信息或如"包邮"这样的宣传文字；网址必须与该广告常规文字部分指向的网址不同；标题中不得含有除品牌名称本身以外的其他品牌相关内容，并确保标题中的品牌是自身提供的产品或服务；标题可以含有活动日期、活动地点、活动类型等信息，但不得含有除此之外的其他内容；标题中不得含有除城市或地区中的子区域名或区名以外的其他内容；标题中不得含有除产品类别名称以外的其他内容；标题中不得含有除产品等级或尺寸以外的其他内容；标题中不得含有除服务类型、服务针对类别及服务等级以外的其他任何内容；说明中不得含有除标题中提及的品牌的信息或者活动详情以外的其他内容；说明中不得含有除标题中提及的社区详情以外的其他任何内容；说明中不得含有除标题中提及的产品层级的详情以外的其他内容；说明中不得含有除标题中提及的服务的详情、服务针对类别及服务等级以外的其他任何内容。

⑥ 附加链接：多个不同的附加链接不得使用相同的链接文字，即使每个不同的附加链接都指向不同的着陆页链接，也不得使用相同的链接文字；同一个广告系列或者广告组的多个附加链接不得指向相同着陆页或者内容相同的链接；附加链接的网址必须与广告最终到达网址的主域一致；不得使用感叹号；不得在文字开头使用标点符号；不得使用非常规符号，如"▶"等无实际意义而仅引起信息用户注意广告的符号。

⑦ 附加宣传信息：不得使用非常规符号，如"▶"等无实际意义而仅引起信息用户注意广告的符号。

⑧ 附加结构化摘要：不得使用非常规符号，如"▶"等无实际意义而仅引起信息用户注意广告的标点符号；同一个标题内或不同标题之间的摘要文字不得重复；摘要内容不得涉及如"包邮"这样的促销信息；每个结构化值中不得输入多个项，如有多个值要填写，则为每个项添加一个新的值字段；摘要值不得涉及建筑物等设施，以及品牌、课程、学位、地名、酒店、保险、产品型号、社区名称、服务目录、节目内容、产品样式、产品类别等一系列内容。

(6) 若图片广告、视频广告以及其他非文字广告格式被认定为"内容不健康"，则被禁止投放。

对于广告客户来说，Google 要求在遵守所有适用的法律和法规以及 Google 政策的层面上，具备较强的主动性、积极性和一定的学习能力、专业态度和操守，这样才能在使用 Google 广告系统时，在一个宏观的、可变的、动态的环境中获得权益和成效的最大化、最优化，以及确保合法性、合规性及合理性。

由于 Google 广告政策会不定期更新内容，因此在创建广告的时候，一定要查阅最新的 Google 广告政策中心，确保制作的广告符合各项最新的政策规范。

3.1.4 Google 搜索广告账户的内容及基础操作

1. 广告账户结构介绍

（1）广告账户内容与结构。搜索广告账户包括 5 项内容，如图 3-24 所示。

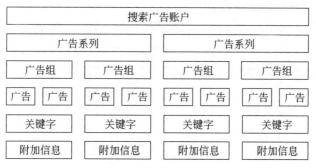

图 3-24 搜索广告账户

① 广告系列：广告系列包含使用相同的预算、地理位置定位和其他设置的多个广告组，Google Ads 账号可投放一个或多个广告系列。在广告系列可以设置预算、语言、地理位置、在 Google 广告网络中的投放范围等内容。

② 广告组：广告组包含定位到一组关键字的一条或多条广告。在广告组中可以设置包括广告组出价、广告轮播选项等内容。

③ 广告：位于广告组中，用于宣传产品或者服务的文字内容。

④ 关键字：位于广告组，用来描述产品或服务的单词或词组，用于触发用户搜索词对应的广告。

⑤ 附加信息：可以在广告中显示额外的商家信息（如地址、电话号码、商店评分或其他网页链接）。

（2）对于一个广告账户的内容，Google 在数量上也有一定的限制，具体如下[①]。

① 广告系列和广告组限制：每个账号有 10 000 个广告系列（包括有效的和暂停的广告系列）；每个广告系列有 20 000 个广告组；每个广告组有 20 000 个广告组定位项（如关键字、展示位置和受众群体列表）。

② 广告限制：每个广告组有 300 条图片/图库广告；每个广告组有 50 条有效的文字广告和非图片/图库广告；每个账号有 400 万条广告（包括有效的和暂停的广告）。

③ 定位限制：每个账号有 500 万个广告组定位项（如关键字、展示位置和受众群体列表）；每个账号有 100 万个广告系列定位项（如地理位置定位目标和广告系列一级的否定关键字）；每个广告系列可指定 10 000 个地理位置定位目标或排除目标，其中最多包括 500 个邻近区域

---

① Google Ads 帮助. 关于您的 Google Ads 账号限制-Google Ads 帮助[EB/OL]. https://support.google.com/google-ads/answer/6372658，2019.

定位目标；每个账号有 20 个共享的展示位置排除列表(每个列表最多含 65 000 个排除对象)；每个账号有 65 000 个账号级展示位置排除对象(不包含列表、广告系列和广告组排除对象)；每个广告组共 128 000 个展示位置排除对象(包含账号、列表、广告系列和广告组排除对象之和)；每个账号有 11 000 份共享预算；每个账号有 25 000 个动态搜索广告定位条件。

④ 广告附加信息限制：每个账号有 250 000 条广告组一级的附加信息；每个账号有 50 000 条广告系列一级的附加信息；每个广告系列有 10 000 条广告组一级的附加信息。

2. 新建广告系列操作的详细设置

(1) 在广告系列界面上单击页面上的"＋"按钮，如图 3-25 所示。

图 3-25　单击页面上的"＋"按钮

(2) 单击"新广告系列"，开始建立新广告系列，如图 3-26 所示。

图 3-26　建立新广告系列

(3) 选择广告系列目标为"在没有目标导向的情况下制作广告系列"，如图 3-27 所示。

(4) 选择广告系列类型为"搜索"，推广效果为"网站访问次数"，并填写推广网址，如图 3-28 所示。

(5) 命名广告系列，如图 3-29 所示。

命名一个新广告系列其实就是细分广告系列，是根据广告主要设置项以及投放产品的

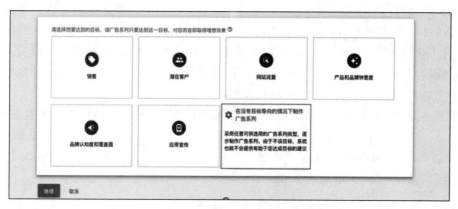

图 3-27　选择广告系列目标

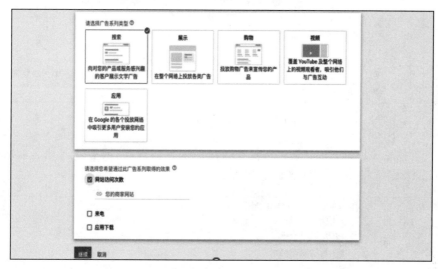

图 3-28　选择广告系列类型、推广效果，填写推广网址

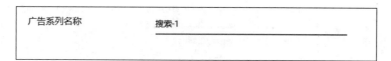

图 3-29　命名广告系列

大类这两点命名广告系列，主要包括以下 4 点。

① 产品大类。一个网站上可能存在不同的大类产品（通常称为一级分类），这些产品本身的差异决定了一些广告系列设置的差异。例如，高价的产品类型可能带来的销售和利润高，那么广告系列就需要更多独立的预算，就需要建立单独的广告系列了。

② 广告系列类型：投放搜索、展示还是购物广告，也要分成不同的广告系列。

③ 地理位置，语言：投放国家/地区、语言的不同直接决定了广告系列内关键字、广告内容的不同，必须分成不同的广告系列。

④ 设备：计算机、手机、平板电脑和电视屏幕在广告内容和效果方面存在明显的差异，在建立新的广告系列的同时，也需要细分。

示例：一个面向美国销售女装（包括连衣裙、上装等产品大类）的网站，可能存在的搜索广告系列命名包括：dress（产品大类）-search（搜索网络广告）-us（国家）-pc（计算机），top（产品大类）-search（搜索网络广告）-us（国家）-m（手机），等等。

在广告投放开始后，根据数据的变化，还需要对广告系列设置进行修改，并且新建更多的广告系列，这方面内容会在之后的章节陆续阐述。

（6）选择广告投放网络：根据所需决定是否保留搜索合作伙伴；去掉如图 3-30 所示的展示广告网络的勾选。

图 3-30　选择广告投放网络

（7）广告投放地理位置的设置：选择要投放的国家或地区，或者输入地名获取提示后进行选择，以及定位和排除选项，如图 3-31 所示。

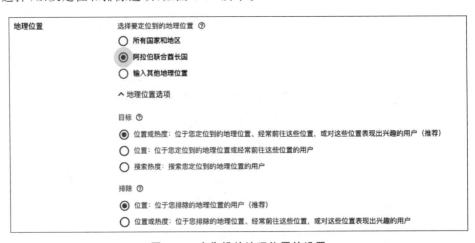

图 3-31　广告投放地理位置的设置

这里的国家或地区定位与 Google 在不同国家或地区的域挂钩。例如，若地理位置定位选择德国，则定位到"google.de"上的搜索。

（8）投放语言设置：选择广告投放语言，如图 3-32 所示。

设置的投放语言应与投放广告的对象用的户常用语言对应。例如，针对在美国的中国人投放广告，则设置的语言除"英语"外，也需要选上"汉语"。

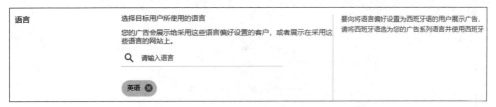

图 3-32　广告投放语言设置

（9）预算及投放方式设置：填入该广告系列预算，选择投放方式（通常选择标准），如图 3-33 所示。

图 3-33　预算及投放方式设置

（10）选择出价目标为点击次数，填入出价数值（每次点击费用的最高出价上限），如图 3-34 所示。

图 3-34　出价目标及出价数值设置

（11）广告投放时间设置：点击"显示更多设置"，展开广告投放时间设置页面，选择要投放广告的"星期几"及每天的"几点"到"几点"，按需设定该广告系列投放的开始日期和结束日期，如图 3-35 所示。

（12）广告轮播设置：选择广告轮播方式，如图 3-36 所示。

广告轮播设置中，优化就是按照同一个广告组中的广告实时点击率的高低，优化最终广告展现的频率，点击率越高，展现频率越高，前提是每组广告组中的广告数量必须大于或等于 2 条，该功能才生效。

（13）广告附加信息设置：按需添加各种广告附加信息，如图 3-37 所示。最后单击"保存并继续"按钮，进行下一步广告组的一系列设置。

图 3-35 广告投放时间设置

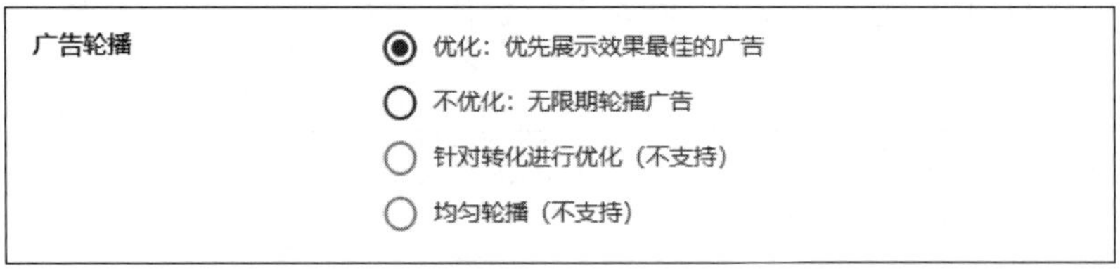

图 3-36 广告轮播设置

图 3-37 广告附加信息设置

3. 制作广告组及关键字配图

（1）选择广告组类型：选择"标准"类型，如图 3-38 所示。

（2）命名广告组：如图 3-39 所示。命名广告组实际上也是细分广告组的过程。细分广告组是根据关键字进行细分的，在接下来的相应章节中会进行阐述。

（3）设置广告组默认出价：该出价会作用于该广告组内的所有关键字，但如果设置了该

图 3-38　选择广告组类型

广告组内的具体的关键字出价,则这些单独的出价会取代广告组的默认出价,如图 3-40 所示。

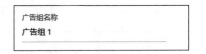

图 3-39　命名广告组　　　　　　　图 3-40　设置广告组默认出价

(4) 上传关键字:每行填入一个关键字,如图 3-41 所示。

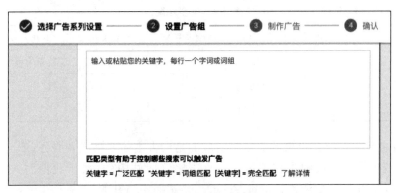

图 3-41　上传关键字

① 关键字工作原理。为了在用户搜索您的产品或服务时展示您的广告,您选择的关键字需要与用户搜索的字词或词组相匹配。如果用户搜索的字词与制作的关键字相匹配,则制作的广告可以进入竞价,以确定其能否得到展示。其中关键字有 3 种不同的匹配形式,控制 Google 上的哪些搜索查询可以触发您的广告进行展示,具体包括以下几方面。

广泛匹配:如果用户实际搜索的字词中包含投放关键字本身以及该关键字的错误拼写、同义词、相关搜索和其他相关变体形式(如同义词、单复数、词干变体等),广告可能会展示。广告匹配见表 3-2。

表 3-2　广告匹配

投放广泛匹配关键字	用户实际搜索的会展示出的广告字词
购买蓝色皮鞋	购买蓝鞋
	买深蓝色皮鞋
	在线购买蓝色皮鞋
	购买蓝色皮靴

词组匹配：如果用户实际搜索的字词与投放关键字本身匹配，或者是该关键字的紧密变体形式，或者在该关键字前面或后面还有其他字词，那么就可以触发广告展示。词组匹配用引号表示（如"关键字"）。词组匹配见表3-3。

表3-3 词组匹配

投放词组匹配关键字	会展示出广告的用户实际搜索字词	不会展示出广告的用户实际搜索字词
"足球队服"	红色纯棉足球队服	踢足球穿的队服
	购买特价足球队服	足球比赛队服
	红色足球队服	

完全匹配：如果用户实际搜索的字词与投放关键字本身完全匹配，或者是该确切字词的紧密变体形式，就可以触发广告展示。完全匹配用方括号表示，如［关键字］。完全匹配见表3-4。

表3-4 完全匹配

投放完全匹配关键字	会展示出广告的用户实际搜索字词	不会展示出广告的用户实际搜索字词
"女鞋"	鞋女	红色鞋女士
	女士鞋	女靴
	女士鞋子	

② 寻找主旨关键字。投放的关键字对应的是广告主的产品或者服务，下面介绍如何寻找这些产品或者服务对应的主旨关键字。点击阅读网站中的"关于我们"（About Us），如图3-42所示，找到主旨关键字women's wear、men's apparel等。

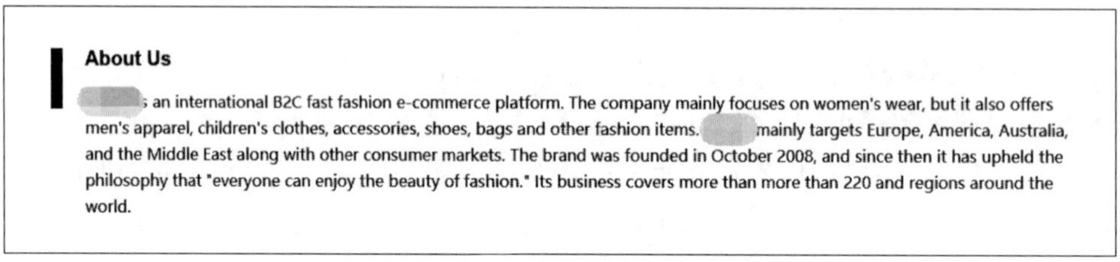

About Us

　　　　is an international B2C fast fashion e-commerce platform. The company mainly focuses on women's wear, but it also offers men's apparel, children's clothes, accessories, shoes, bags and other fashion items. 　　　　mainly targets Europe, America, Australia, and the Middle East along with other consumer markets. The brand was founded in October 2008, and since then it has upheld the philosophy that "everyone can enjoy the beauty of fashion." Its business covers more than more than 220 and regions around the world.

图3-42 About Us中的内容

分析产品分类导航：网站分类导航名称一般都是主旨关键字，如图3-43所示。

分析具有代表性的产品信息：如图3-44所示，热销品的产品名称中通常含有主旨关键字。

③ 根据主旨关键字制作大量关键字。一个关键字由词干和词根构成。词根指产品或者服务的核心名词（包括复数），即上文中提到的主旨关键字。词干则是用于形容或者修饰词根的词，例如形容词、地区等。找到主旨关键字后，接下来需要找到大量的词干，最终组合成大量关键字。

词干主要分为两种：一种是通用属性词，通用属性词是无论任何产品或者服务都能加

图 3-43　产品分类导航

图 3-44　具有代表性的产品信息

以修饰的字词,如便宜(cheap)、购买(buy)等;另一种是产品属性字词,例如销售衣服,颜色就是其中一种产品属性词。从这两个方向,就获得了大量词干字词,加上词根,将这些字词放入 Excel 表格中,见表 3-5。

表 3-5　整理词干词根

K	L	M	N	O
词干1	词干2	词干3	词干4	词根
red	fashion	cheap	buy	dresses
blue	vintage	discount	shop	dress
yellow	elegant	inexpensive		
		bargain		

然后将各个词干与词根进行组合,获得关键字。需要一个词干与词根进行组合,也需要任意几个词干与词根进行组合,形成大量关键字,见表 3-6。

在组合的时候,要根据当地用法的习惯确定词干是放在词根前还是词根后,例如 online 在英语用法中一般放在名词后面,如 dresses online。

关键字分组:

表 3-6　组合出大量关键字

词干1	词干2	词干3	词干4	词根	关键词1	关键词2	关键词More
red	fashion	cheap	buy	dresses	red dresses	buy red dresses	
blue	vintage	discount	shop	dress	blue dresses	buy blue dresses	
yellow	elegant	inexpensive			yellow dresses	buy yellow dresses	
		bargin			red dress	buy red dress	
					blue dress	buy blue dress	
					yellow dress	buy yellow dress	
					fashion dresses	buy fashion dresses	
					vintage dresses	buy vintage dresses	
					elegant dresses	buy elegant dresses	
					fashion dress	buy fashion dress	
					vintage dress	buy vintage dress	
					elegant dress	buy elegant dress	
					& More	& More	

- 不含任何词干的词根的关键字需要有独立的广告组。例如，dress 和 dresses 就需要单独建立一个广告组，即 2 个单词以下的短词需要单独设立广告组投放。
- 根据关键字的核心含义进行分组。例如，red dresses 和 red dress 放在一个广告组中，但是 red dresses 和 blue dresses 需要分开广告组。
- 根据关键词词干的词性进行分组。例如，颜色是形容词，买卖是动词，都要单独分组。
- 一个广告组中的关键字尽量不超过 15 个。

4. 制作广告

（1）填入最终到达网址（即该条广告的着陆页）；并填入标题、显示路径、内容描述。留意提示的（半角）字符数限制，如图 3-45 所示。

图 3-45　填入广告文字

(2) 撰写文字广告要点。
① 在广告标题或者内容描述中包括该广告组中的主旨关键字。
② 一定突出销售产品和网站服务的独特之处。
③ 使用号召性语句，如 Buy Now（立即购买）。
④ 在不违反编辑政策的情况下，适当使用数字和标点符号。
⑤ 每个广告组里最少 3 条广告，进行比较测试。

5. 设置投放设备

在建立广告系列的过程中，需要根据投放设备进行广告系列细分。这个细分的设置并不在以上步骤中，需要在广告系列建立完成后，来到这个广告系列的界面中，在左侧"设备"设置项中进行设置。设置的时候，将该广告系列不投放的设备的出价调整设置为"降低 100％"，如图 3-46 所示，若该广告系列只投放于计算机，则手机及平板电脑出价调整项设置为"降低 100％"。

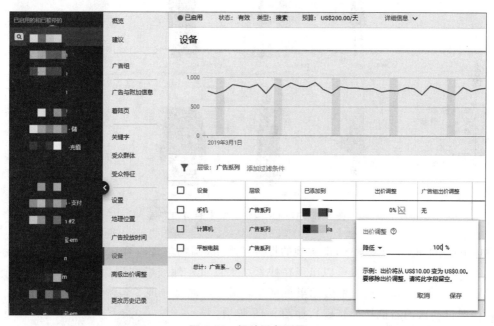

图 3-46　投放设备设置

3.2　Google 购物广告介绍

3.2.1　为什么要做 Google 购物广告

根据统计数据，Google 月均的搜索请求数量为一万亿次，其中 15％为全新搜索请求。相较于传统搜索广告，Google 购物广告具备跨屏幕（跨终端设备）、精准定向、完善工具三大特性。

通过拆解搜索引擎用户的行为过程：购买意向、网上搜索、合适价格匹配（价格比较、各项税费展示）、理想商店（商户信誉积分、消费者评价）、最终转化（下单并付款），可以清楚地理解购物广告的优势。

3.2.2 Google 购物广告原理

1. Google 购物广告介绍[①]

购物广告是介绍所销售产品的详细信息为主要内容的一种广告类型,广告展示的位置包括以下几方面。

Google 购物搜索(仅限部分国家或地区),如图 3-47 所示。

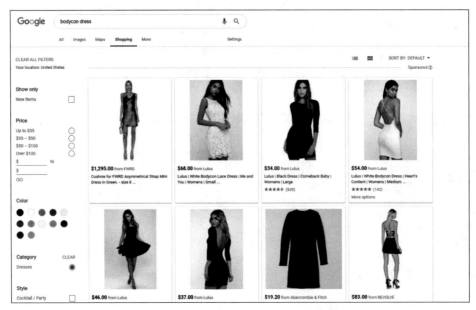

图 3-47　Google 购物搜索中的购物广告

Google 全部(All)搜索中,即常规的搜索结果中(购物广告内容在搜索结果旁边展示并与文字广告分开),购物广告可以出现在搜索结果首页左侧或者右侧,并以"广告"标签标注(英语为 Ad 或 Sponsored),搜索结果首页左侧最多可同时展现 5 条购物广告(如超过 5 条,则可以通过箭头向右侧拉伸延展),如图 3-48 所示。

Google 搜索网络合作伙伴网站,在部分国家或地区还包含 YouTube 和 Google 图片搜索(如果广告系列设置为包含搜索网络合作伙伴),如图 3-49 所示。

Google 展示广告网络(仅限本地店内产品展示广告),如图 3-50 所示。

购物广告可以与文字广告同时展示,促使并帮助用户/买家看到各种与其搜索内容相关的产品。这意味着,买家可以在点击进行购买前找到最符合其需求的产品,辅助买家的决策行为,从而促成和帮助商户完成销售和交易。

---

① Google Ads 帮助.产品购物广告:定义-Google Ads 帮助[EB/OL]. https://support.google.com/google-ads/answer/7313918,2019。

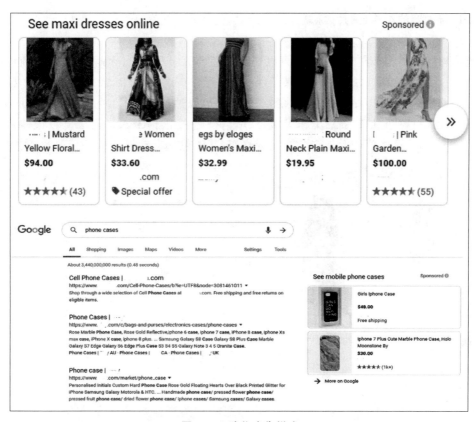

图 3-48 购物广告样式

图 3-49 搜索合作伙伴(YouTube)上的购物广告

图 3-50 展示广告网络上的购物广告

2. 广告内容的组成（图片、标题、价格、店名、促销）[①]

（1）产品购物广告。

产品购物广告的组成要素：商户可以在购物广告中加入图片、标题、价格以及商铺或商家名称，而无须为销售的每件产品专门制作广告。广告中的信息来自商户在 Google Merchant Center 账号中提供的产品数据。商户还可以选择使用其他相关 Google 服务，例如"商家促销信息"和"信誉商店"，作为增强、增信措施。由于 Google 会尝试以最佳方式展示购物广告，因此这些广告的外观可能发生改变，其中包括自动对图片进行剪裁，以进一步突出产品，如图 3-51 所示。

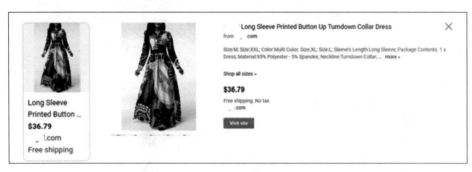

图 3-51　产品购物广告样式

（2）橱窗购物广告。

橱窗购物广告的组成要素：橱窗购物广告可将相关产品归入一组，然后一起展示这些产品，介绍品牌或业务。当用户搜索更宽泛的字词（如"背包"或"家具"）时，此类广告可帮助他们决定在何处进行购买。

橱窗购物广告介绍：当用户使用更宽泛的字词（例如"背包"）进行搜索时，Google 上就会展示橱窗购物广告。然后，橱窗购物广告会显示相关产品，以及代表品牌或业务的生活方式图片。当用户点击某个橱窗购物广告时，该广告会展开，以展示与用户所用搜索字词最相关的产品；商户可以使用产品组将这些产品与广告进行关联。借助橱窗购物广告，可以宣传数十种产品或全品类库存产品，如图 3-52 所示。

（3）本地产品目录广告。本地产品目录广告（LIA）是一种高度直观且易于浏览的广告格式，它使用本地产品目录广告的 Feed 数据且可覆盖展示广告的观看者。通过突出显示特定实体店的商品、价格和实体店信息，可提高本地实体店的客流量，如图 3-53 所示。

3. 购物广告的定义[②]

Google 购物广告是一种主要针对零售商使用购物广告系列推广在线和本地产品目录，以增加商户网站的流量或本地店面的人流量并获得更优质的潜在客户的推广工具。

[①] Google Ads 帮助.产品购物广告的组成要素-Google Ads 帮助[EB/OL]. https://support.google.com/google-ads/answer/6275294,2019。

[②] Google Ads 帮助. 关于购物广告系列和购物广告-Google Ads 帮助[EB/OL]. https://support.google.com/google-ads/answer,2019。

第 3 章　搜索引擎广告基础营销方式

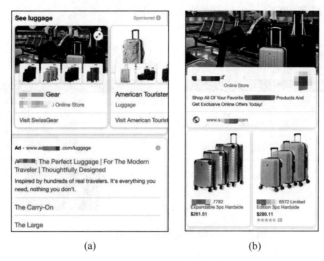

图 3-52　橱窗购物广告样式

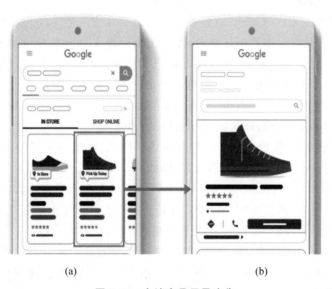

图 3-53　本地产品目录广告

购物广告，是指以介绍所销售产品的详细信息为主要内容的一种广告类型。购物广告可以指产品购物广告（只介绍单个产品）或橱窗购物广告（介绍多个相关产品）。购物广告不是单纯的文字广告，包含了产品的照片、名称、价格、商店名称等更多内容。除了可以直观地介绍、销售产品之外，使用购物广告系列推广在线和本地产品目录，可以增加网站的流量和实体店面的人流量，并获得更优质、更精准的潜在客户。

4. 购物广告原理

购物广告使用现有的 Google Merchant Center 商品数据（而非关键字）决定广告的展示方式和展示位置。商户通过 Google Merchant Center 提交的商品数据包含所销售产品的相关详情。Google 会在将用户的搜索内容与广告进行匹配时使用这些详情，以确保展示相关性最高的产品。关键字定位与产品定位的区别如图 3-54 所示。

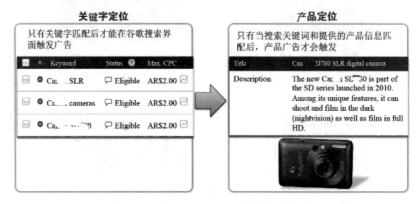

图 3-54 关键字定位与产品定位的区别

商户可以使用购物广告系列在 Google Ads 中管理购物广告。通过购物广告系列,商户可以简单灵活地在 Google Ads 中组织和推广自己的 Google Merchant Center 商品目录。

(1)竞价:类似搜索广告的表达(购物广告的排名概念与搜索不同,搜索有 1、2、3、4 等具体数值,购物广告是竞价优胜的排面前,但系统不给出 1、2、3 等具体数值)。橱窗购物广告使用每次互动费用的最高出价,这意味着商户须设置愿意为每次深度互动支付的最高金额。与针对多个产品组设置出价的产品购物广告不同,对于橱窗购物广告,商户需要针对包含相关广告的特定广告组为其设置每次深度互动的出价。在制作购物广告系列时,商户需要决定自己愿意为每次点击或每次互动支付的费用。

(2)实际点击费用。收费:与其他广告格式一样,购物广告可以参与广告竞价。根据广告类型,系统进行收费的机制略有不同,具体如下。

① 系统使用每次点击费用对产品购物广告收费,即在有人点击广告时便收取费用。仅当有人点击下列广告时,商户才需要付费:将其引导至商户网站上的着陆页的广告,或将其引导至针对本地产品目录的 Google 托管着陆页的广告。

② 系统使用每次互动费用对橱窗购物广告收费,即在用户展开折叠的广告并使其保持打开达 10s 或更长时间时收取费用,或在用户先点击展开的广告再使其保持打开达 10s 或更长时间时收取费用。

③ 系统使用每次互动费用对本地店内产品广告收费,衡量依据为滚动、点按或点击广告等互动操作。

商户只需支付让自己的排名高于您位次的广告客户所需的最低金额,因此支付的实际费用通常低于最高出价。

3.2.3 Google 购物广告政策

Google 产品的政策在完全禁止、受限制的内容、禁止的行为方面与 Google 搜索有相同的政策。

与前文所述的 Google 广告政策相比,除完全一致的框架性外,Google 购物广告政策是针对购物广告的更加微观、具体的广告政策。

1. 购物广告独有政策[①]

(1) 退货地址及联系方式：关于退换货政策，用户需要采取的措施；退货和退款的适用情形；接受退货的时间期限；用户多久会收到退款；所有内容必须容易被看到（直接清晰的链接指向）。

(2) 清楚明确地说明付款方式以及用户在购买前后需承担的所有费用：商品价格（总价、货币）可能取决于额外的条件，进而影响用户需要支付的总费用，例如定价、折扣价、会员费、合同、支付方式、加购要求、处理付款时产生的未披露的额外付款义务。

(3) 价格信息和 Feed 保持一致：页面上出现的任何价格（原价、折扣价）都要在 Feed 中写到，并保持严格准确。

(4) 库存信息和 Feed 需保持一致。

(5) 明确说明产品使用情况：全新(new)/二手(used)/翻新(refurbished)。

(6) 标题和描述不得出现促销含义的字句，包括免运费、折扣等。

(7) 行文排版符合规范：空格、大小写、单词拼写保证正确等。

(8) 商品数据及时更新：网站上的任何信息出现变动，都需要及时更新到 Feed 里，保持数据一致性。每 30 天需要更新一次数据，以免数据过期。账户出现产品拒登或封号，Feed 也要记得更新后再提交审核。

(9) 取消 robots.txt 限制：如 robots.txt 禁止 Google 抓取工具下载图片，Google 会无法抓取部分商品指定的图片（通过"image link"[图片链接]属性指定），这些商品将被拒批，直到 Google 能够抓取图片为止。

(10) 声称可以实现用户期待的结果，而事实上对于所有人群不能 100% 实现该结果（即使该结果对于小部分人群是可能实现的），如针对医学病症的"灵丹妙药"，极其不合常理的减肥产品，以及在内容上写出了"治愈"。

(11) Feed 政策。

① 对所有商品而言，以下属性在 Feed 中必须提供：ID、title、description、link、image_link、price、availability。

② 标题和描述中不要添加价格、促销价、促销日期、运费、送达日期等信息，也不要添加其他与时间相关的信息或公司的名称，并且标题与描述需与着陆页上保持一致。

③ 避免出现对标点、符号、大写、空格或重复的使用不当或有违其本来用途。如过多地使用或花哨地使用数字、字母、符号、标点、重复或空格，如 flowers、fllllowers、fl@wers、Flowers!!!、f*l*o*w*e*r*s、FLOWERS、FlOwErS、F.L.O.W.E.R.S、flowers-flowers-flowers!、f l o w e r s、buyflowershere。

(12) 橱窗购物广告特有政策。

① 不允许图片未显示任何一件商品，不允许图片包含拼贴、拼接图、叠加层、水印、边框、口号或叠加徽标。

② 除免费送货信息外，标题或广告内容描述不得包含具体的运费信息。

[①] Google Merchant Center 帮助. 购物广告政策-Google Merchant Center 帮助[EB/OL]. https://support.google.com/merchants/answer，2019。

③ 不允许出现成人内容，不允许出现酒精饮料和不含酒精的同等产品。

2. 与搜索广告有所区别的政策

（1）仿冒产品政策。

政策：Google 禁止销售或促销仿冒商品。

示例：在提及品牌名称时使用高仿品、复制品、仿冒品、仿制品、伪造品、假冒品、翻版或类似字词描述所宣传的商品，试图让人误以为它们是出自该品牌所有者的正品；模仿正品品牌特征，试图让人误以为它们是正品的赝品；未经授权截取、复制、提供或销售受版权保护内容的软件、网站和工具（提供下载、盗版 CD 或实物副本等）。

（2）成人内容。

禁止的成人内容：露骨的色情内容、描绘非自愿性行为的内容、儿童性虐待。

受限制的成人内容：成人用品、性暗示、裸体。

特定国家或地区：Google 不允许在印度、印度尼西亚、泰国、马来西亚、沙特阿拉伯、阿拉伯联合酋长国、新加坡、韩国、土耳其、俄罗斯、乌克兰等国家或地区宣传包含裸体的成人内容。

包含裸露、性暗示内容等成人内容的商品若为性增强用品，必须使用"adult"［成人］属性指明这些商品仅面向成人。

3.2.4　Google Merchant Center 账户内容及基础操作

1. Google Merchant Center 简介

Google Merchant Center 是一款实用工具，用于将商户的商店和商品数据上传到 Google，并在购物广告和其他 Google 服务中实现应用，通过"https://www.google.com/retail/solutions/merchant-center"登录。

Google Merchant Center 的界面主要分信息中心、诊断、API 诊断、数据文件、全部商品、设置等模块。Google Merchant Center 主界面如图 3-55 所示。

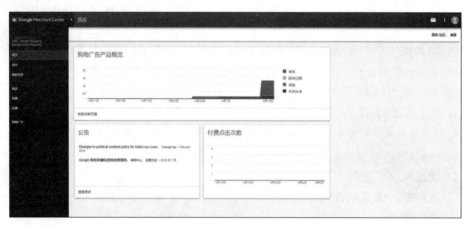

图 3-55　Google Merchant Center 主界面

2. Google Merchant Center 操作

（1）创建 Google Merchant Center 账户，填入业务所在地、店铺名称、网址；如果销售受限制的成人产品,须勾选相应项目的操作,如图 3-56 所示。

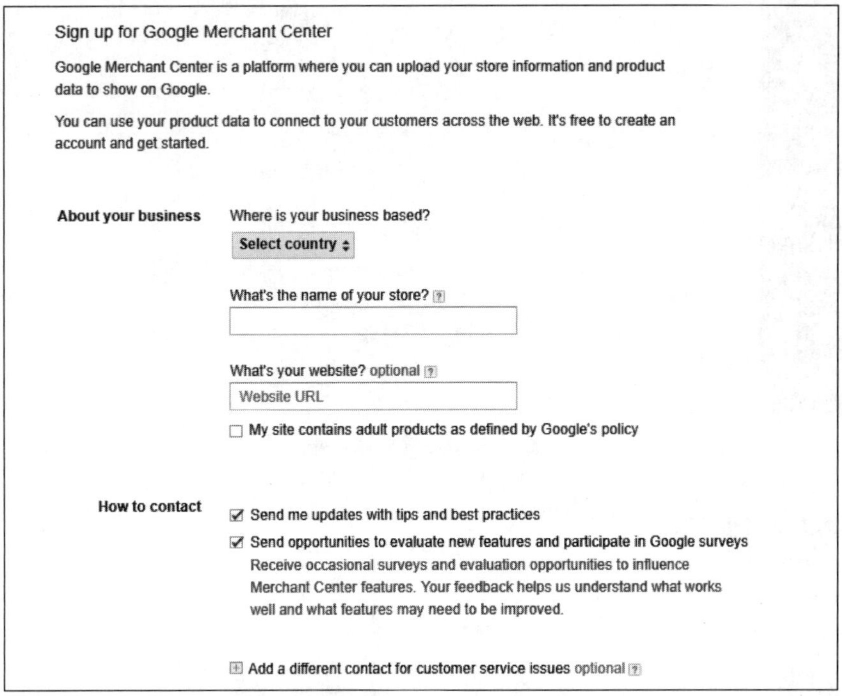

图 3-56　Google Merchant Center 账户基本信息

(2) 验证网站所有权:选择图 3-57 所示的任意一种方式验证网站所有权。

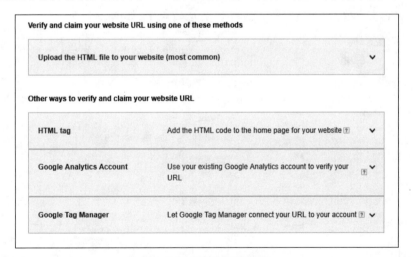

图 3-57　验证网站所有权

(3) 进入 Google Merchant Center 界面,完善商家信息,除第(1)步中建立账户时已经填写的商户名称和网址外,填入商家地址,如图 3-58 所示。

(4) 设置税费:选择相应的税费设置项,如图 3-59 所示。

图 3-58 完善商家信息

图 3-59 设置税费

（5）设置运费：单击"＋"按钮，设置不同的运费规则，如图 3-60 所示。

图 3-60 设置运费

(6) 成人内容设置：如果网站的目标受众群体主要为成人，并且包含成人内容（不管带不带裸露内容），则需进入购物广告配置界面，勾选"我的网站中含有 Google 政策所定义的成人商品"，如图 3-61 所示。

图 3-61　成人内容设置

3. 制作商品数据

将网站的产品信息分别填入电子表格中，如图 3-62 所示。

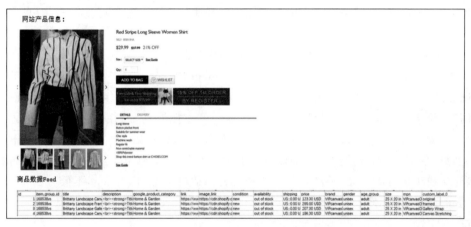

图 3-62　网站的产品信息与商品数据 Feed

其中商品数据 Feed 中的项目称为商品属性，具体包括必选属性和可选属性。这些属性值也要符合相应的规范[①]。

① 必选属性。

- ID（商品标识符）：作为不同商品唯一的标识符号，同一份数据文件 Feed 里的每件商品 ID 不可重复。尽可能使用商品在网站上的库存量单位（SKU）作为 ID。

示例：AABB1234。

规范：最多 50 个半角（英文）字符；同一个产品更新数据要确保 ID 不变；不同国家/地区或语言的同一商品可以使用相同 ID。

- title（商品标题）：即商品名称，准确描述商品，与网站着陆页上的商品名称保持一致。

---

① Google Merchant Center 帮助. Product data specification［商品数据规范］-Google Merchant Center 帮助［EB/OL］. https://support.google.com/merchants/answer/7052112，2019。

示例：Women Maxi Dresses。

规范：最多150个半角（英文）字符；切勿包含促销文字（如"15％ OFF，免运费"）、全部大写或使用噱头式的外语字符。

- description（商品描述说明）：即商品具体信息的描述，与网站着陆页上的商品描述说明保持一致。

示例：Women Maxi Dresses made by cotton；Red Color；Casual Style；Cold Water Wash。

规范：最多5000个半角（英文）字符；切勿包含促销文字（如"15％ OFF，免运费"）、全部大写或使用噱头式的外语字符，只包含商品本身有关的信息，请勿包含指向商店、销售信息、竞争对手的详细信息以及其他商品的链接。

- link（商品链接）：该商品的着陆页。

示例：https://www.example.com/category1234/product123456。

规范：必须链接到该产品本身的详细页，请勿链接到首页或者插页等其他页面；必须使用通过网站所有权验证的域名；以http或https开头；使用经过编码且符合RFC 2396或RFC 1738规范的网址，例如英文逗号表示为"％2C"。

- image_link（商品图片链接）：准确展示该商品的主图片。

示例：https://www.example.com/productimage123456。

规范：以http或https开头；使用经过编码且符合RFC 2396或RFC 1738规范的网址。例如，英文逗号表示为"％2C"；确保Google可以抓取网址；使用可接受的格式，包括非动画格式的GIF（.gif）、JPEG（.jpg/.jpeg）、PNG（.png）、BMP（.bmp）和TIFF（.tif/.tiff）；勿放大产品某处或使用产品缩略图；勿包含文字、水印或边框；勿使用占位图或通用图（除五金和车辆两类产品，油漆可使用纯色图片）；服饰商品，图片像素不低于250×250像素；非服饰商品，图片像素不低于100×100像素；图片最大不超过6400万像素或文件大小不超过16MB。

- availablity（库存状态）：表明商品的库存情况，必须与着陆上的库存状况保持一致。

示例：in stock（有货）。

规范：仅支持3种属性值，即in stock（有货）、out of stock（无货）、preorder（预定），根据实际库存状态选择。

- price（价格）：商品的原价。准确的商品价格和对应投放国家的货币，并与着陆页上的价格保持一致。

示例：20 USD。

规范：确保在着陆页上明显且能直接找到以目标销售国家或地区的货币表示的价格；确保商品能以提交的价格进行在线购买；确保目标销售国家或地区的所有用户都能按照商品提交的价格购买商品，而无须支付会员费等其他费用，并在运费设置中添加最低订单金额；除合约价购买手机外，价格不得为0；对于批量或套装销售的产品，需要提交最低购买量、套装或多件组合装的总价格；对于美国和加拿大，提交的价格中不得包含税费；对于其他国家，提交的价格中需添加增值税（VAT）或服务税（GST）。

- shipping(运费)：如果商品要销售到澳大利亚、奥地利、比利时、加拿大、捷克、法国、德国、爱尔兰、以色列、意大利、荷兰、韩国、西班牙、瑞士、英国和美国,则必须提交运费属性值,其他国家或地区为可选属性。如果在数据 Feed 中提交了运费属性值,那么 Google Merchant Center 账号运费设置将会被替换。

示例：US:CA:ServiceName：10.00 USD。

规范：运费属性值包括 4 个子属性值。a. country(国家或地区)为可选子属性值,使用 ISO 3166 国家或地区代码填写,如 US(美国)；b. region(国家下级的地区)或 postal_code(邮政编码)或 location_id(地理位置 ID)或 location_group_name(地理位置组名称)为可选子属性值,如上海可以填写 SH 或者邮编 200000；c. service(配送服务名称)为可选子属性值,如"包邮""当日达"等；d. price(价格),固定运费价格,此项为必选属性。如果有增值税,则提交的运费价格须包含增值税。

运费的写法有两种：

在 shipping(运费)后添加括号,在括号中添加要提交的子属性的名称,以英文冒号(:)分隔。例如,要提交 country(国家或地区)为美国、region(国家下级的地区)为加利福尼亚州和 price(配送价格)为 10 元,那么 shipping 属性名称在数据 Feed 表中须填入"shipping(country:region:price)",对应属性值则填入"US:CA:10 USD"。

如果未在 shipping(运费)后添加子属性名称,那么须按照 country(国家或地区)、region(国家下级的地区)、service(配送服务名称)、price(配送价格)的顺序提交子属性值。例如,要提交 country(国家或地区)为美国、region(国家下级的地区)为加利福尼亚州,service(配送服务名称)为快递和 price(配送价格)为 10 元,那么 shipping 属性名称在数据 Feed 表中填入 shipping 即可,对应的属性值则填入"US:CA:Express:10 USD"。如果某个子属性不提供相应值,如 region(国家下级的地区)、service(配送服务名称),则仍需添加英文冒号(:),对应的属性值则填入"US:::10 USD"。

② 商品标识符：提交以下属性作为商品标识符,定义在全球市场上销售的商品。

- BRAND(品牌)适用于所有新商品,但电影、书籍和音乐唱片品牌除外。如果是商品制造商,则提供商店名称作为品牌。如果没有自己的品牌,则勿提供该属性值。

示例：谷歌。

规范：最多 70 个英文字符；勿使用"不适用""常规""无品牌""不存在"等文字。

- GTIN(商品的全球贸易项目代码)适用于所有具有制造商指定 GTIN 的新商品。

示例：43459049504。

规范：最多 50 个英文字符。在不同的国家/地区或者不同产品类型,GTIN 值的写法不同。

北美：使用 UPC(也称为 GTIN-12),12 位数字,如 323451234012。如果是 8 位数的 UPC-E,则应转换为 12 位数字。

欧洲：使用 EAN(也称为 GTIN-13),13 位数字,如 3234512340129。

日本：使用 JAN(也称为 GTIN-13),8 或 13 位数字,如 49123232 或 4901234565794。

图书：使用 ISBN,13 位数字,如 3234512340129。

组合装商品：使用 ITF-14,14 位数字,如 10856445671702。

- MPN（商品的制造商部件号），使用尽可能具体的 MPN。例如，不同颜色的商品使用不同的 MPN。

示例：ADFS34343FD。

规范：最多 70 个英文字符；根据不同的商品类型，需要提交不同的商品标识码作为必选属性。最佳做法是提交以上 3 种属性。如果出现无法完全提供 3 种属性的情况，则按以下规则进行提交。

- 具有 GTIN 的商品：提交 GTIN 值和 BRAND 值作为必选属性。
- 没有 GTIN 的商品：提交 BRAND 值和 MPN 值作为必选属性。可能没有 GTIN 的商品包括：自有品牌商品、替换部件、原始设备制造商（OEM）部件或 OEM 部件替换件、定制商品（例如定制 T 恤、工艺品和手工制品）、在 ISBN 于 1970 年获批成为 ISO 标准以前出版的图书、复古物品或古董、预售商品（在数据 Feed 中用 condition 属性表明）。
- 没有品牌的商品：若商品没有明确的相关品牌归属（例如影片、图书和音乐）或者是定制商品，例如定制 T 恤、工艺品和手工制品，则无须提交 BRAND[品牌] 属性。
- identifier_exists（是否有标识）：如果制造商没有为新商品指定 GTIN BRAND 或 MPN，或者商品没有 GTIN 和 BRAND 或 MPN 和 BRAND，则该值设置为"no"；如果新商品的商品标识符由制造商指定，则该值设置为"yes"；若不提交该属性，则默认为"yes"。商品标识码提交见表 3-7。

表 3-7 商品标识符提交

已有的商品标识码属性	缺少的商品标识码属性	作为必选属性提交	作为可选属性提交
BRAND、MPN	GTIN	BRAND、MPN	
GTIN、BRAND	MPN	GTIN、BRAND	
BRAND	GTIN、MPN	BRAND、IDENTIFIER_EXISTS（是否有标识）填入"FALSE"	
GTIN、BRAND、MPN		GTIN、BRAND	MPN
都没有	GTIN、MPN、BRAND	IDENTIFIER_EXISTS（是否有标识）填入"FALSE"	

③ 常用可选属性（特殊情况下的必选属性）。

- condition（使用情况）：如果该商品为全新（new）商品，则可以不提交此属性；如果该商品是二手或翻新商品，则必须提交该属性。

示例：new。

规范：仅支持 3 种属性值，即 new（全新）、refurbished（翻新）、used（二手）。

- adult（成人）：如果商品包含成人内容，则该选项设置为"yes"。

示例：yes（是）。

规范：属性值仅为"yes"或"no"。如果 Google Merchant Center 账号中已经勾选了网站含有成人内容的选项，那么商品数据 Feed 中无须再提交 adult（成人）属性。

- age_group(年龄段)：对于指定了年龄段的商品，例如服装(对儿童和成人进行了明确区分)，如果广告投放至巴西、法国、德国、日本、英国和美国，则该属性为必选属性。

示例：newborn(新生儿)。

规范：属性值仅为 newborn(3 个月以下新生儿)、infant(3～12 个月的婴儿)、toddler(1～5 岁的儿童)、kid(5～13 岁的儿童)和 adult(13 岁以上的青少年及年龄更大的人群)。

- color(颜色)：对于服装商品或者有明显不同颜色的其他商品，如果广告投放至巴西、法国、德国、日本、英国和美国，则该属性为必选属性。

示例：red(红色)。

规范：最多 100 个英文字符(每种颜色最多 40 个字符)；勿使用数字或字符；勿仅使用 1 个字母(除中、日、韩语)；勿使用类似"参考图片色"这样的表达；勿将多种颜色合成为 1 个单词，应使用"/"将不同颜色分开，例如产品含有红、黄、蓝 3 种颜色，应写为"红/黄/蓝"；如果商品具有多种颜色，应列出主体颜色。

- gender(商品适用性别)：对于有明显性别区分的其他商品，如服装，如果广告投放至巴西、法国、德国、日本、英国和美国，则该属性为必选属性。

示例：male(男性)。

规范：属性值仅为 male(男性)、female(女性)和 unisex(男女通用)3 种。

- size(尺寸)：对于服装和鞋类商品，以及有不同尺寸提供的商品，如果广告投放至巴西、法国、德国、日本、英国和美国，则该属性为必选属性。

示例：M。

规范：最多 100 个字符；如果尺寸中包含多种规格，则精简为一个值，如领口为 15 英寸[①]、袖长为 30 英寸，适合中等身材，则写为"15/30 中等"；如果是均码，则写为 one size、OS、one size fits all、OSFA、one size fits most、OSFM 这 6 种形式之一即可。

- material(材质)：如需以材质区分同一款式的几件不同商品，则该属性为必选属性。

示例：cotton(棉)。

规范：最多 200 个英文字符；如果 1 件商品有多种材质，则先写出主要材质，再在其后添加辅料材质(最多两种)，并以"/"分隔，如"棉/羊毛/涤纶"。

- pattern(图案)：如需以图案区分同一款式的几件不同商品，则该属性为必选属性。

示例：leopard(豹纹)。

规范：最多 100 个英文字符。

- item_group_id(商品组 ID)：同一款商品有不同款式，如果广告投放至巴西、法国、德国、日本、英国和美国，则该属性为必选属性，可选上文中 color(颜色)、size(尺寸)、pattern(图案)、material(材质)、age_group(年龄段)和 gender(商品适用性别)中一个或多个属性存在差异的一组商品使用。

示例：ABC1234。

规范：最多 50 个英文字符；为商品组中的每件商品添加相同的属性。例如，若一款商

[①] 英寸：英制长度单位，英文缩写为 in，1in＝2.54cm。

品有多种颜色,则每件商品都须提交不同的 color(颜色)属性值和相同的 item_group_id(商品组 ID)。

- tax(税费):以百分比表示的商品销售税率,仅限美国。

示例:US:NY:5:y。

规范:包含 4 个子属性。a. 可选子属性 country(国家/地区),使用 ISO 3166 国家/地区代码;b. 可选子属性 region(国家下级地区)、postal_code(邮政编码)或 location_id([地理位置 ID];c. 必选属性 rate(税率)以百分比的数字提交;d. tax_ship(配送税率),值仅为"yes"或"no"。

如果在 Google Merchant Center 账户设置中提交了所有商品的税费信息,则商品数据 Feed 中无须提交此属性。

- google_product_category(Google 商品类别):Google 为商品定义的商品类别,在商品数据 Feed 表中提交该类别的完整名称或数字形式的类别 ID。具体投放商品对应的 Google 商品类别可以通过"http://www.google.com/basepages/producttype/taxonomy-with-ids.zh-CN.xls"下载相应的表格。

示例:若销售皮夹克,则该属性值提交为 Apparel & Accessories > Clothing > Outerwear > Coats & Jackets[服饰与配饰 > 服装 > 外套 > 外套与夹克]或 371。

规范:每个商品仅提交一个最相关的类别;必须添加官方提供的标准名称或类别 ID。

- product_type(商品类型):为商品赋予一个自己定义的商品类别。商品类型一般来自网站自己各层级商品的类别名称。

示例:若销售红色裙子,则该属性值提交为 Apparel>Women>Dresses>Red Dresses。

规范:最多 750 个英文字符;使用 > 分隔同一类别中的多个层级,> 符号前后都应添加空格。添加完整的类别路径名称,例如,提交"图书 > 旅行 > 英国游",而不是仅提交"英国游"。

4. 数据上传

商品数据 Feed 表制作完成后,需要将表格上传至 Google Merchant Center 账户。

(1) 单击 Feed 界面中的"+"按钮,如图 3-63 所示。

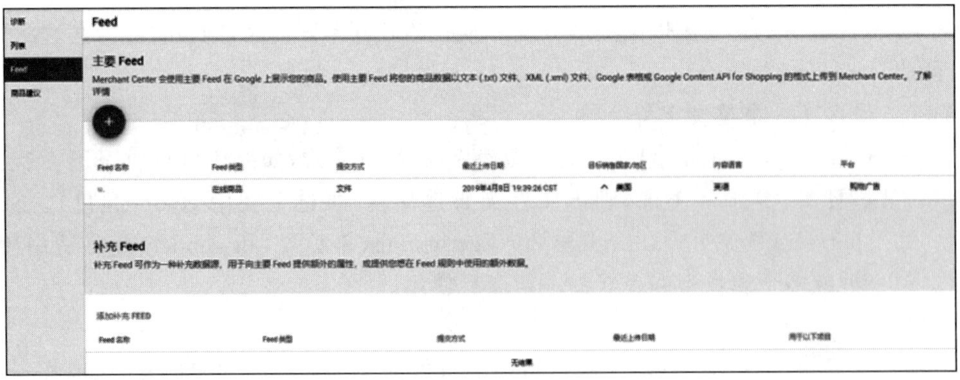

图 3-63 Feed 界面

（2）选择语言地区和平台：根据广告投放目标国家，语言选择相应选项，并勾选"平台"选项中对应的"购物广告"项，如图 3-64 所示。

图 3-64　选择语言地区和平台

（3）命名数据 Feed 内容并选择提交方式：命名该份数据 Feed 内容并选择"上传"项上传商品，如图 3-65 所示。

图 3-65　命名数据 Feed 内容并选择提交方式

（4）命名数据 Feed 文件并上传文件：命名数据 Feed 文件并上传此份表格文件，如图 3-66 所示。

3.2.5　Google 购物广告账户内容及基础操作

1. 要投放购物广告，首先要将 Google Merchant Center 与 Google Ads 账户关联

（1）如果 Google Merchant Center 与 Google Ads 账号是同一个邮箱注册的，那么在 Google Merchant Center 的"账号关联"界面上直接点击"关联"即可，如图 3-67 所示。

图 3-66　命名数据 Feed 并上传文件

图 3-67　直接关联 Google Merchant Center 与 Google Ads 账户

（2）如果 Google Merchant Center 与 Google Ads 账号不是同一个邮箱注册的，或者该 Google Merchant Center 需要关联多个不同的 Google Ads 账号，则点击"其他 Google Ads 账号"下的"关联账号"链接，然后输入需要关联的 Google Ads 账号 ID，发送关联请求，如图 3-68 所示。

图 3-68　在 Google Merchant Center 中关联 Google Ads 账号

然后来到需要关联的 Google Ads 账号的"已关联账号"中，找到本次关联请求，点击"查看详细信息"链接，在弹出的窗口中批准该次关联请求，如图 3-69 所示。

图 3-69　批准 Google Merchant Center 关联请求

2. Google Merchant Center 账号与 Google Ads 账号关联好后，需要在 Google Ads 账号中进行广告制作，购物广告才能开始投放

（1）购物广告账户的结构：购物广告账户包括广告系列、广告组、广告、（产品）组 4 块内容，如图 3-70 所示。

图 3-70　购物广告账户的结构

① 广告系列：广告系列包含使用相同的预算、地理位置定位和其他设置的多个广告组，Google Ads 账号可投放一个或多个广告系列。在广告系列可以设置包括预算、语言、地理位置、在 Google 广告网络中的投放范围等。

② 广告组：广告组包含定位到一系列产品（组）的一条或多条产品广告。在广告组可以设置设备出价比例。

③ 广告：位于广告组中，自动生成一条用于宣传商品详细信息的内容。

④ 产品（组）：位于广告组，用来定位一个或者一系列产品，用于触发用户搜索词对应的商品广告。

除了与搜索广告系列一样在广告系列、广告组、广告、定位方式上有一样内容数量的限制以外，对商家数据和 Feed 也有限制。其中每个账号最多可以有 500 万个与动态广告、广告定制工具和附加信息对应的行或 Feed 项；每个账号最多可以有 100 个由用户生成的 Feed 或商家数据集；每个属性最多可以有 3000 字节（大约 750 至 3000 个字符，具体取决于字符的字节大小）。

（2）购物广告系列操作。

① 单击"新广告系列"，如图 3-71 所示。

图 3-71　建立新广告系列

② 选择广告系列目标为"在没有目标导向的情况下制作广告系列"，如图 3-72 所示。

图 3-72　选择广告系列目标

③ 选择广告系列类型为"购物"，如图 3-73 所示。

④ 选择已经关联好的一个 Google Merchant Center 账号，以及商品销售的国家/地区，如图 3-74 所示。

⑤ 选择广告系列子类型为"标准购物广告系列"，如图 3-75 所示。

⑥ 命名广告系列，如图 3-76 所示。细分及命名广告系列的原则和方式与之前章节中搜索广告系列细分及命名方式相同。

⑦ 选择出价策略为"每次点击费用人工出价"，如图 3-77 所示。

⑧ 填写每日预算，设置投放方式为"标准"，如图 3-78 所示。

⑨ 设置广告系列优先级，如图 3-79 所示。

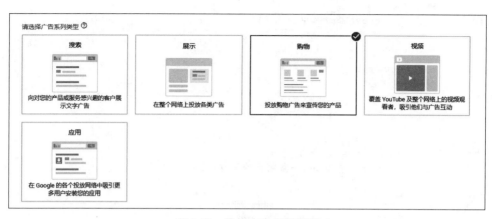

图 3-73　选择广告系列类型

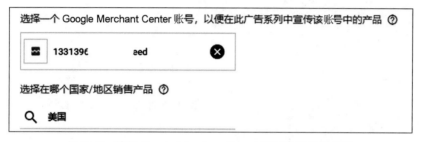

图 3-74　选择 Google Merchant Center 账号及销售目的地

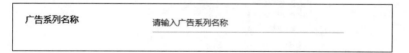

图 3-75　选择广告系列子类型

图 3-76　命名广告系列

图 3-77　选择出价策略

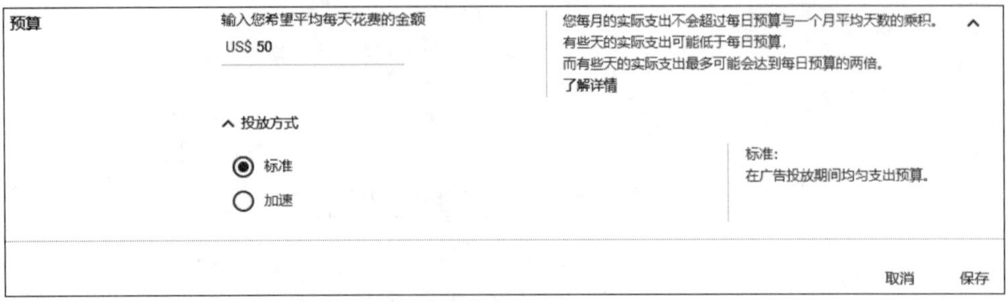

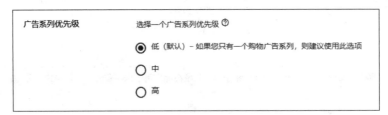

图 3-78 设置每日预算及广告投放方式

图 3-79 选择广告系列优先级

⑩ 选择广告投放网络，勾选"在 Google 搜索网络合作伙伴网站上展示您的广告"，如图 3-80 所示。

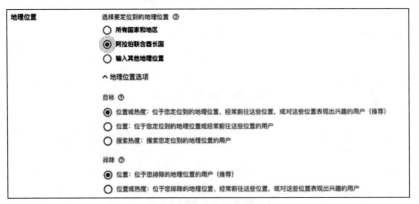

图 3-80 选择广告投放网络

⑪ 设置广告投放地理位置及定位和排除选项，如图 3-81 所示。

图 3-81 地理位置设置

⑫ 设置广告投放开始日期和结束日期,如图 3-82 所示。

图 3-82　设置广告投放开始日期和结束日期

⑬ 开始建立新广告组,选择广告组类型为"产品购物",如图 3-83 所示。

图 3-83　选择广告组类型

⑭ 命名广告组,如图 3-84 所示。对于一个新的购物广告系列,该系列里需要根据产品的二级或二级以上分类(上文提到的细分广告系列的产品大类通常称为一级分类)进行细分。

图 3-84　命名广告组

⑮ 设置广告组出价,如图 3-85 所示。

图 3-85　设置广告组出价

⑯ 进入广告组,单击"＋"号,在"选择产品组"页面上选择该广告组需要投放的产品(组),如图 3-86 所示。

⑰ 设置产品(组)出价,如图 3-87 所示。

完成以上一系列在 Google Merchant Center 及广告账户中的设置后,购物广告就进入了审核期,审核通过后,广告就正式开始投放。

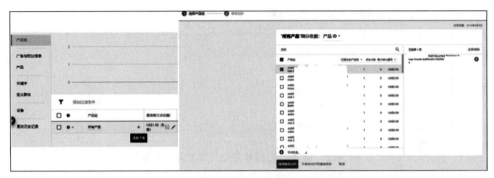

图 3-86　添加子类产品（组）

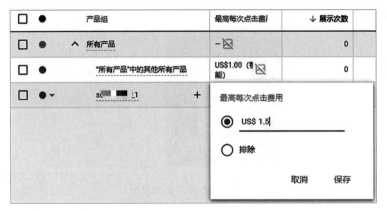

图 3-87　设置产品（组）出价

练习题

1. 选择题（不定项）

（1）影响质量得分的因素包括（　　）。
　　A. 广告的预期点击率　　　　　　　B. 广告与搜索的相关性
　　C. 关键字数量　　　　　　　　　　D. 着陆页质量

（2）决定广告评级的要素包括（　　）。
　　A. 出价　　　　　　　　　　　　　B. 质量得分
　　C. 附加信息及其他广告格式　　　　D. 用户搜索情景

（3）以下哪种产品禁止在 Google 上推广？（　　）
　　A. 情趣内衣　　B. 香烟　　C. 葡萄酒　　D. 球鞋

（4）只有当用户搜索"巧克力棒"时，才会触发广告展示，应该用什么匹配方式？（　　）
　　A. 广泛匹配　　B. 词组匹配　　C. 完全匹配　　D. 否定匹配

（5）一个广告系列最多能有多少个广告组？（　　）
　　A. 10000　　B. 20000　　C. 5000　　D. 30000

(6) 一个广告组最多能有多少个关键字？（　　）
　　A. 10000　　　　B. 5000　　　　C. 20000　　　　D. 30000
(7) 要在不同国家或地区通过购物广告销售商品，应该（　　）。
　　A. 以当地语言展示商品
　　B. 每个国家或地区都使用相同的着陆页
　　C. 所有产品都使用一个 Feed
　　D. 价格币种都设为元
(8) 小明销售被 Google 归类为成人用品的商品，应该如何标注相关内容？（　　）
　　A. 在数据 Feed 提交 product_category 属性
　　B. 向 Google Ads 帮助中心团队发送申请邮件
　　C. 使用 adult 属性
　　D. 在商品标题中写入"成人"字词

2. 判断题

(1) 搜索结果页上最多可以展示出 10 条文字广告。　　　　　　　　　（　　）
(2) 出价越高，广告排名越靠前。　　　　　　　　　　　　　　　　（　　）
(3) 以下广告能通过审核。　　　　　　　　　　　　　　　　　　　（　　）
标题：■宇峰石业有限公司■
描述：公司专业生产薄板、台面板、磨光板、剁斧板、花岗岩、盲道石等石材产品
最终到达网址：www.stone.com
(4) 以下广告能通过审核。（　　）
标题：名牌饰品专区
描述：精仿 A 货 CD 情侣戒指，女款，一口价 45 元
最终到达网址：www.ajew.com.cn
(5) 以下广告能通过审核。（　　）
标题：在线名酒购买
描述：啤酒、葡萄酒、威士忌等各国名酒
最终到达网址：www.jiujing.com.cn

3. 简答题

(1) 简述搜索广告的原理及广告展示位置与内容。
(2) 简述购物广告的原理及广告展示位置与内容。
(3) 某网站针对英、美两国销售鲜花，某营销人员已经做出以下关键词，请合理划分广告系列和广告组，并撰写一条广告语和一条附加信息（广告语和附加信息的内容可以虚构）。
　　flowers、flower、flower online、flowers sale、flowers UK、flower US、red rose、red rose London、blue rose New York、yellow roses、buy flowers、buy lily、white lily、pink lily、cheap roses、cheap lily、cheap flowers、flowers free shipping、flowers fast delivery。
(4) 计算表 3-8 中 A、B、C 3 个广告账户的"出价×质量得分"、实际 CPC、排名。

表3-8 账户数据计算

账　户	质量得分	出　价	出价×质量得分	实际CPC	排　名
A	7	2.0			
B	8	1.8			
C	5	1.5			

（5）简述预计点击率和实际点击率的区别。

（6）根据以下3条产品链接，制作相应购物广告的Feed数据。

https://www.target.com/p/women-s-mad-love-vada-flip-flop-sandal/-/A-52862948?preselect＝52741367♯lnk＝sametab

https://www.target.com/p/women-s-lisa-ankle-strap-flip-flop-sandals-shade-shore-153/-/A-54229969?preselect＝54180638♯lnk＝sametab

https://www.target.com/p/women-s-sara-americana-flip-flop-sandals-shade-shore-153/-/A-54229970?preselect＝54180473♯lnk＝sametab

答案

1. 选择题（不定项）

（1）ABD　（2）ABCD　（3）B　（4）C　（5）B　（6）C　（7）A　（8）C

2. 判断题

（1）错　（2）错　（3）错　（4）错　（5）错

3. 简答题

（1）参见3.1.2节中"1.搜索广告"相应内容。

（2）参见3.2.2节中相应内容。

（3）参见3.1.4节中"3.制作广告组及关键字配图"中"关键字分组"中及"4.制作广告"中相应内容。

（4）答案见表3-9。

表3-9 账户数据计算答案

账　户	质量得分	出　价	出价×质量得分	实际CPC	排　名
A	7	2.0	14.0	1.08	2
B	8	1.8	14.4	1.76	1
C	5	1.5	7.5	—	3

（5）参见3.1.2节中"3.质量得分"中"(2)质量得分的组成要素"中相应内容。

（6）要点：必选属性完整，适当使用可选属性；字符数限制；属性值规范。

第 4 章

搜索引擎广告扩展营销方式

搜索网络可以针对搜索特定商品或服务的用户展示广告，而展示广告网络则可以在用户不使用搜索的时候展示出广告，或者向之前访问过广告主网站或应用的用户进行再营销，具体的区别见表 4-1。搜索网络及其环境和资源，可以针对用户特定的搜索目标展示特定商品或服务的展示广告。相较而言，展示广告网络及其环境和资源则可以在用户不执行搜索行为的情形下，主动向用户或者受众展示出广告，或者向之前访问过商户网站或应用的用户进行主动再营销。

表 4-1 搜索广告营销与扩展营销方式

扩 展 点	搜索广告营销	扩展营销方式
广告触及	用户主动搜索	广告主主动触及客户
定位方式	语言	语言、地区、设备
	地区	兴趣
	设备	展示网络关键字、网站主题及具体网站
	搜索结果及搜索合作伙伴	年龄、性别、收入
再营销	搜索再营销	展示网络标准再营销及动态再营销
广告目标	广告点击及转换	展示网络广告点击、展示、互动及转换

4.1 Google 展示广告

4.1.1 为什么要做 Google 展示广告[①]

要明确为什么做 Google 展示广告,首先要对展示广告有一些基本的了解。Google 拥有由 200 多万个网站、视频和应用组成的展示广告网络。展示广告网络的网站覆盖了大多数的互联网用户。借助展示广告网络,商户可以使用定位以多种方式展示广告,包括在特定的上下文(例如"旅行指南"或"bbc.com")中展示广告、面向特定的受众群体(例如"年轻母亲"或"想买泳装的用户")展示广告,以及在特定的位置展示广告等。

借助 Google 展示广告网络,无论用户是在浏览自己喜欢的网站、向朋友展示 YouTube 视频、查看 Gmail 账号,还是在使用移动设备和应用,商户都可以向他们展示广告。

Google 展示广告的核心目的在于通过内容的优化把广告投放到所有的潜在客户眼前。展示网络与搜索的区别如下。

搜索:搜索行为的执行主体是主动积极、目标较为明确的受众,商户只须选取关键字,受众主动通过关键字搜索与受众形成交互。

展示网络:搜索引擎用户的阅读、探寻行为,体现了思维的被动性。广告主的内容投放必须能抓住用户的兴趣:定位什么样的内容、目标受众会阅读什么样的内容;如何使得广告有趣且具备较高的相关性。

由此可以得出结论:内容可以影响购买行为。有效使用展示网络可以在内容优化、目标客户筛选中找寻到内生循环和内在平衡,以期达到最好的效果。

历史的数据反映,搜索、关键字定位内容、位置定位内容的叠加、联动效应生成的转化率约为直接搜索系列转化率的 122%。

[①] Google Ads 帮助. Google 展示广告网络简介-Google Ads 帮助[EB/OL]. https://support.google.com/google-ads/answer/2404190,2019。

4.1.2 Google 展示广告原理

1. Google 展示广告介绍[①]

Google 展示广告网络旨在帮助商户找到合适的受众群体。它的定位选项让商户能够有的放矢，在恰当的位置和时机向潜在客户展示广告信息。以下一些示例说明了如何使用定位功能。

（1）利用受众群体寻找新客户或吸引现有客户。借助类似受众群体和有具体兴趣的受众群体，可以定位到最有可能对产品感兴趣的用户，从而帮助找到新的潜在客户。还可以利用再营销列表等数据帮助再次吸引之前访问过网站的用户。

（2）利用自动化功能促成更多转化。自动定位功能可根据现有的受众群体和着陆页找出效果突出的受众群体，从而帮助获得更多客户转化，提升转化率。经过一段时间的自动转化后，Google Ads 可以了解哪些受众群体适合商户。自动出价功能可自动调整出价，帮助商户实现投资回报率目标。智能型展示广告系列能够综合运用自动定位功能、自动出价功能以及广告素材的最大优势，最大限度地提高商户在 Google Ads 上获得的绝对转化次数。

2. Google 展示广告的原理

（1）展示广告的内容呈现。展示广告是通过富有吸引力的广告格式（如图片、视频等）吸引用户的。

① 网站中的展示广告，广告区域角落以广告（Ad 或 Sponsored）标记，如图 4-1 所示，右下方块即展示广告。

图 4-1 网站中的展示广告

② 应用中的展示广告，如图 4-2 所示，最下方长方形区域为广告。
③ YouTube 上的展示广告，如图 4-3 所示，会展示在某个视频的开头或者播放中间。

[①] Google Ads 帮助. Google 展示广告网络简介-Google Ads 帮助[EB/OL]. https://support.google.com/google-ads/answer/2404190,2019.

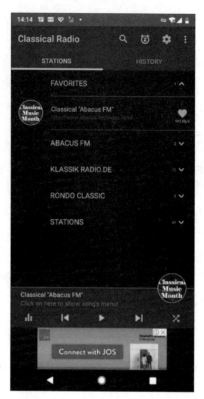

图 4-2 应用中的展示广告

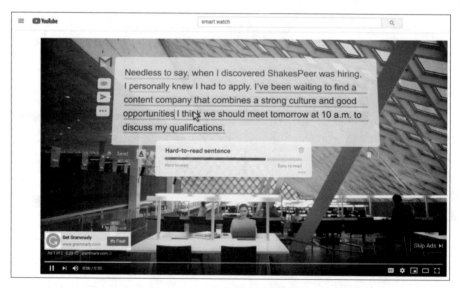

图 4-3 YouTube 上的展示广告

④ Gmail 上的展示广告,如图 4-4 所示,Gmail 邮箱中会有一封类似邮件的内容,并标记为"广告(Ad)"。

图 4-4　Gmail 上的展示广告

（2）展示广告网络上投放的广告类型。

自适应型展示广告：要制作此类广告，只需输入广告文字，然后添加图片和徽标，Google 便会进行优化处理，以提升效果（商户还可以免费使用 Google 提供的图片库）。因为这种广告会以"原生"广告的形式显示，并且在实现部分自动化，能够与发布者（商户）网站的字体和外观融为一体。

图片广告：要获得更大的控制力和渗透度，商户可以制作和上传广告。可以采用不同尺寸的图片或 HTML 5 的格式上传广告。

互动广告：在 YouTube 以及整个展示广告网络上投放富有吸引力的图片广告和视频广告。

Gmail 广告：在用户收件箱的顶部标签中显示展开式广告。

（3）展示广告的竞价。Google Ads 通过广告竞价决定展示哪些广告、广告的展示顺序以及广告的费用。展示网络广告竞价与展示 Google Ads 竞价有许多相似之处。广告均按照广告评级进行排名，而广告评级取决于每次点击费用最高出价和质量得分。展示网络也有质量得分评价体系。该质量得分的内核为 pCTR 指标，即预测点击率（predicted click-through rate）。构成 pCTR 指标的三要素：广告组在站点和类似站点的表现、用户在站点和类似站点的表现、相似广告商在站点和类似站点的表现。

此处需要注意，都名为"质量得分"，但展示网络的质量得分无论是内核、参数都与搜索的质量得分不同。展示网络的质量得分是另一个维度的指标。

展示网络广告竞价与 Google Ads 搜索竞价的区别：对于在当前位置多获得的点击次数，只须支付排名高于次优广告位置所需的金额；对于其他点击次数，按次优广告位置的价格支付；对于使用受众群体定位的广告，可能需要支付额外的服务费。若是如此，系统会在竞价开始前降低您的最高出价，并将这笔费用累加到最终竞价上。

实际每次点击费用基于排在下面的广告客户的出价和质量得分的加权平均数。举例说明展示网络广告实际点击费用（多广告展示位置的实际点击费用计算）质量得分一致。因为质量得分一致，所以上家实际点击费用比下家最高出价多 1 美分。

A 广告出价＝5　B 广告出价＝3　C 广告出价＝1

广告位可展示 2 条广告，A 广告被点击了 5 次，B 广告被点击了 3 次

A 实际点击总花费＝2×3.01＋3×1.01

B 实际点击总花费＝3×1.01

3. Google 展示广告的定位方式①

广告设置定位是展示广告取得成功的关键所在。广告主设计了完美的广告，但还需要

---

①　Google Ads 帮助. 投放到展示广告网络的广告系列定位简介-Google Ads 帮助［EB/OL］. https://support.google.com/google-ads/answer/2404191,2019.

在合适的时机将广告展示给合适的用户,才能更好地实现营销目标。

(1) 受众群体定位。

受众特征:根据产品和服务在特定地理位置、年龄、性别以及设备类型的用户中的流行程度定位广告。

兴趣相似的受众群体:使用电视广告系列的商户可以将广告系列扩展到线上,并使用 Google 搜索或展示广告网络来吸引受众群体。

有具体兴趣的受众群体:向一直在搜索同类产品和服务的用户展示广告。对这些用户的界定为:可能正在考虑进行购买或者之前购买过,可识别并可界定为仍然有兴趣与广告产生互动。

自定义的意向受众群体:商户可以自主选择,与最有可能和网站进行互动并发生购买行为的用户相关联的字词或词组。在"自定义的意向受众群体"功能中,除了可以添加关键字外,还可以添加与受众群体兴趣相关的网站、应用或 YouTube 内容的网址。

类似受众群体:通过定位以及与再营销列表中的用户有相关兴趣的用户来扩大受众群体。"类似受众群体"用户并未直接搜索产品或服务,但他们的相关兴趣可能会促使他们与广告进行互动。

再营销:定位与广告、网站或应用有过互动记录或线索的用户,主动促使他们更频繁地看到广告。这些用户可以处于任何转化决策阶段,只要他们之前访问过网站或点击过广告,便可构成和定义为再营销的目标客户,以最终促成购买和交易作为再营销的目标。

(2) 内容定位。

主题:商户可以一次性将广告定位到与特定主题相关的多个网页。主题定位可以实现覆盖展示广告网络中的一大批不同网页。Google Ads 会分析网页内容,并考虑文字、语言、链接结构和网页结构等因素,进而判断每个网页的中心主题,并根据商户选择的主题定位广告。

展示位置:定位到展示广告网络中客户所访问的网站。如果商户选择这种定位方式,那么在为广告搜索相关网站时,Google Ads 算法只会计算商户指定的网站(自选展示位置)。与内容相关定位(系统推荐的展示位置)不同,展示位置定位不要求使用关键字。展示位置可以是整个网站,也可以是某个网站的一部分环境或资源。

展示广告/视频广告关键字:商户可以选择与销售的产品或服务相关的字词,从而在与这些字词内容相关的网页应用和视频中展示广告。

4.1.3 Google 展示广告政策

其原理同前文的其他广告政策。因广告内容、信息的载体不同,展现形态的不同,Google 展示广告政策有别于其他广告类型的政策主要体现在图片要求、动态展示的要求、智能型广告系列的要求等方面。

(1) 展示广告特有的基本政策[1][2]。

① 相关性要明确:所有广告内容,包括图片、视频、文字等都必须与销售商品或服务密

---

[1] Google Ads 政策帮助. 图片广告要求-Google Ads 政策帮助[EB/OL]. https://support.google.com/adspolicy/answer/176108,2019.

[2] Google Ads 政策帮助. 图片质量要求-Google Ads 政策帮助[EB/OL]. https://support.google.com/adspolicy/answer/9193529,2019.

切相关,不得隐瞒或谎报与产品或服务相关的信息,或者在广告着陆页中使用"网上诱骗"手法收集用户信息。

② 内容要清楚:所有广告内容,包括图片、视频、文字等都必须直接清楚地说明要宣传的产品或服务,对展示在网络上的广告、图片和视频要有质量要求。

③ 不得有误导性内容:对于图片、视频等富媒体广告内容,广告不得误导用户或诱骗用户与之互动。例如,广告本身含有移动箭头和点击箭头,或者一个图片内含有主题不一的图片,看起来像多个广告。

(2) 自适应型展示广告[①]。自适应型展示广告展示的是广告网络中的默认广告类型。它们可自动调整尺寸、外观和格式,几乎可以适应任何可用的广告空间。要制作此类广告,须将标题、徽标、图片和广告内容描述等不同广告素材资源上传到同一个广告素材中。对任一类型的素材资源,并不存在上传数量的限制。Google 会在展示广告网络上呈现和投放广告时对其进行优化,确保展示出的广告有良好的效果。

① 图片规范。
- 横向:宽高比应为 1.91∶1,尺寸不小于 600×314 像素,建议尺寸为 1200×628 像素,文件大小上限为 5MB。
- 方形:图片的尺寸应不小于 300×300 像素。文件大小上限为 5MB。
- 徽标(可选):应该为方形(1∶1),尺寸不小于 128×128 像素。方形徽标的建议尺寸为 1200×1200 像素。建议再添加一个横向(4∶1)徽标,尺寸应不小于 512×128 像素。横向徽标的建议尺寸为 1200×300 像素。对于所有徽标,最好使用透明背景,但前提是徽标必须处于居中位置。文件大小上限为 5MB。
- 避免添加文字。文字在图片中所占空间不得超过 20%。为了适应某些广告空间,图片可能会被横向裁剪,每边最多裁掉 5%。

② 视频规范:视频的首选时长应为 30s 或更短(推荐的宽高比为 16∶9、1∶1、4∶3、9∶16)。广告只允许使用 YouTube 视频链接,即用作广告的视频必须上传至 Google Ads 账户相关联的 YouTube 账户。

③ 文字规范:
- 短标题(至少 1 个,最多 5 个,且每个不得超过 30 个半角字符)。短标题是广告的第一行文字,会在广告空间比较紧凑而无法容纳长标题时显示出来。广告内容描述可能会随短标题一起显示,也可能不显示。
- 长标题(最多 90 个半角字符)。长标题是广告的第一行,在较大的广告空间中,它会取代短标题。广告内容描述可能会随长标题一起显示,也可能不显示。如果内容超出该广告位置容纳大小,长标题将以省略号结尾。
- 输入广告内容描述(至少 1 个,最多 5 个,每个最多 90 个半角字符)。广告内容描述是对标题的补充,并且可能会在长标题或短标题之后显示。如果内容超出该广告位置容纳大小,长标题将以省略号结尾。

---

① Google Ads 政策帮助. 自适应广告要求-Google Ads 政策帮助[EB/OL]. https://support.google.com/adspolicy/answer/6363786,2019。

- 商家名称。这是您的商家或品牌的名称。
- 最终到达网址。用户点击您的广告后将前往该网页。
- 可选：点击"更多选项"，然后选择号召性用语文字。从左侧下拉菜单选择语言，然后从右侧下拉菜单选择具体的号召性用语文字。
- 动态自适应广告的可选项：宣传文字（例如"免费两日内送货"）和价格前缀。

（3）上传的图片广告[①]

① 上传的图片文件格式：GIF、JPG、PNG。

② 上传的图片文件大小：150KB。

③ 上传的图片尺寸。

方形和矩形类：

200×200 像素小方形

240×400 像素竖向矩形

250×250 像素方形

250×360 像素三倍宽屏

300×250 像素内插矩形

336×280 像素大矩形

580×400 像素 NetBoard

摩天大楼类：

120×600 像素摩天大楼

160×600 像素宽幅摩天大楼

300×600 像素半版广告

300×1050 像素纵向

页首横幅类：

468×60 像素横幅

728×90 像素页首横幅

930×180 像素顶部横幅

970×90 像素大型页首横幅

970×250 像素广告牌

980×120 像素全景

移动广告类：

300×50 像素移动横幅

320×50 像素移动横幅

320×100 像素大型移动横幅

④ 动画广告（GIF）：动画时长必须在 30s 以内；动画可以循环播放，但 30s 后必须停止；GIF 动画广告的帧速率必须低于 5 帧/秒。

[①] Google Ads 帮助. 上传的展示广告的规范-Google Ads 帮助［EB/OL］. https://support.google.com/google-ads/answer/1722096,2019.

⑤ 有些国家有更多特有的尺寸,见表 4-2。

表 4-2 部分国家的特有图片尺寸

国家名称	广告类型	尺　　寸	文件大小限制/KB
波兰	PL 广告牌	750×100 像素	150
波兰	PL 两倍广告牌	750×200 像素	150
波兰	PL 三倍广告牌	750×300 像素	150
俄罗斯	竖向矩形	240×400 像素	150
瑞典	全景	980×120 像素	150
丹麦	顶部横幅	930×180 像素	150
瑞典	三倍宽屏	250×360 像素	150
挪威	NetBoard	580×400 像素	150

(4) 上传的 HTML 5 广告[①]。

① 格式:包含 HTML 且可包含(亦可不包含)CSS、JS、GIF、PNG、JPG、JPEG、SVG 的 ZIP 文件

② 上传".zip"文件夹时,文件夹中包含的文件数上限为 40。

③ 支持的广告尺寸。

方形和矩形:

200×200 像素小方形

240×400 像素竖向矩形

250×250 像素方形

250×360 像素三倍宽屏

300×250 像素内插矩形

336×280 像素大矩形

580×400 像素 NetBoard

摩天大楼:

120×600 像素摩天大楼

160×600 像素宽幅摩天大楼

300×600 像素半版广告

300×1050 像素纵向

页首横幅:

468×60 像素横幅

728×90 像素页首横幅

930×180 像素顶部横幅

---

① Google Ads 帮助. 上传的展示广告的规范-Google Ads 帮助[EB/OL]. https://support.google.com/google-ads/answer/1722096,2019.

970×90 像素大型页首横幅

970×250 像素广告牌

980×120 像素全景

移动广告：

300×50 像素移动横幅

320×50 像素移动横幅

320×100 像素大型移动横幅

其中文件大小必须为 150KB 或更小。

(5) 图片广告要求[①]。图片广告也应遵守如成人内容等 Google Ads 基本政策和展示广告基本政策，以及以下图片广告特有要求。

① 图片广告若涉及动画，则时长不能超过 30s。时长较短的动画可以循环播放或重复播放，但 30s 后必须停止要，且不再支持高清 GIF 动画。

② 图片质量：不允许图片翻转或倒立显示，或者没有占满所选图片大小的整个空间；不允许图片模糊不清、无法辨识，或含有难以辨认的文字；不允许图片使用频闪、闪烁或会让用户分散注意力的其他效果；操纵鼠标时产生的视觉效果（例如，响应鼠标移动的图像）不在受限之列，前提是鼠标移动是用户执行的，且该效果会在 5s 钟后停止；不允许广告延伸到框架之外或者侵占网站或应用的空间。

(6) 视频广告要求[②]。视频广告也应遵守如成人内容等 Google Ads 产品政策及展示广告基本政策，以及以下视频广告特有要求。

① 广告长度：不可跳过的插播广告时长不得超过 15s；可跳过的插播广告时长没有限制，但最好能将视频控制在 3min 内。

② 视频广告如果涉及数据收集，跟踪像素（包括所有后续调用）必须符合 SSL（安全套接字协议）；允许对展示、观看和跳过事件使用跟踪像素，但不得对播放过半和完整播放事件使用跟踪像素；每个事件不得添加 3 个以上的跟踪像素；不允许使用 JavaScript 收集数据。

③ 视频广告格式：不管是在 YouTube 还是在 Google 展示广告网络中的视频合作伙伴网站和应用上投放视频广告，所有的广告视频必须在 YouTube 上托管，即所有视频必须上传到 Google Ads 账户相关的 YouTube 账号中，在制作广告上传视频的时候直接调用。所以，投放广告的视频文件格式就是 YouTube 支持的广告格式，包括.MOV、.MPEG4、.MP4、.AVI、.WMV、.MPEGPS、.FLV、3GPP、WebM、DNxHR、ProRes、CineForm、HEVC（h265）13 种。

④ 视频必须可用：确保视频公开发布到广告定位到的国家或地区并能正常访问，确保不会出现视频已移除，或者设置成私享这种非公开访问的模式。

⑤ 对脚本的要求：不得使用 Google Ads 脚本规避针对 Google Ads 使用所设置的任

---

① Google Ads 政策帮助. 图片广告要求-Google Ads 政策帮助[EB/OL]. https://support.google.com/adspolicy/answer/176108,2019.

② Google Ads 政策帮助. 视频广告要求-Google Ads 政策帮助[EB/OL]. https://support.google.com/adspolicy/answer/2679940,2019.

何限定或限制,或将 Google Ads 脚本用于与业务无关的其他目的;不得使用不受支持的方法访问 Google Ads 脚本,或者过度使用或滥用脚本,包括请求量超出合理需求;不得使用脚本篡改、干扰或停用 Google Ads 平台的任何特性、性能或功能;不得使用脚本读取超过 100 万个实体(例如关键字或广告)的数据或每天修改超过 10 万个实体时未能遵循最佳做法。

⑥ 视频品质:所含文字难以辨认、音质不佳、视觉效果模糊不清或无法辨识的视频。

(7) 灯箱广告要求[①]。灯箱广告也应遵守如成人内容等 Google Ads 产品政策及展示广告基本政策,以及以下灯箱广告特有要求。

① 确保广告系列中只有灯箱广告,不得使用其他任何广告格式。

② 确保为图片添加号召性用语(如"鼠标悬停即可展开"),让用户知道如何与广告互动。

(8) Gmail 广告要求[②]。Gmail 广告也应遵守如成人内容等 Google Ads 产品政策及展示广告基本政策,以及以下 Gmail 广告特有要求。

① 不允许收集具体用户的统计信息;利用嵌入式表单向用户索取受禁止的信息,或者使用嵌入式表单时未添加广告客户的隐私权政策链接。

② 不允许第三方广告投放和第三方展示跟踪。

③ 不允许动画图片或动画效果。

4.1.4　Google 展示广告账户内容及基础操作

根据界面配合操作设置的步骤如下。

(1) 展示广告有别于搜索广告,是通过定位内容或者受众人群展示广告,如图 4-5 所示。

图 4-5　展示广告定位

---

① Google Ads 政策帮助. 灯箱广告要求-Google Ads 政策帮助[EB/OL]. https://support.google.com/adspolicy/answer/6135143,2019。

② Google Ads 政策帮助. Gmail 广告要求-Google Ads 政策帮助[EB/OL]. https://support.google.com/adspolicy/answer/6210602,2019。

其中不同定位方式共同作用时,通过"观察"和"定位",又有如图 4-6 所示的影响。

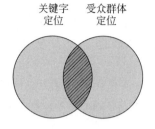
(a) 阴影部分为广告展现的综合条件

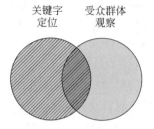
(b) 阴影部分为广告展现的综合条件,重合部分有不同的出价

图 4-6 定位与观察

(2) 展示广告账户如图 4-7 所示,类似搜索广告账户,同样也有 5 部分内容。

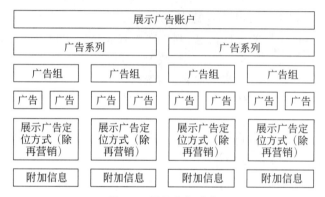

图 4-7 展示广告账户

① 广告系列:广告系列包含使用相同的预算、地理位置定位和其他设置的多个广告组,Google Ads 账号可投放一个或多个广告系列。在广告系列可以设置预算、语言、地理位置、投放设备、网络、移动操作系统、广告展示频次等。

② 广告组:广告组包含定位到一系列展示网络定位方式的一个或多个展示广告。在广告组可以设置广告组出价、广告轮播选项等。

③ 广告:位于广告组中,以图片、视频、HTML 5 等富媒体形式呈现,用于宣传产品或者服务的内容。

④ 展示广告定位方式(除再营销):通过选择定位方式覆盖不同特征的用户,以及选择在哪些网站或网页上展示广告。

⑤ 附加信息:通过附加链接、附加宣传信息及附加电话信息这 3 种形式,展示更多的宣传内容,吸引更多用户点击,提升广告效果。

展示广告制作的步骤如下。

(1) 新建展示广告系列:在广告系列界面上单击页面上的 ⊕ 按钮展开,继续点击"新广告系列",如图 4-8 所示。

(2) 选择广告系列目标为"在没有目标导向的情况下制作广告系列",如图 4-9 所示。

(3) 选择广告系列类型为"展示",子类型为"标准展示广告系列",如图 4-10 所示。

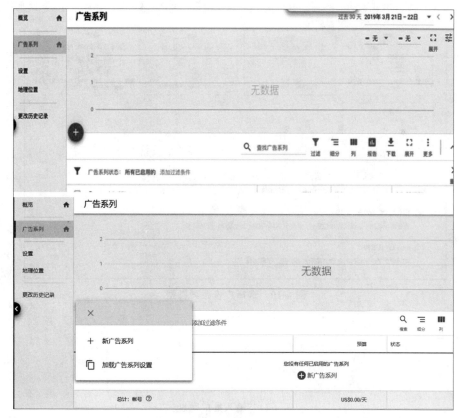

图 4-8　新建广告系列

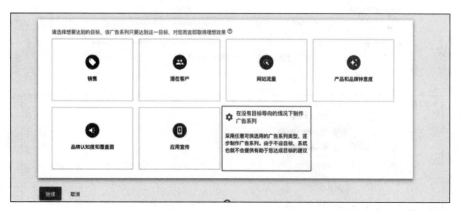

图 4-9　选择广告系列目标

　　(4) 输入推广网址,如图 4-11 所示。
　　(5) 命名广告系列,如图 4-12 所示。
　　(6) 设置广告投放地理位置:选择要投放的国家或者输入地名(如国家或地区名称)获取提示后进行选择;以及定位和排除选项,如图 4-13 所示。
　　(7) 设置广告投放语言:选择广告投放语言,如图 4-14 所示。

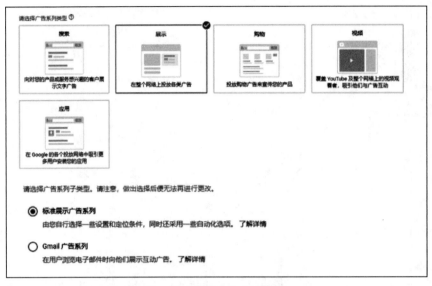

图 4-10　选择广告系列类型

图 4-11　输入推广网址

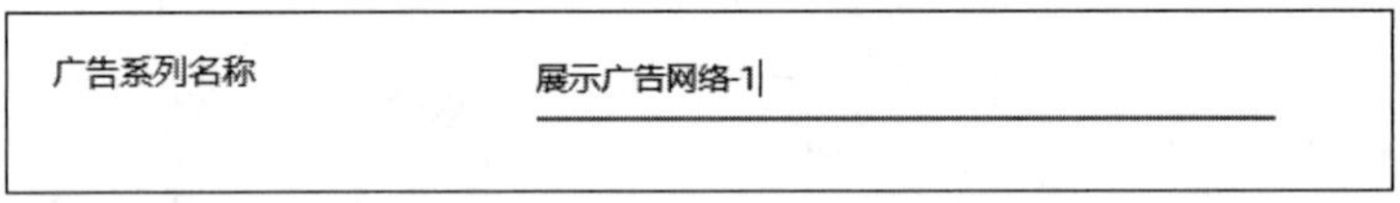

图 4-12　命名广告系列

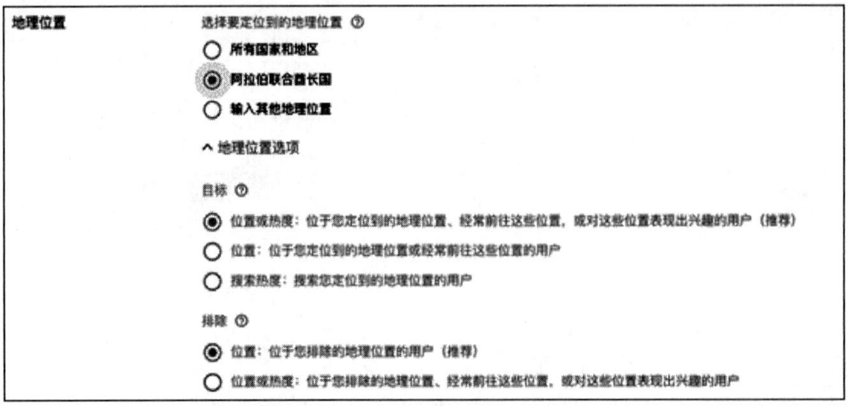

图 4-13　设置广告投放地理位置

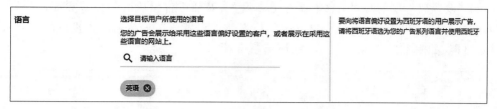

图 4-14　设置广告投放语言

（8）设置出价：选择出价策略，设置计算好的出价值，如图 4-15 所示。

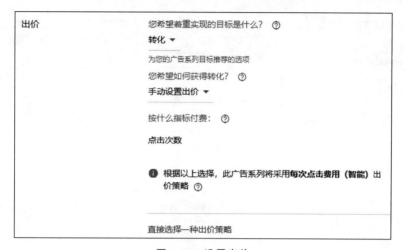

图 4-15　设置出价

（9）设置预算及投放方式：填入该广告系列预算，选择投放方式（通常情况选择标准），如图 4-16 所示。

图 4-16　设置预算及投放方式

（10）设置广告轮播方式，如图 4-17 所示。

图 4-17　设置广告轮播方式

(11) 设置广告投放时间：点击显示更多设置，展开广告投放时间设置界面，选择投放广告的时间是"星期几"及"几点"到"几点"，以及按需设置该广告系列广告投放的开始日期和结束日期，如图4-18(a)和图4-18(b)所示。

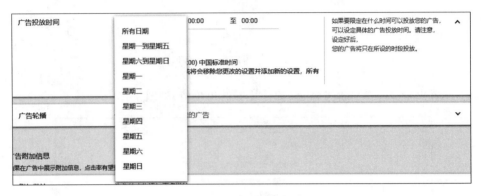

(a) 设置广告投放时间（一）

(b) 设置广告投放时间（二）

图 4-18

(12) 选择广告投放设备：相较于搜索广告系列的设备设置，展示广告可以选择操作系统（如Android或者iOS）、设备型号（如iPhone或者iPad），以及网络带宽服务供应商（如移动或者联通），如图4-19所示。

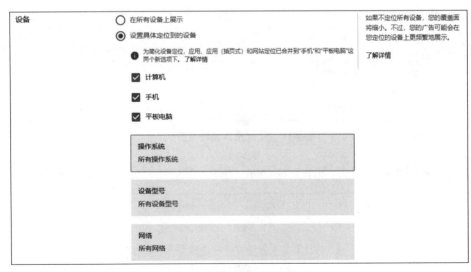

图 4-19 选择广告投放设备

（13）设置广告展示频次：区别于搜索广告系列，展示广告系列独有的设置项用于限制同一用户展示广告的次数。一般地，在新建广告系列的时候不限制广告展示频次，通常使用 Google 推荐项，如图 4-20 所示。

图 4-20　设置广告展示频次

（14）完成广告系列的基本设置后，接下来进行广告组制作。首先命名广告组，如图 4-21 所示。

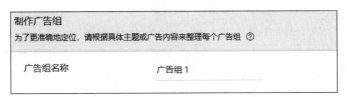

图 4-21　命名广告组

（15）设置广告投放受众群体：根据销售商品目标人群的特点进行选择，如图 4-22 所示。

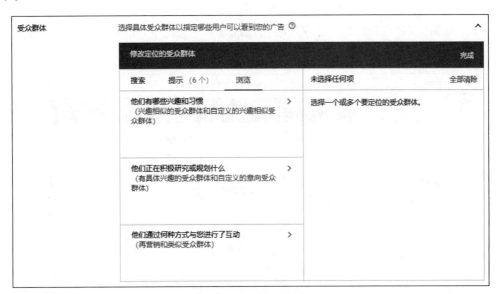

图 4-22　设置广告投放受众群体

（16）选择受众特征：根据销售商品目标人群的属性进行选择，如图 4-23 所示。

（17）如果需要进行内容定位，则点击页面上的"内容定位"链接，选择需要定位的方式，如图 4-24 所示。

图 4-23 选择受众特征

图 4-24 选择内容定位

（18）如果选择"展示网络关键字"定位，则批量输入关键字，或者输入网站，或者输入销售产品或服务的名称获取提示，并选择关键字定位至受众群体或内容，如图 4-25 所示。

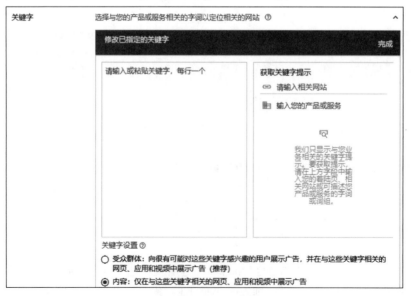

图 4-25 展示网络关键字设置

（19）如果选择"主题"定位，则选择需要定位到的主题类别，或者输入一些相关字词获得提示后再选定，如图4-26所示。

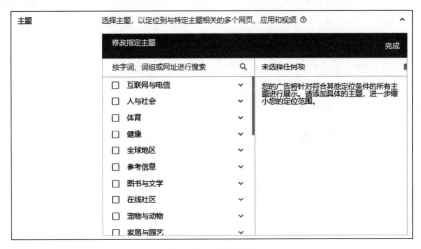

图4-26　主题设置

（20）如果需要进行"展示位置"定位，则可以输入相关字词获得提示后选择展示位置，或者单击"＋"号，手动批量输入想要投放的展示位置网址，如图4-27所示。

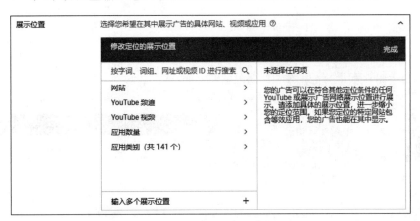

图4-27　展示位置设置

（21）自动定位：选择是否允许系统自动扩大定位，以增大广告覆盖面或扩大范围，如图4-28所示。

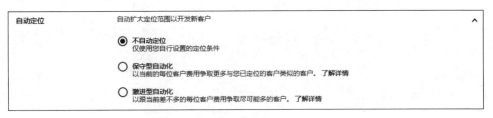

图4-28　自动定位选择

(22) 设置广告组出价,该出价会作用于该广告组内的定位方式,如图 4-29 所示。

图 4-29　广告组出价设置

(23) 完成广告组出价后,制作广告,然后上传,如图 4-30 所示。

图 4-30　制作广告

(24) 如果选择制作自适应展示广告,首先要填写最终到达网址,如图 4-31 所示。

图 4-31　填写最终到达网址

(25) 上传图片和徽标,如图 4-32 所示。

图 4-32　上传图片和徽标

(26) 添加与 Google Ads 已经关联好的 YouTube 账号中的视频,如图 4-33 所示。

(27) 撰写广告的文字部分,如图 4-34 所示。

其中,制作广告图片的要点包括:图片内容须突出销售产品和网站服务的独特之处,并且直达用户的需求点;控制图片上有过多的文字,图片上的文字都应易于阅读;遵守图片编辑政策。

图 4-33 添加视频

图 4-34 撰写广告的文字部分

4.2 Google 再营销广告[①]

4.2.1 为什么要做 Google 再营销广告

1. 再营销的内涵

"再营销",顾名思义,就是与之前曾浏览过网站或移动应用、曾经互动过的用户建立联系。在这些受众群体浏览 Google 或其合作伙伴网站时,有策略地展示广告,从而帮助提升品牌认知度,或者提醒这些受众群体进行购买。

统计数据表明:有 96% 的搜索引擎用户在离开目标网站之前没有完成完整的购买流程。另一个指标是:有 70% 的具有明确购物目的的用户,在执行完所有搜索、访问、比较操作之后,在商品已被添加至"购物车"的环节上,最终在付款页面放弃,未购买。

基于朴素的基础商业逻辑:一切的营销行为最终的目的都是完成交易流程实现变现,

---

① Google Ads 帮助. 再营销简介-Google Ads 帮助[EB/OL]. https://support.google.com/google-ads/answer/2453998,2019.

在具体交易实现之前的一切行为都不具备直接的商业价值,即便访问的意图、数量、过程及用户行为的线索、数据可在其他维度实现间接的商业价值。

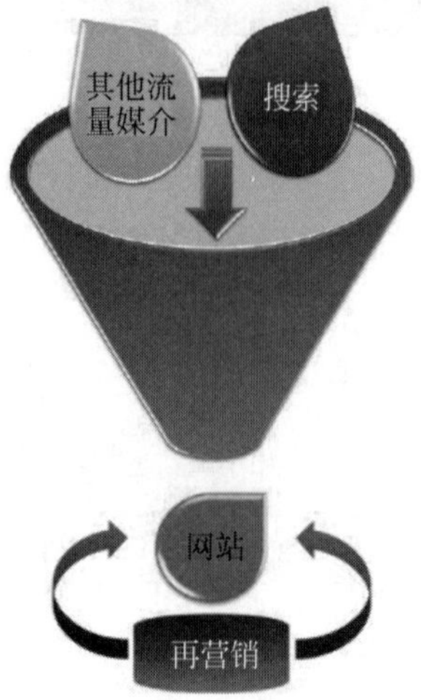

那么,再营销的目的和定义就非常明确了,即完成临门一脚的最终客户转化,如图 4-35 所示。

再营销定位方式与兴趣定位方式相似,同属于利用 Cookie 进行人群划分定位。Cookie 是在 HTTP 下,服务器或脚本可以维护客户工作站上信息的一种方式。Cookie 是由 Web 服务器保存在用户浏览器(客户端)上的文本文件,它可以包含有关用户的信息。无论何时用户链接到服务器,Web 站点都可以访问 Cookie 信息。

Cookie 最典型的应用是判定注册用户是否已经登录网站,用户可能会得到提示:是否在下一次进入此网站时保留用户信息,以便简化登录手续,这些都是 Cookie 的功用。另一个重要的应用场合是"购物车"之类处理。用户可能会在一段时间内在同一家网站的不同页面选择不同的商品,这些信息都会写入 Cookie,以便在最后付款时提取信息。

图 4-35 营销漏斗

再营销的广告所展示的平台可以是合作网站、App、Gmail、YouTube,除此以外,再营销广告也可以在 Google 搜索中进行展示。

2. 再营销介绍

再营销有多种广告形式,不同的广告形式展示在不同的广告展示位上,Google 以及所有合作网页、网站都为 Google 展示广告网络买家提供了广告空间。

再营销的方法有以下 6 种。

(1) 标准再营销:对于曾经访问过网站的用户,当他们浏览展示广告网络中的网站以及使用展示广告网络中的应用时,向其展示相关广告。

(2) 动态再营销:动态再营销比标准再营销更胜一筹,它通过在广告中展示用户曾经在网站上查看过的产品或服务,进一步提升广告效果。

(3) 移动应用再营销(展示):对于使用您的移动应用或访问过您的移动网站的用户,当他们使用其他移动应用或浏览其他移动网站时,向其展示广告。

(4) 搜索广告再营销:对于曾经访问过网站的用户,当他们离开网站后在 Google 上进行后续搜索时,向其展示相关广告。

(5) 视频再营销:对于与广告客户发布的视频或 YouTube 频道有过互动的用户,当他们使用 YouTube 以及浏览展示广告网络中的视频、网站和应用时,向其展示相关广告。

(6) 客户列表再营销:利用目标客户匹配功能,广告客户可以上传用户提供的联系信息列表。在这些用户登录到 Google 时,广告客户可以在不同的 Google 产品中向他们展示广告。

4.2.2 Google 再营销广告原理

1. 再营销广告原理

下面通过用户的行为轨迹拆分和理解再营销的原理。

第一步，用户通过自然搜索结果、点击广告或者直接输入网址等方式登录站点；

第二步，站点通过首页安装的再营销代码，间接通过用户计算机终端上的 Cookies 通知 Google 服务器该登录行为；

第三步，Google 服务器收集各个登录该网站首页的用户，在 Google Ads 账户中形成再营销用户列表；

第四步，用户没有购买商品就离开了站点；

第五步，用户在 Google 网盟的网站上就有可能看到之前去过的站点的广告；

第六步，用户点击了该广告，再次访问站点（回到站点），下单完成了交易。

举例来说：一位用户来到一个酒店预订网站，想要定酒店，如图 4-36 所示。

图 4-36　用户来到酒店预订网站

用户通过搜索浏览查看了 Luxury 豪华酒店的信息，但是最后没有预订就离开了网站，如图 4-37 所示。

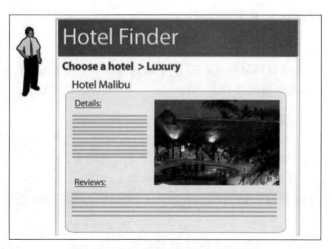

图 4-37　查看了酒店信息，但没有预订

这时,Google 的再营销系统通过标记的形式已经把这个用户的信息保存到再营销用户列表中,如图 4-38 所示。

最后,该用户在 Google 展示网络中的其他网站时被广告系统识别出,之后广告系统对其展示图片等广告,吸引该用户点击广告,再次回到网站上完成预订,如图 4-39 所示。

图 4-38　保存再营销用户　　　　　　　图 4-39　再营销广告展示

2. 再营销的价值

通过以上简单广告原理的分析,可以了解再营销的价值。

(1) 最大化投资回报率。提高所有在线广告系列的投资回报率、涵盖每个在线广告系列、利用对广告系列起辅助作用的再营销广告系列实现这一目标。

(2) 增加网站流量。通过搜索广告系列和其他展示广告系列实现,然后利用再营销重新赢得客户。

4.2.3　受众群体内容及基础操作

1. 介绍受众群体

再营销受众群体是指与产品和服务有过互动的用户,包括网站、移动应用、视频的过往访问者,或向商户主动提供过联系信息的用户。

2. 建立再营销受众群体列表

(1) 上文提到多次,Google 通过 Cookie 识别以及收集与网站发生过交互行为的受众人群,而如何使用 Cookie,则是通过在网站上放置再营销代码来实现。点击账户右上角的"工具",选择"受众群体管理器",如图 4-40 所示。

(2) 来到受众群体来源界面,在 Google Ads 代码板块下点击"设置代码",如图 4-41 所示。

(3) 创建数据源,选择"仅收集一般性网站访问数据,以向您的网站访问者展示广告"项,如图 4-42 所示。

(4) 来到代码设置界面,选择"自行添加代码",获取到全局网站代码,并按页面提示的

图 4-40　选择受众群体管理器

图 4-41　受众群体来源设置

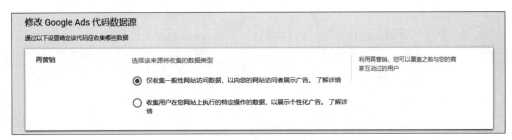

图 4-42　选择代码数据源

要求粘贴到网站中每个网页的 <head></head> 标记之间,如图 4-43 所示。

(5) 代码设置成功后,来到"受众群体列表"页面,在"再营销"页面上单击⊕按钮,如图 4-44 所示。

(6) 选择"网站访问者"进行受众创建,如图 4-45 所示。

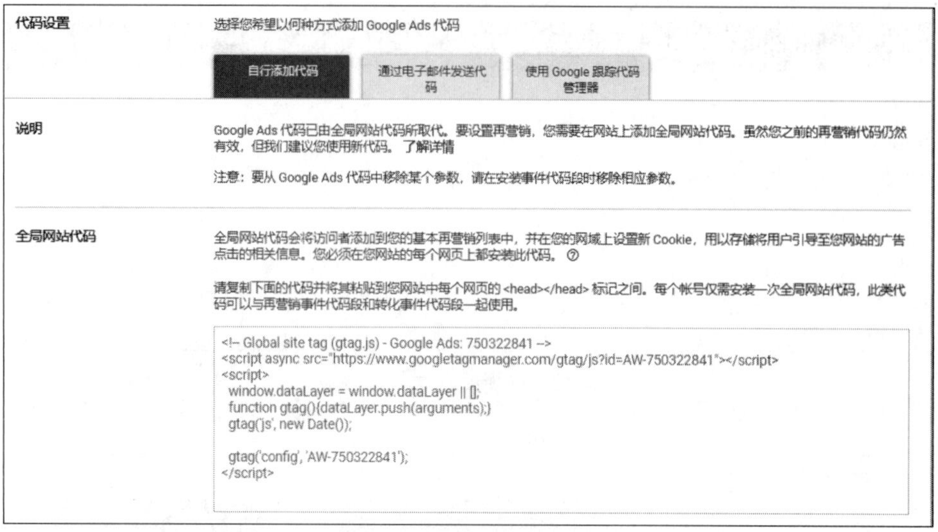

图 4-43　添加再营销代码

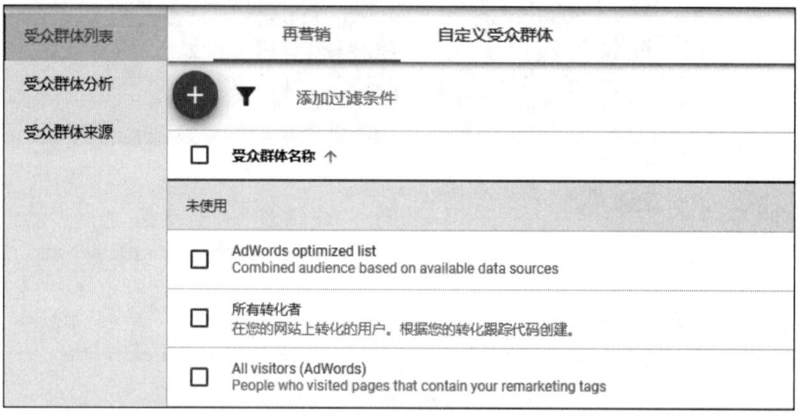

图 4-44　添加受众群体

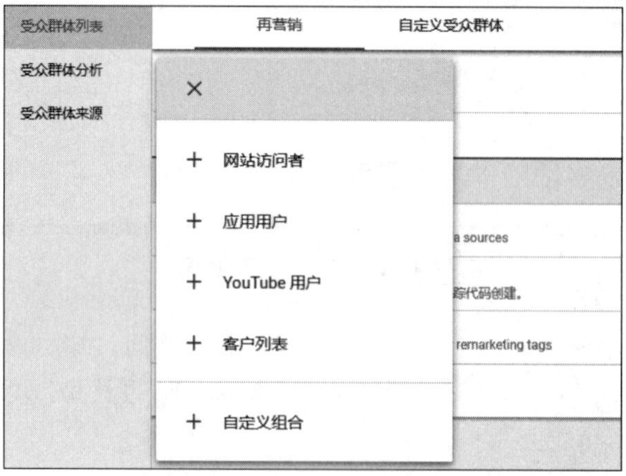

图 4-45　创建网站访问者类受众群体

(7)来到建立"网站访问者页面"后,首先命名将要创建的受众群体,如图4-46所示。

图 4-46　命名受众群体

(8)选择列表成员类型,如图4-47所示。

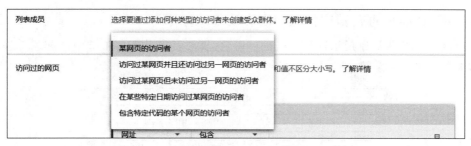

图 4-47　选择列表成员类型

(9)通过设定用户在网站内访问过页面的规则,创建在网站上发生不同行为的用户的列表,如图4-48所示。

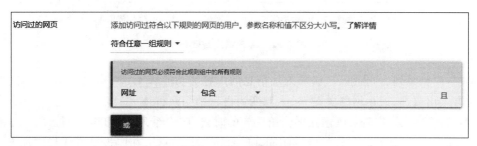

图 4-48　网页访问规则

(10)选择初始列表规模,如图4-49所示。

图 4-49　选择初始列表规模

(11)填写列表中的受众成员资格有效期,最长为540天,如图4-50所示。

图 4-50　填写受众成员资格有效期

(12) 如有需要，可以添加该受众群体列表的说明，如图 4-51 所示。

图 4-51　列表说明

4.2.4　Google 再营销广告账户内容及基础操作

(1) 再营销广告属于展示网络广告的一种，因此它的结构与 4.1 节中的展示广告完全相同，也有 5 部分内容，如图 4-52 所示。

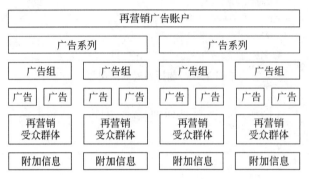

图 4-52　再营销广告账户

其中，广告系列、广告组、广告和附加信息的内容与功能和 4.1 节中的展示广告相同，只是定位方式由兴趣、展示网络关键字、主题变为再营销受众群体。

(2) 创建再营销广告：在建立再营销广告的时候，广告系列、广告组、广告、附加信息的设置与 4.1 节中创建展示广告的内容相同，唯一的不同点在于，在广告组里选择定位方式的时候，应点击图 4-53 中左侧下方的"再营销和类似受众群体"。

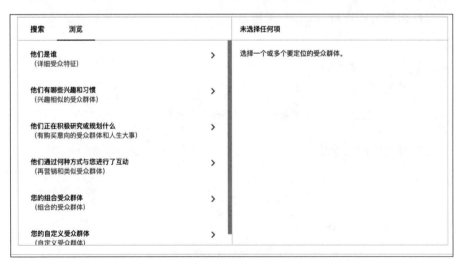

图 4-53　再营销定位设置

然后选择已经建立的再营销列表,如图 4-54 所示。

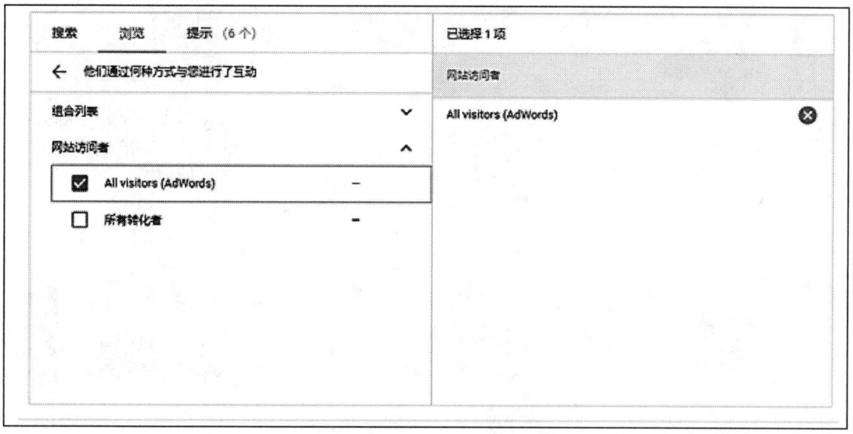

图 4-54　选择再营销列表

4.2.5　搜索再营销[①]

1. 搜索广告再营销列表简介

对于搜索的用户来讲,对广告主的网站或者产品越熟悉的用户,越容易成功转化成有效客户。利用搜索广告再营销列表功能,商户可以针对之前曾访问过商户网站的用户定制搜索广告系列,并在这些用户通过 Google 和搜索网络合作伙伴网站进行搜索时有针对性地调整自己的出价和广告。

2. 工作原理

举例来说,当用户没有购买任何东西就离开商户网站时,商户就可以利用搜索广告再营销列表,在这些潜在客户继续通过 Google 搜索网络寻找他们想要的信息时与他们建立联系。鉴于这些客户之前曾访问过商户的网站,商户可以相应地有针对性地设定出价、制作广告或选择关键字。搜索广告再营销列表功能可利用再营销列表实现上述定制。图 4-55 展示了搜索再营销场景。

Google 搜索广告的再营销列表至少需要包含 1000 个 Cookie,才可用于定制搜索广告,这有助于保护列表中用户的隐私。

3. 搜索广告再营销的作用

(1) 降低转化成本:数据显示添加了搜索广告再营销的广告系列比没有添加的广告系列账户平均转化成本低 53%。

(2) 提高转化数量:运用搜索广告再营销比没有运用搜索广告再营销的转化数量增加 10%。

---

① Google Ads 帮助. 搜索广告再营销列表简介-Google Ads 帮助[EB/OL]. https://support.google.com/google-ads/answer/2701222,2019.

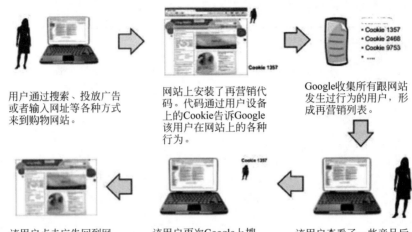

图 4-55 搜索再营销场景

（3）提升广告在网站旧访客中的搜索排名：对网站曾经的访客，搜索广告再营销可以有力竞争页首排名。

4. 搜索再营销账户操作

（1）搜索再营销本质上仍属于搜索广告，因此所有广告系列、广告组、关键字、广告和附加信息的建立都遵循搜索广告的方式与步骤，只在需要设置再营销受众的广告组中打开"受众群体"页面，添加再营销列表即可，如图 4-56 所示。

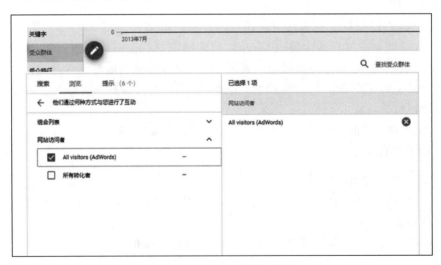

图 4-56 搜索再营销列表的添加

（2）或者进行年龄、性别等受众特征设置，如图 4-57 所示。

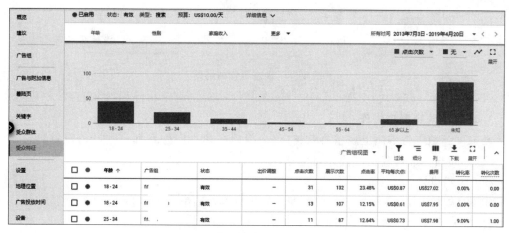

图 4-57 搜索再营销受众特征设置

4.2.6 动态再营销[①]

1. 动态再营销简介及内容

所谓的"动态",是相对于"静态"来说的。静态的含义是:在执行再营销的过程中,依据静态分析所提供的维度和指标定义受众群体并进行画像。

简单地说,动态再营销即结合再营销列表与 Google Merchant Center 数据,向用户展示与他们之前所访问的产品相关的动态定制化广告,促使用户回到网站完成购买。动态再营销与传统再营销最基本的区别在于,动态再营销不需要人为制作和上传广告,而是从 Google Merchant Center 账户中调用产品相关的动态定制化广告。

常见的动态再营销的场景:用户在商户的网站上浏览了内容,调研了产品或是关注了特定产品的广告,但却在未完成转化的情况下离开了网站,此时商户可以使用动态再营销在他们访问 Google 展示广告网络上的其他网站时向他们展示相关的内容和产品。可以抓住当下、利用用户的余兴(比如为期一天的折扣),或唤醒人们对经典的渴求(钻石虽然奢侈,但却是永恒的经典),然后趁势完成转化。

2. 动态再营销原理

在网站上加入再营销代码,当用户访问网站时,再营销代码会将他们添加到再营销列表内,并将产品 ID 与相应的访问关联起来(通过代码及自定义参数)。随后,当这些用户浏览 GDN 中的某个网站且广告可以获得展示时,Ads 将根据产品 ID 从 Google Merchant Center 中获取产品图片、名称和价格,并在广告中展示相关信息。

动态再营销可以向之前的访问者展示包含于网站上浏览过的产品和服务的广告。利用针对受众定制的广告内容,动态再营销可以吸引之前的访问者再次到访网站,完成已经开始但尚未完成的操作。图 4-58 展示了动态再营销场景。

---

① Google Ads 帮助. 使用动态再营销展示针对网站访问者定制的广告-Google Ads 帮助[EB/OL]. https://support.google.com/google-ads/answer/3124536,2019。

图 4-58　动态再营销场景

3. 动态再营销账户操作

动态再营销广告本质上属于再营销广告，因此在建立广告系列、广告组，设置再营销受众、广告方面与标准再营销广告大同小异，不同的设置要点如下。

（1）代码设置。

① 在"创建 Google Ads 代码数据源"时，选择"收集用户在您网站上执行的特定操作的数据，以展示个性化广告"项，如图 4-59 所示。

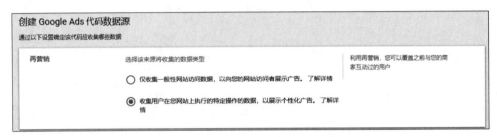

图 4-59　创建 Google Ads 代码数据源

② 选择销售产品或服务对应的行业，以最常见的"零售"为例，如图 4-60 所示。

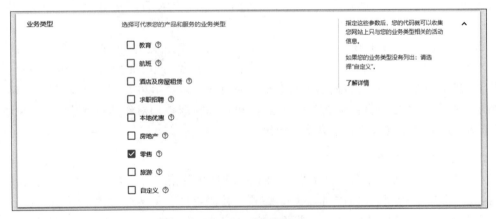

图 4-60　选择行业

③ 在安装代码页面获取到"事件代码段"，并按要求将此代码段粘贴到跟踪的网页的 ＜head＞＜/head＞ 标记之间，紧跟在全局网站代码之后。如图 4-61 所示，首先将代码中的"id"字段值替换为商品数据 Feed 中的某个产品 id 值，然后将修改后的代码段埋放至该产品页面上。

（2）广告系列设置：在广告系列设置页面的"其他设置"中找到"动态广告"设置项，并勾选"使用数据 Feed 量身定制个性化广告"，如图 4-62 所示。

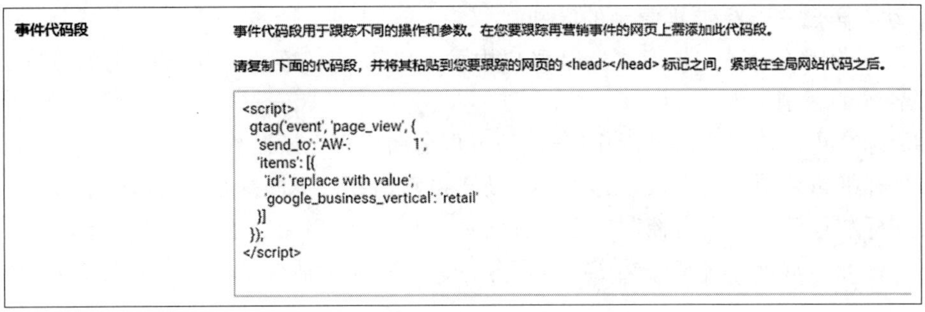

图 4-61 再营销代码设置

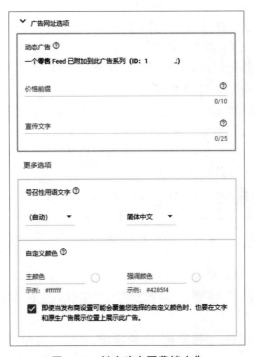

图 4-62 广告系列设置

（3）创建广告：制作动态再营销广告时，系统会提示"一个零售 Feed 已附加到此广告系列"，然后按需填写价格前缀和宣传文字，选取号召性用语文字，甚至对文字颜色等进行自定义调整，如图 4-63 所示。

图 4-63 创建动态再营销广告

4. 动态再营销与标准再营销的区别

动态再营销无论是广告形式还是账户中的设置都和标准再营销有一定的不同，表4-3对比了各项的区别。

（1）标准再营销广告需要制作广告，动态再营销广告无须制作广告；
（2）标准再营销不同受众，不同广告，动态再营销针对不同受众，不同产品；
（3）标准再营销可自由控制广告和着陆页，动态再营销无法手动设置着陆页；
（4）标准再营销针对某一类产品或服务，或整站，动态适合某单个产品或单类产品。

表4-3 标准再营销与动态再营销的区别

不同点	标准再营销	动态再营销
广告制作	需要制作图片等广告素材	无须制作图片
着陆页	完全自定义	以某个产品页面为主
受众与广告内容	不同受众，不同主题广告	不同受众，不同产品广告
使用场景	针对全站或一类产品服务	针对某个产品或单类产品

4.3 其他搜索引擎广告

4.3.1 为什么要做其他搜索引擎广告

基于搜索引擎的历史沿革、技术的发展、用户习惯的不同、全球各国的语言文化等人文环境的差异、不同国家或地区的法律法规及政策情况的不同，结合搜索引擎业务本身的特征和属性，经过几十年的发展和变革，全球搜索引擎市场形成了当前的竞争格局和市场分布。

除搜索引擎的市场格局以外，从另一个分析维度上讲，商业主体属性、商业模式、业务特性、产品形态、企业竞争策略等因素，都有可能决定业务、产品在不同的国家、地区、文化语系范围、地理环境气候特征的区域开展不同方式的营销行为。

结合以上背景和综合因素的考量，在特定的情形下使用其他的搜索引擎在其覆盖、适用范围内开展推广销售行为就有必然性和极为重要的意义，很多时候甚至可能对某一类型的产品和业务产生决定性的影响。

各国主流搜索引擎（除Google外）如下。

Yahoo/Bing：Bing广告主要服务于欧美地区，能够在Bing、AOL、Yahoo的搜索引擎及合作伙伴上展示。同样，Bing广告也有类似Google Ads的展示网络进行展示广告以及购物广告的投放。

Yahoo日本：因日本独特的国情和用户使用习惯，在日本，Yahoo并未与Bing、AOL整合，而仅在yahoo.co.jp上运营搜索广告，但同样有类似Google Ads的展示网络进行展示广告的投放。

Yandex：yandex.ru，服务于俄罗斯、白俄罗斯、乌克兰等俄语国家，同样也有搜索、展示、购物等广告类型。

Naver：因韩国独特的国情和用户使用习惯等区域性特征，以及Google在韩国的经营状态和投入的资源，Naver 的实际应用效果比 Google.co.kr 要好得多。在很多情形下，Naver 比 Google 能更直接有效地罗列相关的韩语搜索结果。另外，韩语和英语的语法有显著的区别，而 Naver 作为本土的搜索引擎对韩语更有优势。

4.3.2 其他搜索引擎广告原理

（1）搜索广告：Yahoo、Bing、Yandex、Naver 等搜索广告，类似 Google Ads，同样也是基于关键字搜索匹配的广告。

（2）展示广告：类似 Google Ads，通过定位人群或者内容投放图片、视频等富媒体广告。

（3）购物广告：Bing/Yahoo（欧美）和 Yandex，类似 Google Ads，也有展示产品信息的购物广告。

4.3.3 其他搜索引擎广告账户内容

各种搜索引擎对照见表 4-4。

表 4-4 各种搜索引擎对照

广告类型	Google	Bing/Yahoo 欧美	Yahoo 日本	Yandex	Naver
关键字广告	有	有	有	有	有
展示广告	有	有	有	有	有
购物广告	有	有	无	有	无
视频广告	有	有	有	有	有
应用广告	有	有	有	有	无

练习题

1. 选择题（不定项）

（1）以下哪些是展示广告网络上可投放的广告类型？（　　）
　　A. 自适应型展示广告　　　　　　　B. 图片广告
　　C. 互动广告　　　　　　　　　　　D. Gmail 广告

（2）以下哪些是展示广告的定位方式？（　　）
　　A. 受众群体　　　　　　　　　　　B. 主题定位
　　C. 展示位置定位　　　　　　　　　D. 展示广告关键字定位

（3）以下哪些是可用于上传的图片广告的图片文件格式？（　　）
　　A. jpg　　　　B. gif　　　　C. bmp　　　　D. png

（4）如果展示广告被拒登，应该如何进行下一步操作？（　　）
　　A. 修改广告并符合政策　　　　　　B. 打开广告后重新提交
　　C. 发送邮件至 ads-support@google.com　　D. 点击"重新审核"

CHAPTER 4

(5) 以下哪种广告形式可以用于搜索再营销？（　　）
　　A. 图片广告　　　B. 视频广告　　　C. 文字广告　　　D. Gmail 广告
(6) 以下哪项是展示广告系列特有的功能？（　　）
　　A. 地理位置设置　　　　　　　　B. 预算设置
　　C. 广告展示频次设置　　　　　　D. 语言设置

2. 判断题
(1) 再营销列表可以保存过去 600 天内到访网站的人群。（　　）
(2) Google 展示广告网络可以让您在任意网站上投放广告。（　　）
(3) 再营销能够收集兴趣相似的群体。（　　）

3. 简答题
(1) 展示网络语搜索的区别。
(2) 展示广告的展示位置和形式。
(3) 展示广告竞价与搜索竞价的区别。
(4) 以用户访问一个手表销售网站为例，阐述再营销（包括动态再营销）的实现过程。
(5) 小明通过展示网络销售球衣，一开始计划针对"篮球迷"并在"篮球"内容相关网站进行广告投放，请问展示网络广告定位应如何设置？一段时间后，小明想对所有"篮球迷"投放广告，并且针对那些会浏览"篮球"内容详情网站的"篮球迷"提高出价，请问此时展示网络广告定位应如何设置？

答案

1. 选择题（不定项）
(1) ABCD　(2) ABCD　(3) ABD　(4) A　(5) C　(6) C

2. 判断题
(1) 错　(2) 错　(3) 错

3. 简答题
(1) 参见 4.4.1 节中相应内容。
(2) 参见 4.1.2-(1) 节中相应内容。
(3) 参见 4.1.2-(3) 节中相应内容。
(4) 参见 4.2.5-2 及 4.2.6-2 节中相应内容。
(5) 对"篮球迷"并在"篮球"内容相关网站进行广告投放：设置"兴趣-篮球"相关或"自定义手中群体-篮球关键字"相关，同时设置"内容展示网络关键字-篮球"，并将定位方式作用模式设置为"定位"。

对所有"篮球迷"投放广告，并且针对会浏览"篮球"内容相关网站的"篮球迷"提高出价，此时需要将定位方式作用模式设置为"观察"，并在"展示网络关键字-篮球"定位上提高出价。

第 5 章

搜索引擎非付费营销策略及应用

5.1 寻找目标市场

5.1.1 如何寻找目标市场

1. Google 趋势

Google 趋势（Google Trends）是 Google 于 2008 年所推出的一项免费服务。实际上，Google 趋势的呈现形态（或载体）是 Google 开发的一个网站，用以分析不同地区用户查询的关键词的热度。Google 趋势为了方便比较数据，展示的是查询词的相对热度。只要输入关键字，便可以通过指定地区、时间、所属领域、资料来源范围，进行针对这个关键字时间序列以及流行度的分析，深入了解 Google 搜索在特定时间段内进行关键字搜索的当前趋势，即用绝对搜索量除以它所在地区和时间范围内的总搜索量，因为搜索量最高的地方搜索热度不一定最高，如此得到一个 0～100 的热度范围作为结果指标，数字越大，说明搜索热度越高。

Google 趋势的数据有两种来源：一种是实时数据，展示了过去 7 天搜索量的随机取样；另一种是非实时数据，展示的是 36 小时之前的所有数据，最远可以追溯到 2004 年。对于搜索量很低的数据，Trends 直接显示"0"，同时排除了同一个人在短时间内的重复搜索和带撇号等特殊符号的查询词。

通过 Google 趋势、市场搜索器（Market Finder），我们可以了解到世界各地的用户在搜索什么内容，从而发现在全球范围内的潜在市场、目标市场。目前 Google 趋势已经被应用在许多领域，如社会学研究、传染病疫情监控、股票与金融市场等。图 5-1 为 Google 趋势的首页图例。

图 5-1 Google 趋势的首页图例

（1）Google 趋势的四大功能。

① 趋势功能：关键字在特定的时间、空间环境的变化趋势。时间段选择的长短极度影响趋势结果，换言之，时间是影响结果的最重要的变量。空间或者国家、地区也显著影响趋势结果，也是极为重要的核心参数。

② 比较功能：找出关键字相关延伸或是竞争者，这个功能可以说是 Google 趋势的黄金功能，其提供非常直观的流行度差异趋势，可以作为策略的参考。其中，比较功能还分为比较竞争者趋势、关键字延伸。图 5-2 展示了 Google 趋势的比较功能。

关键字延伸：Google 趋势有时候还可以帮助我们扩展关键字，例如搜寻 dresses，从其相关搜寻中就可以发现，搜寻 dresses 的人同时也会搜寻其他的主题，比如不同风格的 dresses。相关搜寻分为热门及搜索量上升两种指标和排名，分别代表目前最多人搜索，以及搜索成长幅度最大的关键词，可以作为营销策略的参考。图 5-3 展示了 Google 趋势的热门关键字延伸作用。

图 5-4 展示了 Google 趋势的搜索量上升关键字延伸作用。

③ 规划功能：提前安排内容。在很多关键字是有周期性的情况下，Google 趋势可以很好地帮助我们预测流量的高峰。关键字的搜索流行度的高峰和低谷，直接影响网络营销推广的阶段性策略制订。这意味着，当图表显示拐点时，就是对服务及产品实施新营销推广策略的最佳时机。

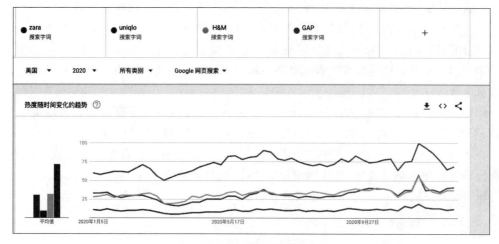

图 5-2　Google 趋势的比较功能

图 5-3　热门关键字延伸

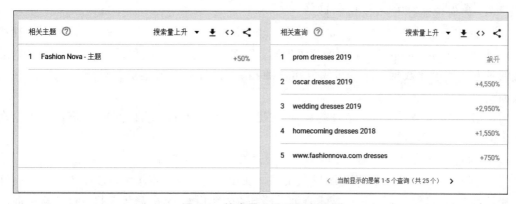

图 5-4　搜索量上升关键字延伸

④ 优化功能：YouTube 影片搜索。Google 拥有 YouTube，但这并不意味着某个特定搜索查询的热度在两个搜索引擎中都是相同的。例如搜寻热门编程语言 Python 的结果：Google 网页搜寻、YouTube 搜寻分别显示不同的趋势，前者上升趋势稳定，而后者已尽显

疲态。这意味着,如果要生产和 Python 相关的内容,网页会是比视频更好的平台。

趋势曲线与查询搜索量随时间的推移,呈现高度的相关性,但趋势曲线并不完全是查询搜索量的直接表示。Google 关键字规划师会显示绝对搜索量数据,但 Google 趋势会显示搜索查询的相对受欢迎程度。换句话说,相对流行度是查询的搜索量与所有可能查询的搜索量之和的比率。

(2) Google 趋势构图。利用 Google 趋势进行图表构建,更能直接且直观地展示不同产品、服务的相对受欢迎程度,以及对搜索查询量在不同时间段进行比较。

要按照 Google 趋势的方式构建图表,需要执行以下步骤:计算相对受欢迎程度,作为查询搜索量与搜索总数之比;按比例缩放这些值,使最大值为 100;将点放在图表上。

图 5-5 是按照 Google 趋势的方式构建的图。

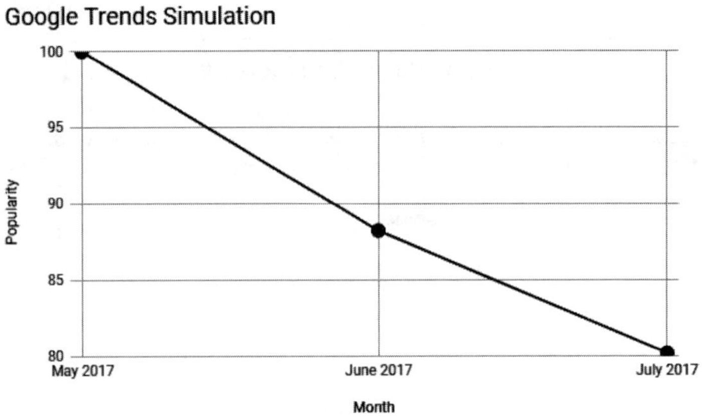

图 5-5 按照 Google 趋势的方式构建的图

因此,当查询的搜索量发生变化时,搜索词的流行度会发生变化;如果搜索总数发生变化,即使查询的搜索量不变,搜索字词流行度也会发生变化。

(3) 如何正确运用 Google 趋势。

① 确定季节性趋势,然后在正确的时间创建并推广内容。如果业务或产品与季节性相关,可以通过分析 Google 趋势中的相关搜索查询快速估算其峰值和最低点。然后,可以通过两种方式使用此数据:创建与峰值相符的相关内容;在峰值之前开始优化现有的相关页面。

使用 Google 趋势确定季节性趋势,以关键字雨伞 umbrella 为例,图 5-6 展示了雨伞在美国的季节性变化趋势。

② 通过检查数据偏差流行度峰值来避免"关键字独角兽";

③ 找到 Google 趋势相关主题后利用之。使用趋势搜索,可以找到过去 24 小时内(在任何给定位置)已经显著流行的搜索查询。图 5-7 为使用 Google 趋势寻找流行搜索查询。

④ 使用 Google 趋势数据帮助规划内容日历;

⑤ 使用"相关查询",找到新的关键字建议;

⑥ 确切地查看哪些城市和子区域需要产品或服务。

图 5-8 为使用 Google 趋势查看城市对产品和服务的需求排名。

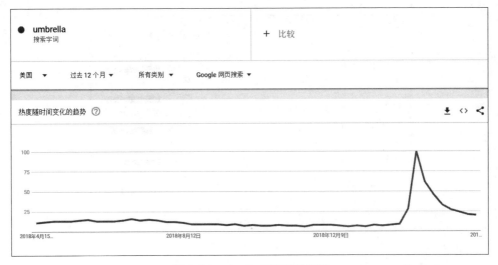

图 5-6　umbrella 的季节性变化

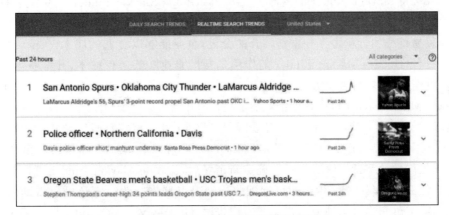

图 5-7　Google 趋势-流行搜索查询

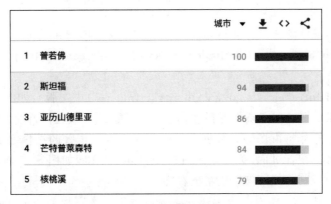

图 5-8　城市需求排名

图 5-9 为使用 Google 趋势查看子区域对产品和服务的需求排名。
⑦ 优化视频搜索引擎,通过分析了解什么人在 YouTube 上搜索。

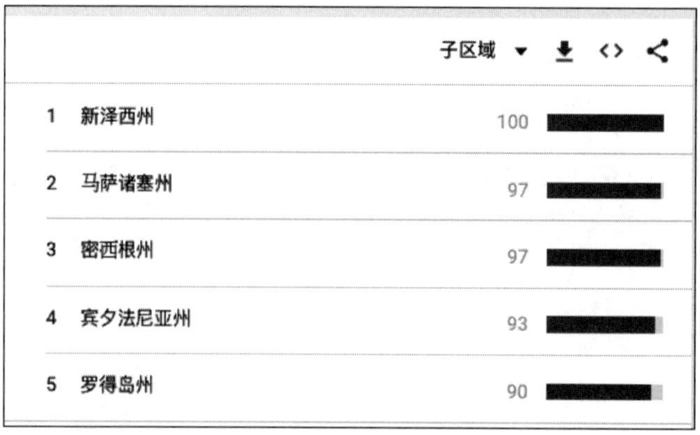

图 5-9 子区域需求排名

2. Google Market Finder

（1）Google Market Finder 的内涵。"Google Global Market Finder"的中文名称为"谷歌全球商机洞察"，它是 Google 官方出品的一款免费的在线市场洞察应用程序。在互联网打破跨国贸易壁垒和行业边界并重新融合的今天，企业能够以更低的成本、风险，触及更多的潜在消费者，Google Market Finder 的作用是帮助企业降低运行成本，开辟新市场，寻找新的市场机遇，提供广告解决方案与推广策略的指导。

Google Market Finder 可以帮助企业确定品牌潜在新目标市场的候选名单，通过当地月度搜索、热门市场趋势、人均可支配收入、互联网用户和推荐出价确定对产品或服务的需求。

该工具不仅可以为产品或服务界定最佳市场，还可以告诉商户如何为新市场做好准备，并建议正确的数字营销解决方案。确定新市场后，Google Market Finder 可以提供主动性的、建设性的见解，如潜在客户的可支配收入及其互联网行为。它还可以帮助商户浏览本地化、国际支付和物流等领域。当需要做广告时，Google Market Finder 可以确定使用的正确语言、接触客户的最佳方式，以及要定位的正确设备（如 PC、手机、iPad）。

（2）Google Global Market Finder 的使用步骤如下。

第一步：使用谷歌浏览器访问 Google Global Market Finder 地址。

打开工具地址"https://marketfinder.thinkwithgoogle.com/intl/en_us/"（英文版），如图 5-10 所示。

打开工具地址"https://ads.google.cn/marketfinder/"（中文版），如图 5-11 所示。

第二步：按照商户的现有条件选择并输入信息（英文版）或选择行业（中文版）。

第三步：查看与分析市场洞察数据。在完成以上两个步骤的操作之后，这时系统会自动显示市场洞察数据统计页面，英文版如图 5-12 所示，中文版如图 5-13 所示。

图 5-12 显示的 4 个数据类型（从左至右）的含义如下。

① 每月按类别搜索：Google 每月搜索与选择的产品类别相关的字词的平均数量，这是需求和整体机会规模的最强指标之一。

② Ads 建议出价：建议的出价是根据 Google Ads 中其他广告客户在同一位置上为相关关键词广告所支付的每次点击费用（CPC）计算出来的，这可以很好地指示市场的竞争力。

图 5-10　英文版

图 5-11　中文版

③ 易于做业务指数（排名）：衡量在市场上开展业务的便利性，排名为 1～190，排名较高意味着市场环境更有利于本地企业的启动和运营。这就意味着，在本地的企业更容易做生意、开展商业活动。

④ 家庭净可支配收入：扣除所得税后，普通家庭可以获得的可支配收入金额。这提供了对消费能力的洞察，并且可以表明消费者愿意为产品和服务支付费用。

图 5-13 显示的 4 个数据（从左至右）类型的含义如下。

① 每月按类别搜索：Google 每人每月搜索与选择的产品类别相关的字词的平均数量，这是需求和整体机会规模的最强指标之一。

② Ads 建议出价：建议的出价是根据 Google Ads 中其他广告客户在同一位置上为相关关键词广告所支付的每次点击费用（CPC）计算出来的，这可以很好地指示市场的竞争力，以及为将来的广告出价提供建议。

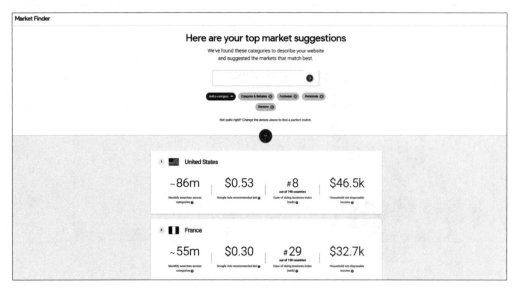

图 5-12 英文版洞察数据

图 5-13 中文版洞察数据

③ 线上首次发现商品比例：有多少百分比的人群是通过线上发现该类别商品,可以衡量网络营销对该商品销售的影响力。

④ 购物决策中使用搜索引擎比例：在购物决策中使用搜索引擎人群占比,可以反映出搜索引擎对销售的作用程度,从而衡量搜索引擎营销方面的投入程度。

5.1.2 如何制订搜索引擎优化营销策略

制订搜索引擎优化策略：搜索引擎优化是一个复杂的过程,影响谷歌排名的因素有

200项以上,这些因素共同起作用决定排名结果,而且有些排名因素可能对某些行业比较重要,不适用于所有行业。面对如此复杂的排名因素,在制订搜索引擎优化营销策略时,可以通过将其关键元素分解为4个主要板块对其进行简化。

搜索引擎优化四大板块如下。

① 技术搜索引擎优化:网站内容是否易于被搜索引擎蜘蛛抓取及收录。

② 内容:是否针对目标用户提供有价值的高质量内容,解决目标用户的问题。

③ 站内搜索引擎优化:内容及代码优化(如关键词部署、代码简洁、图片优化等)。

④ 站外搜索引擎优化:提升网站权重,让谷歌认可网站在所属领域的权威度。

当然,这4个领域有一些复杂性和重叠性,但了解网站自身在这4大方面的优势和劣势是制订有效搜索引擎优化策略的关键。

1. 技术搜索引擎优化

技术搜索引擎优化指的是确保搜索引擎可以阅读的内容并浏览网站,可以利用Screaming Frog和Deep Crawl等工具发现网站技术问题。

这里主要考虑如下几个方面。

爬行:搜索引擎可以访问网站吗?

收录:是否明确告知搜索引擎应该索引和返回哪些页面?

速度:快速的页面加载速度是让用户满意的关键因素。

技术:是否在网站上使用搜索引擎友好型技术?

层次结构:网站内容结构是怎样的?

对于使用WordPress建站的小企业,技术搜索引擎优化会比较简单。如果是一个百万级页面的大型定制网站,那么技术搜索引擎优化将变得更加重要。所以,在制订网站搜索引擎优化策略时,需要结合网站的实际情况,对应制订技术搜索引擎优化优化策略。

2. 内容

网站的内容会告诉潜在客户企业的业务信息以及选择成为客户的理由。另外,内容除了基本的宣传册类型元素,还要创造更多能帮助潜在客户实现他们的目标,解决他们问题的高质量内容,这对于客户而言才是有价值的内容。

例如,服务业务可以将内容分为以下3类。

服务介绍:企业提供什么服务,针对什么地区提供该服务。

企业资质:告诉潜在客户选择该商户的理由。

营销内容:体现自己行业意见领袖的内容(如案例、客户评价、权威人士推荐等),在用户购买周期的早期让客户了解商户的业务。

一个完善的内容营销和搜索引擎优化策略具有很强的可拓展性,可以让商户接触到更多的潜在客户。

3. 站内搜索引擎优化

网站应该作为一个整体和单个页面级别进行优化,这里会跟技术搜索引擎优化优化存在一些交叉,同时要确保网站有良好的内容层次结构。

对于一个结构良好的网站,站内搜索引擎优化也是相对简单的,主要关注以下方面。

关键字研究：了解目标受众的语言。

描述性 URL：确保每个 URL 都简单且具有描述性。

页面标题：在页面标题中使用关键字。

元描述：像撰写广告文案一样撰写元描述，促进用户点击率。

内容优化：在页面中合理部署关键字和变体。

良好的用户体验（UX）：确保您的网站易于使用和浏览。

结构化数据：在网站不同页面对应部署结构化数据。

优化网站时要考虑网站的目标客户。如果是本地企业，那么本地搜索引擎优化更重要，企业的地址和位置将成为关键的优化点。

4. 站外搜索引擎优化

实际上，所有的搜索引擎优化工作最终都是让网站成为所属行业的权威，从而获得好的排名。而网站的权威度很大程度上取决于站外的品牌传播以及链接建设。制订外链策略时，主要需要注意4个原则：相关性、丰富性、稳定性、安全性。低质量外链会让网站被搜索引擎惩罚，降低网站权重与关键词排名。目前，以下几种方法可以帮助企业获得高质量外链，有些方法只适用于部分行业。

（1）客座博客（Guest Posting）。客座博客是一种非常有效的外链建设方式，通过在其他热门网站上发表文章，吸引更多的新读者看到商户的内容，获得更多的曝光。可以把它理解为投稿：向目标网站申请发表文章，如果对方愿意，发布文章还可以获得外链。

（2）工具 Help a Reporter Out。对应某些行业，很难找到权威的新闻网站和博客的外链资源，可以尝试使用免费的工具 Help a Reporter Out（HARO）。它把需要资源的人（博主和记者）和需要外链的人联系起来。虽然这个方法并不容易，但是这是大规模扩展高质量外链最好的方法之一。

（3）权威资源列表页。资源页是为链接到其他有价值的网站而存在的页面，是很好的外链建设目标页面。

（4）404 页面。有些网站存在一些死链，这时可以联系对方站长，说明有一篇和网站内容相关的帖子，可用来替换 404 页面，这在给对方网站带来价值的同时也给自己的网站增加了外链。

（5）行业目录。如果商户的产品或者服务（特别是 B2B）可以找到很多相关行业目录站点，则可以去这些站点提交网站和链接，这些行业目录站点通常拥有很高的域名权限。

（6）品牌提及。有的网站内容提到公司的品牌、网站名字，或者用了公司原创图片，可能只是提到了企业的品牌，但是并没有给企业做链接。一般来说，对内容认可才会采用，如果能找到这些网站拥有者，给企业做链接的概率就会很大。

5.2　跨境搜索引擎优化策略

5.2.1　首页、类目、详情页等内容策略

独立站点能够承接企业品牌以及客户重要的流量数据的基本属性，让它成为许多电商品牌的首选方案。如何通过改进网站本身的内容，使之更加符合搜索引擎规则，达到流量

提升的效果；如何通过增强用户使用网页时的交互感受，增加用户停留率，从而引导用户购买产品，实现流量的转化是本节的内容。

（1）首页内容优化策略。用户进入首页的目的是浏览并了解网站售卖的产品，找到自己想要的商品。因此，网站首页需要清晰、明了，以指引用户进行下一步操作。网站首页重点包含以下几项内容。突出显示网站的产品搜索框、设计清晰的类目导航、设计明显的购物车标识、突出网站的联系方式（在线客服更优）、重点突出网站销售的产品与类别、突出显示热卖商品、如果有免费送货服务则需标记清晰、展示网站的安全证书、展示部分企业信息、添加部分博客文章、保证移动端友好。

（2）类目页内容优化策略。类目页内容的作用是帮助用户更快寻找到他们所需商品的渠道，吸引用户点击进入商品详情页。那么，如何改进消费者在类目页内容上的使用体验，增强他们对品牌的信任度，具体做法包括：产品品类的命名匹配对应关键词、使用面包屑导航、包含介绍产品品类优势的静态文本、包含对应高质量图片（优化相关关键词）、保证产品图片质量与风格一致。

加分项包括：对应的品类视频；相关文章的链接，消费者指引或用户产生的内容（例如论坛）；突出该品类的近期产品评论。

（3）产品页内容优化策略。产品页是流量转化的最后一步。好的产品页能够让消费者了解他们所需要的产品知识，产生添加商品至购物车直至付款的行为。针对产品页，我们需对其中重点需要展现的内容做出优化策略。

① 图片：高质量、高分辨率（网页最优配置）；展示产品细节；展现产品使用场景。

② 高质量产品文案：产品描述，针对受众体现产品优点，有创意；产品规格；产品使用方法。

③ 产品评论：真实的顾客评价；正确的 HTML 标记。

④ 加分项：产品视频；买家秀（如在 ins 上设置一个 hashtag 主题）。

（4）博客内容优化策略。

电商网站需要博客的原因如下。

① 加入定期更新的内容，可以获得更广泛的自然搜索来源，获得更高的搜索流量。

② 更早地接触潜在客户。用户在搜索他们需要了解的内容时，比如"有哪些手机壳可以更好地保护手机""在烹饪时怎样判断肉是否熟透"等，网站的博客中已经有相关的内容能够回答用户的疑问，用户对商户的网站自然会留下一定印象。

③ 诉说品牌故事，将品牌定位为市场专家，让用户承认商户的专业度，对产品更有信心。

④ 通过撰写博文获得更多的外链，从而获得更高的页面权重，在 SERP（搜索引擎结果页面）中获得更高的排名。外部第三方站点很少链接到类目页和产品页，但经常链接到购买指南、产品对比、演示、操作指南与其他博客文章。

⑤ 可在 Facebook 和其他社交媒体上分享，定期提供有趣的、非广告性质的内容。

关于博客内容的执行，可以选择以下策略撰写内容。产品选购指南；产品指引和操作指南；行业/产品趋势、新闻；常见问题解答（FAQs），可以用 Answer the public 找到人们对产品的疑问；通过 Buzzsumo.com 或 Ahrefs.com 查看所在行业分享最多的内容，改进自己的文章;新产品的动态和公告;企业新闻;业内网红的采访;进行消费者问卷调查,分享调查结果;案例分析。

5.2.2 海外多语言策略

在学习海外多语言策略之前,先要了解多语言策略作为策略本身存在的基础和背景,以及在国际性网站面对多语言的环境中所遇到的问题和解决目标。

国际网站中的一些常见问题通常是网站的优化仅依靠推广主网站的内容和结构,缺乏真正的规划和研究,没有考虑到每个目标语言和国家中都有其特定的受众群、竞争对手和行业行为。

因此,在制订多语言策略的时候,需要有一个基本的思维框架:给不同语言或国家提供的热门产品和服务不一定和商户的语言或所在国家的内容保持一致;给其他语言或国家提供产品和服务时,可用"意译"取代"直译";每个国家或语言的行业季节性各不相同,节日也受到独特的文化或地理环境的影响;在不同国家和语言中,竞争对手独特的销售主张,和我们需要与之竞争的产品也会有所不同;不同语言或国家的搜索流量和潜在的自然搜索流量会有所不同;有些国家的本地搜索引擎比谷歌更重要,可根据受众的所在地优化当地的搜索引擎排名(例如,俄罗斯的 Yandex;中国的百度)。

基于以上背景和思维框架,可以明确:当前网站已有的内容是基本的信息和资源,其构成了网站的基础设施。但是,当开始优化其他语言或国家的网站时,不能简单地宣传当前网站已有的内容,还要考虑到每个国家和语言的目标用户的特点和需求。只有这样,才能建立一个有吸引力的网站,并制订相应的搜索引擎优化优化策略。

海外多语言策略的制订须注意以下几点。

(1) 明确企业的线上业务发展机会。确定国际搜索引擎优化优化策略的第一步是明确企业的线上业务发展机会,这基于以下几点。

① 网上业务的模式和运营情况。企业的网上业务是如何运作的?其运作模式是怎样的?目标是什么?是完全基于网站运营还是也会提供当地的产品和服务?物流是怎样的?有能力给任何国家或语言的人提供这些产品和服务吗?当前存在的制约因素是什么?额外费用最高达到多少?

实际上,给任何国家提供产品和服务并不总是可行的或有益的做法。商户也许卖的是某种食物,但可能要先拿到一系列复杂的权限、许可后才能展开运营,也可以把一些小商品销往世界各地,但还必须考虑邮费和时间安排的问题。

作为商家,一开始就必须清楚地了解国际化意味着什么,须对国际化的内核和对应的一切的具体经营行为有清晰而准确的认知,否则等意识到销售量/销售量带来的销售收入无法弥补所需的国际投资时就为时已晚了,最后只会浪费时间和资源,或造成直接的经营性亏损。

② 当前用户的数量统计和行为分析。通过网站分析系统查出当前用户使用的语言和用户所在的国家或地区。如果用的是 Google Analytics,可以在"Audience>Demographics"分析报告中找出当前用户使用的语言和所在地。如图 5-14 所示,Google Analytics 作为一个核心的分析工具,也是 Google 核心的用户数量统计口径。关于 Google Analytics,后面的章节会单独

以该应用作为分析标的展开阐述。

国家或地区	语言	流量获取			行为		
		用户数	新用户	会话数	跳出率	每次会话浏览页数	平均会话时长
		2,108 占总数的百分比: 100.00% (2,108)	1,736 占总数的百分比: 100.00% (1,736)	2,550 占总数的百分比: 100.00% (2,550)	76.04% 平均浏览次数: 76.04% (0.00%)	1.70 平均浏览次数: 1.70 (0.00%)	00:00:57 平均浏览次数: 00:00:57 (0.00%)
1. United Arab Emirates	en-us	1,149 (54.25%)	971 (55.93%)	1,388 (54.43%)	76.30%	1.67	00:00:52
2. United Arab Emirates	en-gb	534 (25.21%)	404 (23.27%)	675 (26.47%)	75.85%	1.75	00:00:54
3. United Arab Emirates	en-in	102 (4.82%)	80 (4.61%)	126 (4.94%)	78.57%	1.35	00:00:41
4. (not set)	en-us	46 (2.17%)	46 (2.65%)	46 (1.80%)	100.00%	1.00	00:00:00
5. United Arab Emirates	en-ca	28 (1.32%)	27 (1.56%)	32 (1.25%)	65.62%	2.25	00:02:19
6. United Arab Emirates	ar	26 (1.23%)	24 (1.38%)	31 (1.22%)	74.19%	1.45	00:00:32
7. United States	en-us	20 (0.94%)	18 (1.04%)	20 (0.78%)	55.00%	2.60	00:03:01

图 5-14 Google 地理位置（国家或地区）及语言报告

一旦确定了语言和国家，就可以着手了解这些国家或地区的用户或使用该语言的用户行为：用户使用什么关键词，浏览的是什么页面？用户最后买了什么产品或服务？与本站所在的国家和语言相比，用户的转化流量和转化率怎样？

指定一个国家或地区的自然流量情况，明确标出这一信息，以便进行比较，如图 5-15 所示。

	Visits	Pages / Visit	Avg. Visit Duration	% New Visits
	5,468 % of Total: 100.00% (5,468)	1.42 Site Avg: 1.42 (0.00%)	00:01:07 Site Avg: 00:01:07 (0.00%)	72.84% Site Avg: 72.84% (0.00%)

Primary Dimension: Country / Territory City Continent Sub Continent Region

Secondary dimension: Landing Page ▼

Country / Territory	Landing Page	Visits ↓	Pages / Visit
1. Spain	www.aleydasolis.com/moviles/aplicaciones-ipad-seo/	556	1.10
2. Spain	www.aleydasolis.com/	403	2.39
3. United States	www.aleydasolis.com/en/search-engine-optimization/seo-dashboard-google-docs-seomoz-analytics/	252	1.21
4. Spain	www.aleydasolis.com/seo/google-local-maps-seo/	192	1.29
5. United States	www.aleydasolis.com/en/search-engine-optimization/seo-audit-template/	169	1.19
6. Spain	www.aleydasolis.com/analitica-web/informe-seo-personalizado-google-analytics/	166	1.25
7. Spain	www.aleydasolis.com/seo-local-google-places/	165	1.57

图 5-15 不同国家或地区用户的行为

最后，须检查一下每个国家（或地区）和语言的综合和自然流量的来源。根据每个国家（或地区）和语言的流量情况，找出哪些是最主要的搜索引擎和网站，如图 5-16 所示。

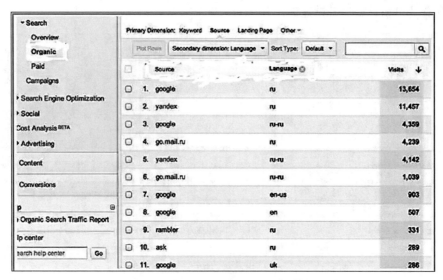

图 5-16　不同国家或地区主要的搜索引擎和网站

如果已经在内部对来自其他国家（或地区）和语言的搜索流量、行为和转化率做了分析，就会更加清楚地了解哪些信息是考虑因素，以便深入调查它们的市场潜力。

③ 所属行业的国际化潜力。研究这些国际市场中潜在的自然搜索流量、用户行为、关键词和竞争对手。

针对准备进行国际扩展的目标国家或地区，通过利用 Alexa 的各国顶级网站信息和 StatCounter，在这些国家或地区中找出最受欢迎的搜索引擎。

如果 Google 不是当地主要被应用的搜索引擎，则需要找出影响当地这些搜索引擎排名的最主要因素，并利用这些搜索引擎进行本地搜索市场调查。本地的搜索引擎通常会提供不同的关键词搜索和查询工具，例如中国有百度指数、俄罗斯有 Yandex Keywords Stats。

使用 Google Keywords Planner（该工具将在第 7 章介绍）选择一些适配的国家（或地区）和语言，并利用已经在 Google Analytics 上获得的其他国家（或地区）和语言的主要关键词进行研究，如图 5-17 所示。

图 5-17　Google Keyword Planner

在参考这些关键词建议，特别是在针对高搜索量关键词建议的同时，还可以使用像

Unbersuggest 这种支持其他语言的工具识别更多的关键词机会。

除此之外,还可以用 SEMrush(图 5-18)和 Search Metrics Essentials(图 5-19)获得每个关键词在不同国家或地区中的相关信息。

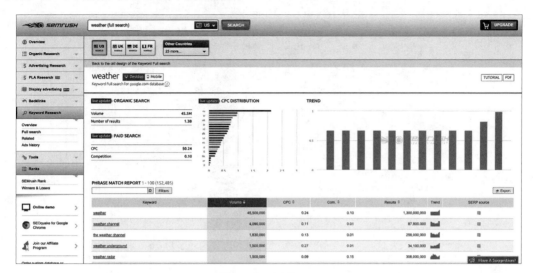

图 5-18　SEMrush

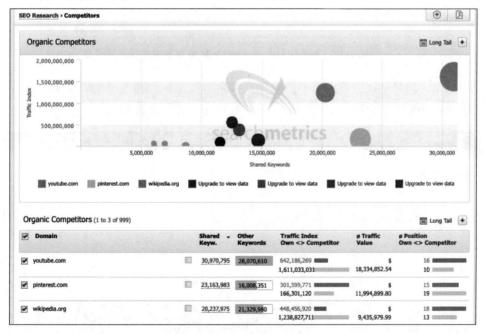

图 5-19　Search Metrics Essentials

使用这些工具的同时,还要知道哪些网站已经抓取了这些关键词的排名,因为这些网站可能成为竞争对手。因此,可以查看一下它们的网站架构、内容、外链建设情况和社交动态,如图 5-20 所示。

图 5-20　Search Metrics Essentials 中竞争对手情况

从 Google 趋势可以分析出各个国家或地区核心关键词的季节性和搜索热度的时间变化情况，以此确定哪些关键词对它们来说是最有意义和最有价值的，如图 5-21 所示。

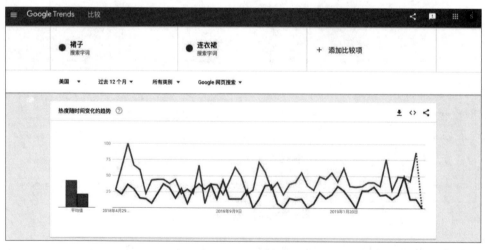

图 5-21　关键词随时间变化

④ 对国际市场的分析进行整理并总结。通过内部资源和资料确定新语言和国家或地

区的潜在市场,然后研究每个市场的信息。看一看根据网站活动所确定的具有市场潜力的国家或地区和语言是否真的可以带来高搜索量和积极的发展趋势。

(2)准确定位国际目标市场。根据确认的信息以及网上业务的特点和模式,确定国际目标受众。所有目标受众的定义,可以是使用同一种特定语言但居住分布于不同国家或地区的人,也可以是说同一种(或多种)语言但集中分布在某些地域的人。

① 根据语言定位。如果用户所处的位置不影响网站的发展目标、内容、服务和产品供应,则可以采用这种方法扩大国际网点的分布。

举个例子,如果从分析中确定受众群体主要分布在很多说同一种语言的国家或地区中,或者通过研究明确了他们可以带来新的搜索量和转化率,则这种潜力也同样出现在相似的语言中,而不仅仅局限于某一个国家或地区,这种方法无疑是比较合适的。

这意味着,如果在处理这种情况的时候给每个国家或地区设立一个特定的网站版本,这些网站到最后可能无法带来任何效益,也不能提高产品或服务的影响力。

一个网站可以从语言的定位开始,然后在确保网站在某个国家或地区有足够的知名度和使用率之后向另一个目标国家或地区发展,并根据网站的特点为用户提供独特的产品、服务和内容,而不需要另建一个特定的网站。

以语言为主导的网站结构可以是"顶级域名/子目录(或子域名)"的形式,具体内容如图 5-22 所示。

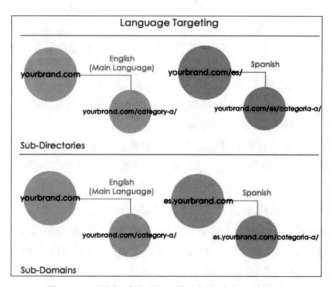

图 5-22 "顶级域名/子目录(或子域名)"的形式

② 根据国家或地区定位。如果地理位置对网上的业务模式、目标和产品供应有影响,而且单个国家或地区的潜在相关搜索量足以补偿建立独立站点的投入,就可以采用国家或地区定位的方法。

采用这种方法建立的网站结构可以是"ccTLDs"(国家/地区代码顶级域名)、子目录或子域名的形式,具体如图 5-23 所示。

此外,一个充分发展的市场会遇到这种情况:所面向的目标国家或地区的受众群会说

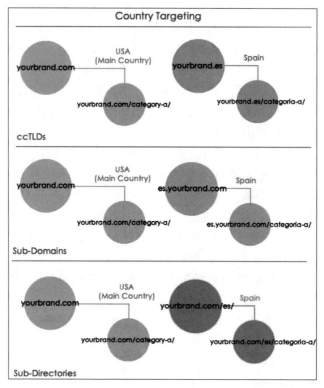

图 5-23 "ccTLDs"（国家或地区代码顶级域名）、子目录或子域名的形式

很多种语言。在这种情况下，可以再进行调研和降维、定量分析，确认这种语言的市场潜力。如果值得给这种语言建立额外的网站版本，则可以选择以下任意一种形式在同一个国家或地区的网站架构中建立相应的语言版本，如图 5-24 所示。

国际市场定位方法总结：可以看到，之前所提到的所有国际网站结构都有利弊，因此要根据企业自身的特点、业务的属性、能力和资源，以及对未来发展的期许，选出当下和未来发展最有利的网站结构，并确保它具有高扩展性的网站架构。

（3）考虑网站的内容和技术资源。确保根据自身情况（加上之前提及的标准），运用相关的技术和内容资源建立最佳的网站结构。技术资源是能否为网站创建一个新语言版本及国家或地区版本的重要因素：它是否支持建立前面提及的网站结构？它是否具有扩展性？更准确地说，不管是技术还是内容支持，都要确保能够配置和优化相关语言及国家或地区网页中的以下部分：对于标题和描述性内容，使用该地区相关语言特有的表达方式进行描述，有效地完成本地化；本地的联系方式和支持信息；可视化且易抓取的货币及语言转换选项；使用相关语言描述导航元素；使用相关语言描述标题；使用相关语言描述页面信息；使用相关语言描述评论和反馈。

（4）对国际网络的扩展工作进行评估和规划。在分析并确定了所有内部情况、外部潜力、内容、业务和与技术相关的准备之后，可以进行综合评估：是否值得将网上业务扩展到另一个国家或语言的网站版本中？如果建立新语言或国家的网站，所产生的潜在搜索量和转化率是否值对应的建设费用？

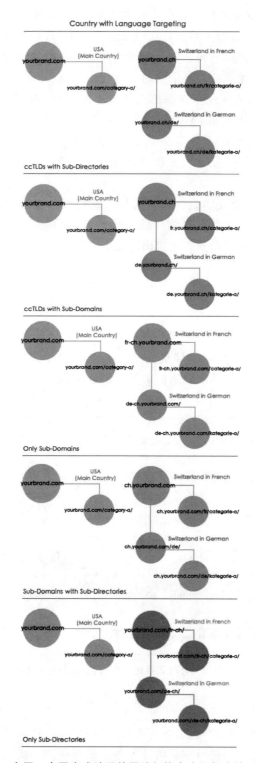

图 5-24　在同一个国家或地区的网站架构中建立相应的语言版本

如果这些数据仍然缺乏有效的说服力和支撑点,可以展开市场调查:例如,将最重要的产品和服务提供给发展潜力较大的语言及国家或地区市场,并尽可能地压低成本。使用小型的新站点结构,看一看在研究和分析期间该结构是否能为其对应的区域带来足够的吸引力和用户行为,确认之后才能启动整个网站。

综上所述,国际网站的优化不是简单的技术上的操作,对国际市场的研究调查,以及对受众需求的了解,也是其重要的构成要素和组成部分。国际市场的竞争不仅是产品或服务的竞争,更是对策略和技术的考验。由于不同国家或地区和语言都有其特点,因此在建立国际网站时要对目标市场和受众进行深入的了解、分析和调查,并制订相应全面的网站优化策略。

国际网站的发展至关重要的是"本地"属性,如何使网站更加"本地化",符合各国家或地区和语言的风格,是优化过程的关键。任何优化策略的制订只有考虑到这一点,才能更好地提高优化效果,使国际网站更加适应国际需求。

5.3 案例

1. 某知名照明设备企业

通过各搜索引擎营销和搜索引擎优化工具,针对行业词、产品词、品牌词等,进行搜索量及竞争程度等方面的调研,选取合适的关键词创建内容并布置于网站中,如图 5-25 所示。

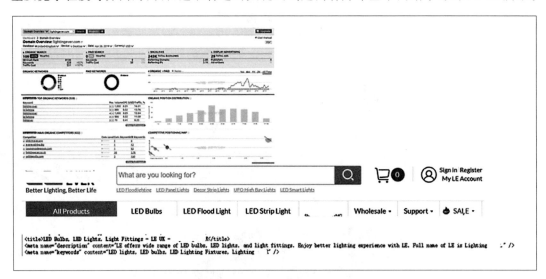

图 5-25 利用工具进行网站内容策略的制订

2. 某知名手机品牌

根据不同地区、不同语言的特点,进行 URL、网站板块、页面链接结构、导航、页脚规范的优化,再配合当地优势产品进行主推内容等各方面有区别的优化,使得流量提升近 1 倍,如图 5-26 所示。

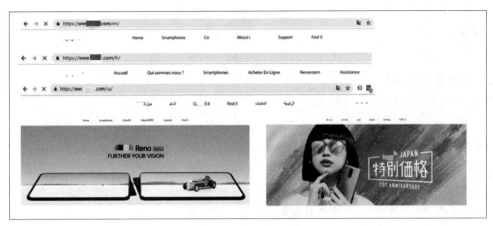

图 5-26 多语言地区策略

练习题

1. 选择题（不定项）

（1）以下哪些是搜索引擎优化在网站技术层面需要考虑的因素？（　　）

　　A. 爬行与收录
　　B. 页面加载速度
　　C. 使用对搜索引擎优化的技术
　　D. 网站内容结构

（2）服务业务型网站在进行内容分类策略制订时，可以将网站的内容分为以下哪几类？（　　）

　　A. 服务介绍　　　　　　　　　　B. 企业资质
　　C. 营销内容　　　　　　　　　　D. 网站法律信息

（3）跨境搜索引擎优化内容优化策略包括（　　）。

　　A. 首页内容优化策略　　　　　　B. 类目页内容优化策略
　　C. 产品页内容优化策略　　　　　D. 博客内容优化策略

（4）博客内容优化策略包括（　　）。

　　A. 定期更新内容　　　　　　　　B. 更早接触潜在客户
　　C. 诉说品牌故事　　　　　　　　D. 通过博文、社交平台获取更多外链

2. 简答题

（1）简述 Google 趋势的功能。

（2）小明计划对海外销售美妆产品，请利用各种工具帮助小明确定初期投放搜索引擎广告的地区，以及关键字等信息。

（3）简述外链策略的主要方法。

（4）简述进行多语言推广和优化时，确保能够配置和优化相关语言及国家或地区的内容。

答案

1. 选择题（不定项）

（1）ABCD　（2）ABC　（3）ABCD　（4）ABCD

2. 简答题

（1）参见 5.1.1 节中"1.Google 趋势"中"（1）Google 趋势的四大功能"相应内容。

（2）要点：使用 Google 趋势和 Market Finder 两种工具；确定投放地区并言之有理；确定投放核心关键字并言之有理。

（3）参见 5.1.2 节中"4.站外外链策略"部分相应内容。

（4）参见 5.2.2 节中"1.海外多语言策略的制订"中"（3）考虑网站的内容和技术资源"的相应内容。

第 6 章

搜索引擎付费广告策略及应用

6.1 广告投放策略制订

6.1.1 跨境 B2B 行业的营销策略制订

B2B(business-to-business),也称"公对公",是指进行电子商务交易的供需双方都是商家(或企业、公司),使用互联网的技术或各种商务网络平台完成商务交易的过程。电子商务是现代 B2B 营销的一种主要的表现形式,指的是企业间通过电子商务的方式进行交易。

相对于 B2C 的销售方式是企业对顾客,举例来说,一个卖免洗餐具的工厂,若它主要的出货对象为餐厅,这就是 B2B 的模式,由餐厅提供免洗餐具给使用者,餐厅对使用者这种模式为 B2C。

B2B 也泛指企业间的市场活动,不局限于最终交易对象的认定。另外,B2B 也指企业间定义业务形态的方式。例如,一家公司以影印机的租用业务为主,这就是一种 B2B 形态的销售组织。B2B 着重于企业间网络的建立、供应链体系的稳固。

B2C需要靠规模经济的方式,吸引购买、降低售价来增加利润,而B2B不用靠规模,而是靠企业间网络的建立稳固其销售。

针对B2B的业态特征,可制订搜索引擎广告投放策略:要将整个广告投放周期在时间维度上进行拆解,可以拆解为测试期、扩展期和运营期。同时,由于这是一个长期性、持续性、综合性的动态过程,因此上述3个时期呈现出动态循环的特征。

1. 测试期

由于网站、产品与实际用户的需求及认知的程度有一定的差异,并且由于是跨境行为,所以在地理、人文、传统文化中也存在一定的差异性,因此在初期大面积、高预算地投放广告,往往收效甚微。

在测试期需要达到的目的主要是筛选,其中包括关键字、广告、着陆页以及人群属性。

(1)测试期的目标:测试并寻找有效关键字。通过先期搜索推广的投放,测试各类关键字的流量成本,并结合网站数据分析给网站带来的具体效果,找出有效关键字。关键字是由产品决定的,常用的测试期中选择产品的原则是按销售量和利润率进行挑选。

(2)测试期预算制订:测试期须设定一个预算,并在预算许可的范围内测试(静态预算控制)。

(3)测试期区域设定:在测试期,为了让有限的预算筛选出最有价值的关键字、广告及着陆页,一般选择某一个重点地区作为测试区域(可使用Market Finder与Google趋势进行区域选定),一般建议对某个国家中的某些城市进行测试。

(4)测试期的Google推广产品:搜索关键字广告(产品)。

(5)测试期的关注点。

① 关注流量及流量成本:其中,流量的关注点在于展示量,因为展示量直接代表用户的搜索热度、搜索请求数、流量成本的高低,其直接反映竞争以及广告的效果。

② 关注转化量和转化成本(每次转化费用):测试出有效关键字,形成有效客户转化的Leads。此处的含义是,通过对关键字的测试,寻找到能够被客户高频率使用、能和客户形成有效互动,并形成"转化"的关键字。Leads的含义是潜在客户的线索。转化成本的高低直接反映关键字所带来流量的质量,以及关键字的有效性。

测试后,关键字的分类见表6-1。

表6-1 关键字的分类

展示量	点击量	点击成本	转化量	转化成本	关键字效果
高	高	高	高	高	可优化
高	低	高	低	高	差
高	高	低	高	低	好
高	高	高	低	高	差
高	低	低	低	低	可优化
低	低	高	低	高	差
低	高	低	高	低	好
低	低	低	低	低	好
低	高	低	低	高	差

测试阶段是推广循环中的第一环节,可以通过多次测试,形成一定数量的有效关键字,从而达到或提升最终的推广成效,进入下一个环节,即推广期。

2. 推广期

在测试期筛选出有效的关键字,就可以利用多种优化手段在推广期正式推广。

(1)推广期的目标:提升转化次数。对有效关键字进一步做关键字拓展,在搜索推广上引入更多的优质流量。

(2)推广期预算制订:足够的预算能让关键字在每一次搜索请求中都展示广告。

判断预算是否充足的方法如下:

① 展示份额报告中,由于预算导致的流量损失比例为0。图6-1为"竞争指标-展示份额"报告相关数据,特别关注"在搜索网络中因预算而错失的展示次数份额"。

广告系列	预算	状态	在搜索网络中因预算而错失的展示次数份额	在搜索网络中获得的展示次数份额	在搜索网络中因评级而错失
总计:所有未移除的广告系列			3.48%	18.05%	—
	US$5...	有效(受限)	0.69%	<10%	>90%
	US$1...	有效(受限)	8.25%	<10%	>90%
pia	US$5...	有效(受限)	0.00%	<10%	>90%

图6-1 "竞争指标-展示份额"报告

② 实际每天花费占广告系列预算小于80%。

(3)推广期区域设定:以测试期城市为核心进行类似城市的增加,以城市扩展到区域以及整个国家,选择类似的区域选定,但不同城市或区域必须分不同广告系列进行推广。

(4)推广期可使用的推广产品:搜索关键字广告(产品+品牌词)、再营销广告、其他搜索引擎关键字广告,通过再营销渠道和工具进一步影响潜在受众,扩展流量来源。

(5)推广期重点策略内容:

① 提升流量以提升转化(须同时控制流量及转化成本),使用增加关键字、拓展投放地区等方式,具体优化方式在第7章中详细介绍。

② 开始再营销等多种类型广告,提升网站流量。

③ 网站及品牌知晓度不断提高,开始品牌词广告,观察品牌关键字和广告的流量表现。由于品牌相关的关键字点击成本较低、转化率较高,因此,提升品牌词广告流量在推广期中是比较有效的提升效果的途径之一。

推广期是扩量的阶段,在扩量的同时也要保证流量优质,因此,优化账户也是在推广期比较重要的操作环节之一。本书第7章将重点介绍账户优化。当网站流量得到提升,多渠道推广铺开,转化数量较为明确且呈现显性增长趋势,整体网站及账户的数据得到积累后,整体的推广策略就可进入下一阶段,即运营期。

3. 运营期

网站流量的提升,以及多渠道推广产品得到的账户数据的积累,最终都会有优劣之分。根据积累的数据,无论是对网站着陆页的优化,还是渠道选择上的优化,最终的目标都是降低转化成本。

（1）运营期的目标：在保持转化数量的同时降低成本。根据产品情况、季节热度、活动情况，动态调整各渠道策略。优化广告，在转化数量提高（或至少不减少）的前提下降低转化成本。降低转化成本的优化方式后续章节会详细介绍。

（2）运营期的预算制订：以保证每个广告系列足够的预算为前提设置整体预算，并开启账户共享预算。图6-2为开启账户共享预算设置，为一系列广告系列设置总体的预算。

图6-2 共享预算设置

（3）运营期的区域设定：对转化率低的区域进行广告系列地区的排除（图6-3），对转化率高的区域单独设定新广告系列只投放特定区域，设置足够的预算，提高展示及点击量（具

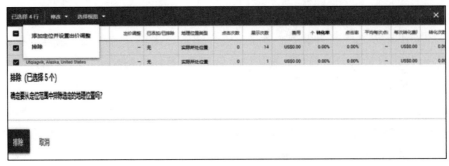

图6-3 广告系列地区排除

体优化操作后续章节会详细介绍),或者在原广告系列中针对该区域提高出价(图 6-4)。

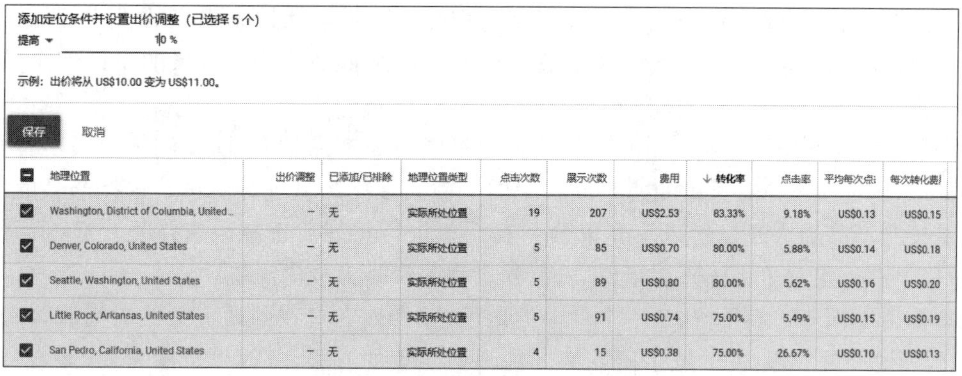
添加定位条件并设置出价调整 (已选择 5 个)
提高 ▾ 10 %
示例：出价将从 US$10.00 变为 US$11.00。
保存　取消

地理位置	出价调整	已添加/已排除	地理位置类型	点击次数	展示次数	费用	↓ 转化率	点击率	平均每次点:	每次转化费!
Washington, District of Columbia, United...	–	无	实际所处位置	19	207	US$2.53	83.33%	9.18%	US$0.13	US$0.15
Denver, Colorado, United States	–	无	实际所处位置	5	85	US$0.70	80.00%	5.88%	US$0.14	US$0.18
Seattle, Washington, United States	–	无	实际所处位置	5	89	US$0.80	80.00%	5.62%	US$0.16	US$0.20
Little Rock, Arkansas, United States	–	无	实际所处位置	5	91	US$0.74	75.00%	5.49%	US$0.15	US$0.19
San Pedro, California, United States	–	无	实际所处位置	4	15	US$0.38	75.00%	26.67%	US$0.10	US$0.13

图 6-4　提高地理位置出价比例

(4) 运营期可使用的推广产品：搜索关键字广告(产品+品牌词)、再营销广告、其他搜索引擎关键字广告。

(5) 运营期重点策略内容：

① 以筛选流量(关键字与渠道),包括关键字调整(质量得分优化、关键字匹配度优化、出价优化、广告优化等方式)、投放地区、设备筛选以及其他搜索引擎调整等方式降低转化成本。

② 再营销类型广告优化,带动降低整体广告成本。

③ 品牌词广告增量,提高转化量,同时降低整体的转化成本。

可以看出,在运营期中,流量会有所降低,而转化量以及转化成本会保持在一定的恒量阶段,而为了达到更优质的推广效果,此时整个推广策略又步入下一个测试期。

当动态循环的过程进入下一个测试期,再测试就是更换调整的某些参数,如选择更多语言地区进行测试：不同国家虽然都讲英语,但对相同产品的关键字搜索习惯和广告的喜好度会有差异。不同地区的设备使用习惯,产品的生命周期、作息习惯(例如法国地区当地时间下午 4 点是下午茶时间,很多公司都会在此刻选择停止工作,享受一杯咖啡和一块蛋糕),这些都是下一个测试期中进行测试的几个策略导向。

6.1.2　跨境 B2C 行业的营销策略制订

相较于 B2B 而言,B2C 是 Business-to-Customer 的缩写,其中文简称为"商对客"。"商对客"是电子商务的一种模式,也就是通常说的直接面向消费者销售产品和服务商业零售模式。

在 B2C 领域,依据直接面对终端零售消费者的模式特征,策略的重点应该是提高品牌知名度和产品订单量,更进一步深入销售收入及 ROI(ROAS)投资回报率。本质上这是一个信任度问题：当品牌知名度提升,消费者对产品的购买转化自然就会提高。

同样,这也是一个长期性、持续性、综合性的过程,同样呈现了动态循环的特征,即测试、推广、运营 3 个阶段循环往复。下面依然按照测试期、推广期、运营期拆解分析。

1. 测试期

(1) 测试期的目标：筛选出有效关键字及产品。通过前期搜索推广的投放，测试各类关键字及产品的流量成本，并结合网站数据分析给网站带来的具体效果的反馈信息，找出有效关键字以及可推广销售的产品。

(2) 测试期产品挑选原则：由于 B2C 网站品类以及产品较多，而在测试阶段不宜全产品线推广，因此一般选择某一重点产品线中的一类或多类产品进行测试。选择产品的原则一般是按照产品受欢迎程度以及客单价和利润率进行排列后选择。选择受欢迎（质量、品牌、价格上有一定竞争优势）、客单价高、利润率高的产品为最优产品。

客单价不同于产品单价，举一个简单的例子，某女性客户在网站上浏览时尚服饰，其中 20 元购买了一件衣服，一共选了同款的 3 件不同颜色的衣服，总订单金额为 60 元，这里产品的单价为 20 元，而客单价为 60 元。

(3) 测试期预算设定：与 B2B 的原理一样，须设定一个预算，在预算范围内测试。

(4) 测试期区域设定：同 B2B 一样，选择某个国家内的某个地区或城市进行重点投放，选择城市的方法可以使用 Market Finder 以及 Google 趋势内的流量及人群消费力指标进行判定，一般选择次热门地区，有一定消费能力、热门地区竞争较为激烈、成本较高，因此选择次热门区域为测试期的区域设定。

(5) 测试期使用推广产品：搜索关键字广告、购物广告。

(6) 测试期的重点策略内容。

① 关注流量及流量成本：测试阶段流量的高低以及流量成本的高低，直接影响关键字的选取以及产品的选取。

② 测试有效关键字/产品（形成购物转化的有效触发点、注册、购物车、下单等），测试阶段关注网站的各个节点转化，筛选出有效的在各个节点中形成转化的关键字及产品，例如某些关键字带来的转化可能是加入购物车，而某些产品带来的转化是直接进行订单购买，关键字或推广产品在各个节点是否产生转化直接影响下一阶段中营销优化策略的制订。

一般地，转化节点可以分成以下几类：访问网站，但没有加入购物车；加入购物车，却没有完成订单；访问网站，却没有注册；完成订单。

③ 测试期更关注购物流程的上游流量：访问网站以及加入购物车。

然后进入下一阶段，即经过测试，产生一定数量的有效关键字以及产品。

2. 推广期

(1) 推广目标：提升转化次数。在推广期更关注下单等购物流程下游渠道，以转化次数为最终目标，以测试并筛选出的有效关键字和产品为基础进行拓展。

(2) 推广期关键字以及产品拓展原则：对有效关键字/产品做进一步拓展，在搜索推广上引入更多的优质流量。对于关键字，可使用关键字工具，或查看账户中的搜索词报告，根据实际的触发关键字的转化数据进行关键字的选择拓展。拓展的关键字所使用的匹配形式，可以按照账户中的提示（图 6-5）或直接使用词组匹配。

对于产品的拓展，可根据测试期中筛选的产品，找出类似的产品。例如，某一相关品类，对产品的不同颜色、类似的款式、不同的材质等进行拓展选择。

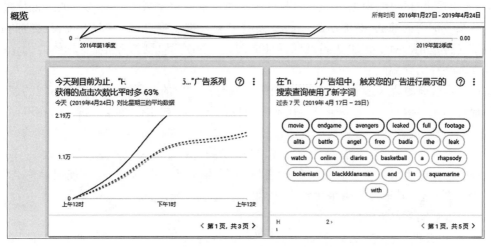

图 6-5 账户中的新字词提示

（3）推广期的地区设定：从测试期地区寻找类似的地区、有相同购买力的地区，或直接选择对应的国家。建议在账户中另行建立新的广告系列。推广期地区可以是新增地区、城市，但不建议为新增的国家。

（4）推广期的预算：与 B2B 的操作逻辑一致，查看展示份额。展示份额报告中，由于预算导致的流量损失比例为 0 或实际每天花费占广告系列预算小于 80%。

（5）推广期使用推广产品：搜索关键字广告（产品词＋品牌词）、常规展示广告、（动态）再营销广告、其他搜索引擎关键字/购物广告。通过再营销渠道，进一步影响潜在受众，扩展高质流量来源。

（6）推广期重点策略内容：

① 提升流量以提升转化（同时尽量控制流量及转化成本不升高，转化更关注下单环节等购物流程下游渠道），包括增加关键字以及产品、拓展投放地区等方式，加入其他搜索引擎广告。

② 网站流量不断提升，开始再营销类型广告，通过动态再营销广告曝光更多的产品。

③ 适当开启常规展示广告提升流量，以提高转化数量。

④ 网站及品牌知晓度不断提高，开始品牌词广告。

推广期往往会出现流量的提升、转化数量的提升以及转化成本的升高。当出现转化数量明显增长乏力的情况时（连续 3~5 天转化量没有明显的增长，增量小于 5%），就可以进入下一阶段，即运营期。

3. 运营期

（1）运营期目标：在保证数量的同时控制并降低成本，达到可控的 ROI（投资回报率，即收入/支出费用）。根据产品具体情况、季节热度、活动情况，动态调整各渠道策略。优化广告，在转化数量提高（或至少不减少）的前提下降低转化成本，提高 ROI，并追求更多品牌曝光。

（2）运营期的关键字及产品选择：针对推广期产品及关键字的数据表现，根据转化的成本、转化量进行排序，根据不同产品制订产品的投资回报率或者转化成本的最低标准，进行产品及关键字的筛选，对优质的产品及关键字进行重点推广，同时对表现较次的产品及关键字进行优化。对于无法达到最低标准的关键字和产品，则暂停推广（具体的优化操作后续章节会详细介绍）。

（3）运营期的地区选择：运营期的地区选择与推广期的地区选择是完全不同的逻辑系统和评价体系，选择标准是按照产品在不同地区的转化率或 ROI 的数据表现，在不同地区进行重点投放，或者针对部分地区暂停投放，以达到更高的 ROI 的表现。

（4）运营期的预算：运营期的预算设置与 B2B 类似，并可采取共享预算方式。

（5）运营期使用并推广产品：搜索关键字广告（产品＋品牌词）、常规展示广告、（动态）、再营销广告、其他搜索引擎关键字/购物广告。

（6）运营期重点策略内容：

① 利用关键字调整（否定关键字的增加、出价的调整、匹配形式的调整、着陆页的选择）、投放地区、设备筛选以及其他搜索引擎推广方式的调整等方式降低转化成本，提高投资回报率。

② 再营销类型广告优化，带动降低整体广告成本，动态再营销广告测试更多的产品。

③ 品牌曝光广告。

运营期会出现流量的降低、转化量的降低、收入的降低。

运营期最重要的是要关注该阶段的目标：是在于收入绝对值还是在于 ROI 比率。一般采取以最终毛利判断是否重新进入新一轮的循环测试阶段。举例说明：某网站一天的广告费用为 100 元，带来的销售额为 300 元，产品成本占销售收入的 30%，则该网站一天的毛利为 110 元，广告的 ROI 为 3；之后，整体广告费增加到 1000 元一天，其每天的销售额为 2500 元，广告的 ROI 为 2.5。从整体数据上看，广告的 ROI 有所下降，但计算毛利，一天的毛利绝对值可达到 750 元，整体的盈利绝对数字较之前大幅增加，因此可以用毛利绝对值核算出一个盈亏平衡的标准。

转化次数不降，转化成本控制到合理水平，整体又循环进入新一轮的测试阶段。

再次进入测试阶段，就是在产品广度上做调整，选择新一批产品进行测试，当全部产品测试完毕，再调整国家或地区参数，再进行不同国家或地区产品的循环测试、推广和运营。

6.2 基于场景的广告应用

Google 的产品线极为长而广，几乎覆盖所有的应用领域。在前面的章节，我们已经对 Google 主要的产品或应用工具，针对产品本身的基本面、技术特征、应用范围有了了解。在对 Google 的主要核心产品、技术、应用、应用策略有一定认知之后，本节讨论的内容是基于某些场景，或某些特定的场景，在一个场景下应该用哪些推广产品应用，以及如何运用这些产品。换言之，以"场景"或者"特定的场景"作为分析标的和载体，明确在不同场景中哪些应用、用法是合理、有效的，甚至是高产能、高效益的。

同时，还有一个逆向的思维框架，同样适用本节的讨论范围：对于 Google 这样产品线众多的公司来说，即便是自己的员工，恐怕也不熟悉公司旗下全部产品的功能，如何找到一个合适的场景,以场景作为搭载的载体,做产品推广,并向广大普通用户阐明这些产品的内核、用途、适用范围、用法就显得比较重要了。以下就此展开探索、梳理及总结。

6.2.1 基于事件场景的广告应用

1. 季节性场景的广告应用

无论是 B2B 还是 B2C,产品或服务都有一定的季节特性,不同产品针对不同季节的需求度完全不同,因此,针对季节性的广告产品的应用就变得尤其重要,无论是前期产品的选择、工具的运用、人群地区的选择,还是后期广告产品的选择、预算的分配都非常重要。

从时间维度进行季节性场景的广告应用分析,进一步深入了解季节性的搜索引擎广告执行策略。

(1) 时间轴的设定:一般我们会将季节开始前一个月的时间作为准备期,在准备期的主要工作内容包括选择合适的产品或服务、制作广告素材、制作合适的着陆页。

(2) 季节性产品的选择:可使用 Google 趋势查看、搜索请求较高的产品,根据趋势的拐点选择产品及服务。

(3) 季节性产品的地区选择:根据 Market Finder 商机洞察、Google Ads 的关键字工具,寻找出最适合的地区或国家。选择的原则是:一定的搜索请求量、拐点朝上、竞争不是很激烈的地区。

(4) 使用的推广产品:搜索广告、再营销广告、购物广告(B2C 行业)、展示广告。

(5) 广告的策略:针对季节性给出独特的季节性的广告描述,B2C 行业给出季节性的折扣或优惠。

(6) 着陆页策略:建议针对季节制作独特的季节性着陆页,整体的着陆页风格、内容与网页细节和产品相关。

(7) 之后的数据分析:结合 B2B 或 B2C 的 3 个阶段,总结不同国家对产品的最终转化数据,为第 2 年的推广做准备。

2. 节日(购物季)营销场景的广告应用

对于节日营销,可将营销过程拆解为 4 部分内容:购物季趋势分析、关键日、购物季广告产品应用以及节假日(购物季)后营销。

(1) 购物季趋势分析。

第一个分析维度:节假日(购物季)占比。须了解特定的节假日或购物季在整个年度的消费占比。

第二个分析维度:消费行为的端口、渠道占比、PC 端、移动端。

第三个分析维度:时间与周期。将整个节假日和购物季按照时间线拆解为季前、季中、季后。

根据以上 3 个维度的分析,得出如下结论:购买周期提前、季前消费金额更高;购物季活跃客户更多在移动端,通过智能手机和 App 下单交易;购物季中视频流量大幅增长;消费者的购买目的呈现多样化趋势。

以上几点统称为购物季消费者趋势。

(2) Key Date,即关键日,或者关键日期。通过对购物日程的拆分和梳理,明确每年的哪些节假日是购物的旺季和高峰;不同国家的节假日有所不同,尤其是有些地区有独特的节假日,例如爱尔兰独有的圣帕特里克节。同时要确保每个关键的节假日和购物旺季,在每个阶段都有跨屏幕、跨终端的营销行为。

① 关键日之前的很长一段时间,须执行:准备广告素材,符合节假日的广告素材,会提升广告的点击率,从而提高转化率;制订节日营销计划,包括预期销量、收入和库存管理计划;筛选并确定节日热销产品,选择符合购物季的产品,尤其是当季热销产品可以更好地提高在购物季的销售表现;确定目标受众,根据之前的投放数据,确定最优质的目标受众;持续投放搜索广告、购物广告。积累数据,以便于在正式投放时可以达到更好的效果。

② 关键日前的持续铺垫期(一般为关键日前的5～6周)须执行:持续投放搜索广告、购物广告,适当开始增量;提高事件转化类广告计划的消费,如引导注册、加入购物车,尽可能地拓宽再营销受众。

③ 关键日前3～4周,须执行:持续投放搜索广告、购物广告;转化率逐渐上升,开始集中投放引导购买和再营销广告;提高爆款广告展示;保证广告预算充足,每周预算至少上升15%。

④ 关键日当天,须执行:当日搜索广告、购物广告、再营销广告等预算达到最大化,保证预算充足,广告展示不受限;确保客户服务(在线客服、邮件回复)到位;保证网站服务器稳定。

在某些特殊的节日,例如情人节、圣诞节、万圣节,关键日的策略会有所调整。

B2B:对于B2B的企业,针对这些节日的产品,往往要考虑沟通时间、制作周期、订单物流,因此,关键日当天,甚至前一两个月并不是很好的推广时间。

B2C:对于B2C的网站,针对这些节日的产品,往往考虑物流周期。例如,从用户下单到最终收到产品需要5天,那关键日的前5天才开始推广就不合适了。

(3) 购物季广告产品应用。基于以上分析和执行策略,综合各个维度的输出,得出较为明确的针对节假日和购物季的应用结论。

基础广告投放:搜索广告、购物广告、再营销广告。

自适应广告:只需提供基础素材,即可组合与自动生成广告,并可与任何展示广告位无缝对接。

Gmail Ads:定位更多潜在消费的受众群体,将广告内容覆盖到邮件收件箱。

视频广告:更生动的广告展示,吸引消费群体,并覆盖到YouTube。

目的:保证预算不受限,着重投放爆款和易购买人群,迅速提高售额。

智能型展示广告(SDC)以实现全网覆盖,扩量人群,增加转化量。

综上所述,在节日、购物季的营销中,营销行为的核心价值目标和执行策略如下:打造爆款,创造需求;打造动态爆款,关联性、类似性爆款;跨设备、跨屏幕联动再营销;关键日购物狂欢倒计时;狂欢倒计时陈列展示;利用实时数据增强商品展示相关性;视频与横幅广告相结合。

(4) 节假日(购物季)后营销。很多企业只关注节假日的营销,而忽略节假日过后的营销。事实上节假日后的营销效果往往更明显。用户的访问行为、浏览行为、购买行为,与节假日期间都有所不同,因此所使用的营销策略也会有所差别。一般通过各种分析工具了解节日后的常见现象,并进一步准确把握节后的市场趋势,估算流量、转化情况和投入。

① 节假日后的常见现象如下。

关键字时间点把握:特别关注广告账户、GA(Google Analytics)历史数据,把握几个主要的低估及反弹时间点;节假日后,搜索请求及用户需求往往会反弹。

地区定位:历史趋势(利用 Google 趋势查看)和今年趋势(利用 Google Shopping Insight 查看)对于地区的影响,留意节日前后不同地区的搜索请求量,与历史趋势中会有所差别。

设备定位:节日前后,对使用设备的影响(利用 Google Shopping Insight 查看);节日前后,所使用的设备、设备的使用率、设备的购买比例,有所区别。

主题:留意主题,使用 Google Shopping Insight 查看主题,有助于进行 GDN(Google 展示网络)或者其他受众定位广告的定位选择。节假日前后用户对有兴趣的主题会有所区别,包括人群的兴趣、目标,人群访问的主题页面。

② 节日后营销的投放要点。

以北半球圣诞节购物季为例,圣诞节前至节日当天为购物季,圣诞节当天为关键日。

购物季结束至圣诞节结束:根据历史数据估算转化率、成本、投入及预期;适当降低预算或者筛选渠道;处理购物季积压订单;礼物季促销跟进;高转化率广告投放,包括搜索广告、购物广告、再营销广告(目的是保持现有账户表现,同时尽可能地收集再营销受众)。

节日后的转化率较购物季必然呈下降趋势,但切勿以直接降低关键字或者产品出价方式控制成本,特别是有转化的关键字(产品),以避免影响质量得分。恰当的方式为:通过地区、设备、时间段等方式进行控制。可以进行地区因素的排除、不同设备的出价策略、投放时间段的控制或者时间段的出价策略来控制成本。

适合作为礼物季的产品可以根据数据表现适当增加投入,但须考虑物流时间,以确定在"节礼日"前进行控制。适当使用 CPA(每次转化费用)等自动化出价模式进行成本控制。

圣诞节结束至新年:流量自然衰减,投入达到一年中最低。

12月27日至新年:适当恢复投入,筛选渠道,为春季做准备。

辅助广告投放:智能展示广告系列(smart display campaign,SDC)。动态搜索广告的目的是抓礼物季以适当扩大流量,适当测试冬末春初商品。

以上阶段投放的注意事项如下。

GDN 使用智能出价控制成本。

对动态搜索、动态产品广告等进行产品测试。

其他设置:地区的排除及出价策略、时间段的筛选及出价策略、设备的出价策略等(目的:淡季时期,在保有表现较好的广告前提下,尽可能控制成本)。

手机流量及转化在购物季结束后会下降,需要对其密切留意及调整。

购物决策时间及渠道拉长,跨设备转化(手机浏览、计算机下单或计算机浏览、手机下单)及归因因素(在后续的转化章节中会详细介绍归因分析)需要综合考虑。

留意地区及时间段变化。

新年(元旦)当天,流量自然衰减,投入达到一年中最低。新年结束,逐步恢复至正常季节水平;高转化率广告投放,包括搜索广告、购物广告、再营销广告(目的是在预算逐步提升情况下增加销售)。

以上阶段投放广告的注意事项如下:这一阶段预算逐步上升,在淡季时控制或者缩减的部分可以适当开启;配合网站上新,利用购物广告、动态再营销广告逐步开始新一年的新品测试;整体流量逐渐上升,再营销受众增加,配合网站促销增量再营销广告;辅助广告投放,即 GDN 使用智能出价控制成本、动态搜索、动态产品广告等进行产品测试(目的是开始测试新一季产品)。

③ 在节日后营销中,尤其应注意以下几方面。

购物旺季,特别是大力度促销折扣结束后,网站需要不断地促销跟进,稳定转化率,防止数据断崖式下跌。

推广配合需求:打造爆款。

创造需求:精选当季爆款进行产品测试,同时保证广告语、落地页风格一致。

推广配合产品:打造系列关联性爆款,由一个爆款产生一系列爆款找同款或类似款以及配套产品,用于打造关联性爆款。

6.2.2 基于地区的广告应用

1. 基于全球推广的广告应用

很多企业希望把自己的产品及服务推广到全球,而这些企业的网站一般会分成两种情况:一种是只有英语网站;另一种是有多语言网站。本节讨论的是只有一个英语网站的全球布局推广。

无论是只有一个英文网站还是多语言网站,投放全球的前提条件是要有足够的预算支撑广告在不同国家进行投放和展示。

对于 B2C 的英文网站而言,如要对全球进行投放,则网站中必须有货币转化功能,以满足不同国家不同货币的转化。

(1) 全球推广地区设置原则。首先选择在官方语言只有英语的国家进行推广;其次选择的推广地区其官方语言中英语只是其中一种的国家;最后选择官方语言非英语国家,但国人对英语接受度高的国家,例如中国、日本、泰国、意大利等。根据地区设置原则,分批对产品和服务进行推广。

(2) 全球推广语言设置原则。这里提到的语言为谷歌的界面语言,无论官方语言是英语还是非英语的国家,其界面语言一律按照当地官方语言加上英语进行设置,如图 6-6 所示。

(3) 全球推广账户系列设置原则。

- 英语区国家的单一国家匹配单一广告系列;
- 非英语区国家,但其官方语言有英语,一个国家,一个广告系列;
- 其他情况则按照时区上的不同进行分组,分不同的广告系列进行推广:同时区同一个广告系列;不同时区不同的广告系列;
- 有些国家/地区语言有非常明显的分割,需要不同的广告系列分别投放,例如加拿大就分成英语区和法语区,英语区的语言设置为英语作为一个广告系列,法语区的语言设置为法语加英语作为另一个广告系列投放。

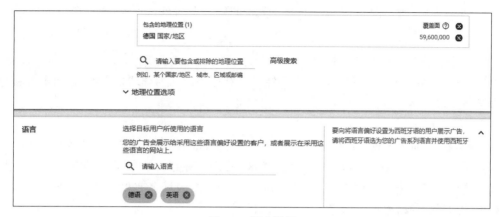

图 6-6 语言选择

不同国家用户对产品以及广告内容的关注重点有所偏差，需要区分不同的广告系列对不同的国家或地区进行投放。非英语区国家，由于总量较少，因此可以根据不同的时区划分放在同一个广告系列中。禁止把不同时区的国家或地区放在同一个广告系列进行推广。

(4) 全球推广关键字筛选原则。一般使用关键字规划师选择不同国家或地区，获取不同的关键字(图 6-7)，也可以同时使用相同的关键字列表进行投放，再根据之后数据的表现进行不同地区的关键字筛选。若使用相同的关键字列表，则关键字列表中的特定关键字必须做到较为全面(后续章节会详细介绍如何制作关键字列表)。

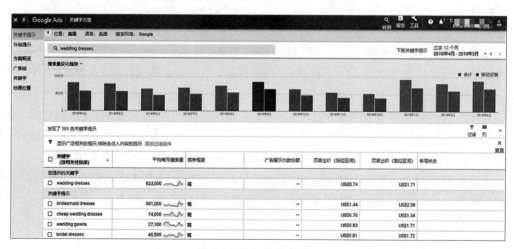

图 6-7 获取关键字提示

(5) 全球推广账户优化原则。
- 不同国家或地区关键字的表现各不相同，因此时常需要对不同国家或地区的关键字进行筛选；
- 不同国家或地区，对相同广告、产品的描述会有所差异，因此在每个广告组中至少制作需要 3 条以上的广告，为优化打好基础；
- 若一个广告系列中有多个国家或地区，在该广告系列中，其中一个地区的广告效果特别突出,则需要为该地区单列一个新的广告系列进行投放,而在原广告系列中把该地区剔除。

2. 基于多语言网站的广告应用

6.1节介绍的执行策略和具体应用是针对只有英语网站的全球推广策略,而本节将分2个步骤阐述基于多语言网站针对特定地区进行推广的应用。

(1) 网站准备。

语言翻译:使用插件,或者Google Website Translator 快速翻译,打造多语言站点。

货币:语言的选择对应相应的国家或地区,从而匹配相应的货币;不同的语言(国家或地区),货币最好能有不同的URL,这样做的好处是:二级域名有助于搜索引擎优化成效;审核PLA Feed 的时候也可以避免不必要的误判。

Help Center:Help Center 是审核的关键,并且是用户可能访问的除产品页面外最多的页面。Help Center 中内容的翻译一定要准确无误,在插件翻译后一定要检查并重写一遍,再放到网站上。

特别是以下几点一定要翻译得准确无误:

退换货地址、联系信息,对于B2B的企业,联系信息更为重要,以便于企业与用户的沟通,一般建议联系方式或联系信息有多种形式(如,E-mail、电话、实时聊天工具等);用户需要采取的措施;退货和退款的适用情形;接受退货的时间期限;用户收到退款的时长。

所有内容必须做到用户友好、容易被发现和识别,每个内容都要有直接清晰的链接指向。

产品Title(标题)和Description(描述):Title和Description是用户对网站上的文字内容最关心的部分,同时也是购物广告触发最高的匹配权重。因此,重要商品在插件翻译后一定要检查核对,并至少重写一遍。针对产品的Title和Description,最有效的方式是结合不同的语言网站所对应的地区、不同的用户搜索词,把相应的关键字插入产品的Title和Description中。

针对性的产品选择和促销:由于每个国家或地区适配的产品季节、风格各不相同,因此促销重点也不一样,较为理想的状态是能够做到网站的产品和促销针对不同国家或地区有不同的卖点和呈现形态。不同的产品针对不同的国家或地区使用不同的促销信息。

页面版位选择:一些特定国家或地区有完全不同于其他国家或地区的用户使用习惯和适配的页面风格,如阿拉伯语国家习惯靠右的网站导航,如图6-8所示。

图6-8 阿拉伯语网站靠右的网站导航

(2)广告投放。

购物广告(PLA):在 Feed 中做好国家或地区、语言及货币的对应,特别是面临审核的时候,网站系统要做好根据国家或地区的自动检测,以及对应语言和货币的自动切换。同时,确保 Google Merchant Center 中国家或地区、广告系列目标销售地区、投放地理位置 3 个设置项统一,如图 6-9 所示。

图 6-9　各地理位置设置

每个国家或地区都并非只有母语可以投放购物广告,英语或其他第二语言也能投放广告。例如,在新加坡,简体中文和英语都可以投放购物广告。

搜索广告:投放广告的时候,如有该国母语对应的网站,肯定能获得最多的流量和最好的用户体验,甚至全球本来就存在一些多语言的国家或地区,如加拿大、瑞士等。在投放广告的时候,尽可能做到多语言的关键字、广告语,覆盖最全的流量。以加拿大为例,其最佳做法如下。制作法语、英语两种语言的关键字、广告、广告系列。英语关键字对应英语广告;法语关键字对应法语广告;在选择广告系列语言的时候,无论是英语还是法语的广告系列,都把两种语言选上,以覆盖更多的人群。

针对同一国家或地区不同的语言,关键词与广告以及对应网站页面的语言必须一致,不同语言虽属同一个国家或地区,但必须分不同广告系列。

展示广告:类似于搜索广告的做法,展示广告图片、视频等内容,须做好国家或地区、语言的匹配、对应。

再营销广告:建立再营销列表的时候,就可以区分不同国家或地区及语言建立目标受众,之后更有针对性地投放。针对不同国家或地区及语言的目标受众,投放不同语言的广告,同时针对不同的受众喜好,进行广告投放。

6.3 搜索引擎付费广告与其他营销渠道的互动

6.3.1 搜索引擎付费广告与搜索引擎优化及新闻稿PR、维基百科

1. 广告与搜索引擎优化

通过前面章节,我们已经充分了解和明确了搜索引擎优化的含义。搜索引擎优化简单说就是让搜索引擎可以找到网站并收录页面,可以有效增加被搜索的概率,并提升排名的机会,达到扩大并优化网站传播的效果。而广告位,搜索引擎营销,带广告标识,包括关键字和PLA两种形式。通过付费点击,可短时间内快速带来流量。显然,搜索引擎优化与付费广告具备一定的重叠领域、关联性、交叉度,甚至还呈现了显性的联动性和叠加效应。很多企业会认为搜索引擎优化与搜索广告存在一定的竞争,其实在特定的维度上,搜索引擎优化与广告又呈现了互补的状态。

(1)搜索引擎优化与搜索广告的对比见表6-2。

表6-2 搜索引擎优化与搜索广告的对比

渠道	优势	劣势
搜索引擎优化	一次进行大量关键字优化;长期成本低,优化后关键字效果长期有效;自然结果较广告结果用户接受度更高	见效慢,最少需要两三个月;受搜索引擎算法影响大,控制力度小;工作量大,站内技术及站外外链所需人员多
搜索广告	见效快,投放后产出立即可见;效果把控与调整迅速,即时可控性高;运用自动化工具减少了工作量	CPC成本越来越高;大量投放物料,需要更多的人员准备及维护;需要长期、大量、不间断地投入成本

根据行业特点、推广目标等,结合两种渠道的优劣势,合理地进行渠道挑选以及关键字投入分配。无论是搜索引擎优化还是搜索广告,其核心都是关键字,而不同点在于关键字的分配。使用哪种关键字执行搜索引擎优化效果更好,使用哪种关键字做搜索广告更有效,这才是互补效果体现的内核。

(2)搜索引擎优化与广告联动互补场景。

可以综合梳理出如下广告与搜索引擎优化联动互补的应用场景。

① 网站推广初期:在此情景下,网站需要尽快获得流量及转化,并以此为依据和素材测试流量到网站后是否可以带来转化、网站是否可以承接客户的转化。此刻,搜索引擎优化由于产出效果有时间的限制,因此在初期应运用搜索广告立即投产。

② 事件营销:需要在短期内进行大量投放、博取产出;如黑色星期五。由于事件营销是阶段性投放,因此不适合搜索引擎优化,此时应运用广告短期内大量投入。

③ 搜索引擎优化进行一段时间后,由于算法的变动或者网站的内容变化,以及市场的竞争格局变动产生的影响,某些关键字如果仍不能获得较好的效果(关键字并没有优化到足够高的排名),此时可以运用广告进行补充。

④ 某些投放在搜索广告的关键字,其效果较为明显(订单转化、询盘转化都较多),但由于竞争较为激烈,这些由于高竞争导致高CPC的关键字需要长期推广,这些关键字更适合

搜索引擎优化。

⑤ 有些不适合广告直接推广或者受限较多的产品，如情趣内衣，可以用搜索引擎优化进行推广。

⑥ 对于竞品词而言，更适合关键字搜索广告，但是要注意，竞品词的广告必须与品牌词的广告一致，不可以使用关键字嵌套工具，以免竞争对手品牌名出现在自身的广告内容中。

总之，搜索广告可以为搜索引擎优化产生有效关键字，并且进行关键字效果的快速测试；搜索引擎优化可为这些关键字创造内容，达到最有效的整体搜索引擎营销效果。

2. 广告与新闻稿

新闻稿作为公共关系的表现形态、工具和软性广告载体的一种形式，根据同样的原理，与广告具备重叠领域、关联性、交叉度，甚至还呈现了显性的联动性和叠加效应。

（1）新闻稿在搜索引擎上的表现。如图 6-10 所示，新闻稿出现在搜索引擎结果页中，在互联网宇宙生态中，每天都会有成千上万的新闻稿发布，如何让最终用户看到新闻稿，往往取决于搜索引擎上的表现，而新闻稿与搜索引擎上的联动，最终又回到了关键字这一重要环节，即以关键字触发新闻稿。

图 6-10　新闻搜索结果展示

新闻稿不单单是自然搜索结果的一部分。Google 本身也提供新闻搜索频道服务。更好地让新闻稿得到展现、保持新闻稿定期发布频率，并对新闻稿进行优化、保持在关键字搜索结果中的露出率，是新闻稿与广告联动的最基本要求。

（2）如何优化新闻稿。

① 标题优化：新闻稿不同于网站，标题一般都是符合新闻稿件或者软文稿件的内容，

但对标题的优化,一般可以采取嵌入关键字的方式,让其与搜索引擎有更好的联动。

② 摘要优化:新闻稿中的摘要往往是这篇文章中的精髓,因此其摘要受搜索引擎抓取时权重较高,所以在摘要中尽可能地让关键字进行嵌入。

③ 图片优化:指的是在图片描述的文字中插入品牌关键字或者产品关键字。

④ 正文优化:一般情形下,正文内会多次出现关键字的植入。

⑤ 关键字选取:新闻稿一般采取品牌或产品或服务相关的关键字;软文类一般采取事件、活动相关的关键字。新闻稿或软文,其关键字都不建议使用主旨关键字,而是拓展的关键点。一般新闻稿使用的是内容植入关键字,而软文使用以关键字创造内容。

(3) 如何衡量新闻稿的效果。衡量新闻稿的效果,一般查看发布后的新闻稿被新闻源采集的数量,如图 6-11 所示。

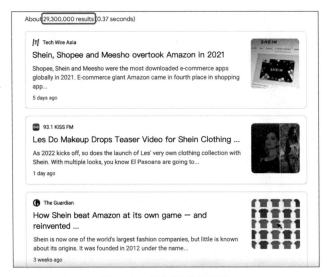

图 6-11 新闻源采集数量

发布的新闻稿文章从新闻搜索结果提升到网页搜索结果,也是衡量效果的一方面,如图 6-12 所示。

图 6-12 网页搜索结果页中的新闻稿

根据稿件的不同类型、发布目的,选择更合适的媒体频道,最后结合关键字进行内容的撰写和发布,如图 6-13 所示。

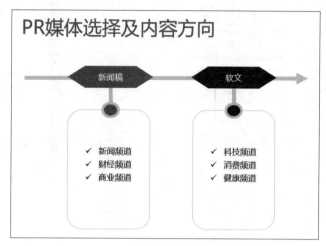

图 6-13　新闻稿内容及媒体频道选择

(4) 搜索广告与新闻稿联动。搜索广告的目的是吸引用户访问网站并带来最终转化,而对于一个用户来说,最终是否转化为网站的客户,主要取决于品牌知名度以及媒体的关注度。在此情景下,显然新闻稿件的媒体公信力较高,因此,搜索广告与新闻稿同时出现在搜索引擎结果页中,可以大大提高用户对网站或产品的辨识度、认可度和采信度,从而提高搜索广告转化率。

搜索广告与新闻稿联动的场景如下。

① 事件营销:搜索关键字与新闻稿所使用的关键字,配合事件性的关键字。

② 活动营销:针对线上或线下活动,使用活动类关键字做活动类关键字广告,而在软文或新闻稿件中插入该类关键字,可达到在该类关键词搜索结果的文章中同时出现此类关键字的效果。

③ 产品及服务:针对爆款产品、最有优势的服务,使用新闻稿或软文嵌入相关关键字,使用关键字广告针对键入的关键字,制作与软文或新闻稿内容匹配的广告,达到上下呼应、内外映射、层叠嵌套的效果,提高网站中产品及服务的转化。

④ 品牌专题页:在新闻稿中嵌入品牌关键字,并不断地更新、发布以企业品牌的动态为内容的新闻稿件,与品牌关键字广告形成呼应。

3. 搜索广告与维基百科

维基百科(Wikipedia)是全球应用最广泛的网络百科全书项目,特点是自由内容、自由编辑,它是当前全球网络生态中最大且最受大众欢迎的参考工具书,名列全球十大最受欢迎的网站。维基百科当前由非营利组织维基媒体基金会负责营运。Wikipedia 是混成词,分别取自网站核心技术 Wiki 以及英文中百科全书之意的 encyclopedia。

结合维基百科自身的网络百科全书的属性和表现形态,并结合前文所述的原理,同样可以梳理出与广告具备重叠领域、关联性、交叉度,甚至还呈现了显性的联动性和叠加效应,以及相对应的内核与逻辑。

维基百科的结果会出现在搜索结果中。特别是对于品牌名,在不触发左侧购物广告位的时候,维基百科及商家资料会占据搜索结果的一大块面积,如图 6-14 所示。

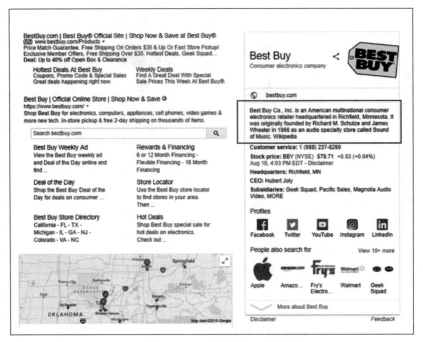

图 6-14　搜索结果中的维基百科内容

同时,搜索引擎更偏爱维基的内容,可以有效提高网站权重。

所以,针对这一互动逻辑,在实务操作中,须创建词条,将相关关键字适当插入内容中,如图 6-15 所示。

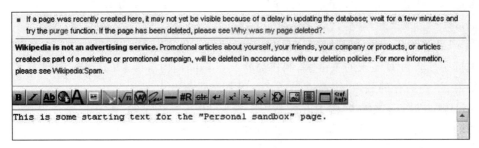

图 6-15　创建维基百科词条

编写维基百科,必须是客观的内容,并且其内容必须有可识别、可核查、可验证的信源或新闻出处,因此可结合新闻稿件内容进行撰写。维基百科中须尽可能地包含品牌、相关品牌、相关产品及服务。在搜索广告投放策略中针对会触发维基百科的关键字,尽可能地让广告排名排在首位。

6.3.2 搜索引擎付费广告与SNS(FB、Twitter)

SNS(social networking services,"社交网站"或"社交网")也指 social network software,即社交网络软件,是一个采用分布式技术,通俗地说是采用P2P(peer to peer)技术构建的下一代基于个人的网络基础软件。

1967年,哈佛大学的心理学教授 Stanley Milgram(1933—1984)创立了六度分隔理论,简单地说:"你和任何一个陌生人之间所间隔的人不会超过6个,也就是说,最多通过6个人你就能够认识任何一个陌生人。"按照六度分隔理论,每个个体的社交圈都不断放大,最后成为一个大型网络。这是社交网络(social networking)的早期理解。后来有人根据这种理论创立了面向社交网络的互联网服务,通过"熟人的熟人"进行网络社交拓展。

但"熟人的熟人"只是社交拓展的一种方式,并非社交拓展的全部。因此,一般的SNS,其含义远不止"熟人的熟人"这个层面。多数社交网络会提供多种让用户交互起来的方式,可以为聊天、寄信、影音、文件分享、博客、新闻组等。例如,根据相同话题进行凝聚、根据爱好进行凝聚、根据学习经历进行凝聚(如 Facebook)、根据职业生涯和行业属性进行凝聚(如 LinkedIn)。

本节将讨论并阐述搜索引擎广告与社交网站 Facebook、微博客 Twitter 及视频信息网站 YouTube 的关系与交互逻辑。

1. 搜索引擎搜索结果内容中的社交内容

伴随社交生态、功能在互联网日常使用中的比重不断提升,搜索结果中也出现了大量社交网站的内容,如图6-16所示。

无论是 Facebook 还是 Twitter,甚至是 YouTube 上的视频内容在搜索引擎结果页上的权重都相对较高。

社交媒体上的内容在搜索引擎呈现的结果存在同一社交媒体账号中单条或多条内容同时出现在一次搜索结果中的情况。

2. 搜索广告与 Facebook 的互动

Facebook简介中的前70个左右的字符会被搜索引擎自动抓取展示在结果中,所以,在这样一段文字表达中,可以合理插入关键字,如企业的销售产品配合热门趋势的关键字展示出来,在凸显品牌名的时候告诉用户企业的产品,如图6-17所示。

(1) 品牌应用场景。搜索广告与社交内容相互对应,让搜索用户在由上至下浏览搜索结果的时候,持续保持对品牌、产品等关键信息的印象,可以采取修改搜索广告或修改 Facebook 简介的方式,达到呈现的效果,如图6-18所示。

(2) 产品广告应用场景。完善 Facebook 专页里的信息,带上产品关键字,也称为 Facebook 内搜索引擎收录的一部分,即在帖子内容中适当插入关键字及链接,帮助搜索引擎进行收录,图6-19所示。

Facebook 的内容发布同样可以采取产品关键字的嵌入,与搜索广告相互呼应,在 Facebook 中表达与搜索广告中一致的折扣促销信息。在事件及活动营销中常常也会使用以上方式,达到广告与社交媒体的事件呼应。

CHAPTER 6

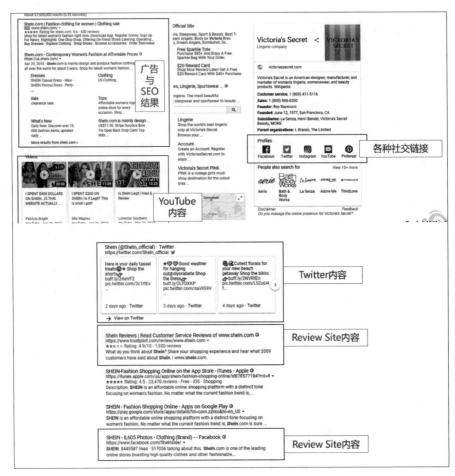

图 6-16 搜索结果中的各种 SNS 内容

图 6-17 SNS 内容中的关键字在搜索结果中的呈现

第 6 章 搜索引擎付费广告策略及应用

图 6-18 广告内容与 SNS 结果的呼应

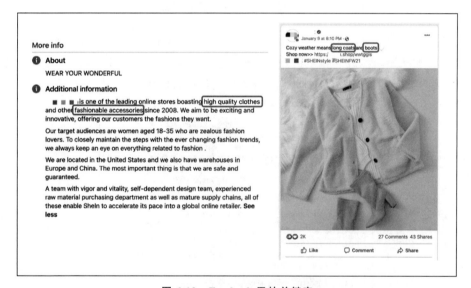

图 6-19 Facebook 里的关键字

（3）再营销广告运用场景。不单只是 Google 的再营销广告，适当利用 Facebook 的再营销系统覆盖 Facebook、Instagram 以及 Facebook 网盟里的更多的站点和 App，进行再营销广告的曝光。

现在用户的访问习惯主要还是碎片化访问的形态，不仅仅只会在某一个渠道、某一个网站进行浏览，每个用户浏览路径完全不同，使用与 Facebook 再营销的广告联动，可以实现人群的跨渠道营销、全方位的广告渠道覆盖，做到广告跟着人走，如图 6-20 所示。

3. 搜索广告与 Twitter/YouTube 的互动

（1）搜索广告与 Twitter 的互动。类似 Facebook，Twitter 被抓取展示的内容，除了在关键字上，也需要与广告语呼应。

由于 Twitter 的帖子能直接被展示出来，因此企业可以将广告附加链接与帖子内容结

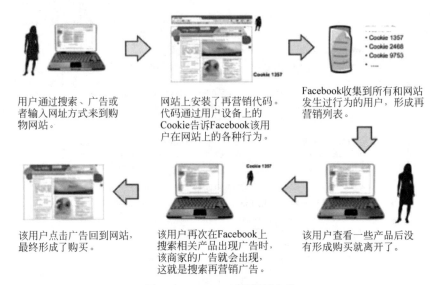

图 6-20　Facebook 再营销广告

合,展示更多的信息。展示出的帖子并非只是时间线上最新发的帖子,帖子越多,互动质量越高,搜索引擎越倾向抓取展示。因此,搜索广告与 Twitter 的呼应,应时刻关注搜索引擎关键字搜索结果中对 Twitter 的抓取,从而调整搜索广告的内容,如图 6-21 所示。

图 6-21　广告内容与 Twitter 内容的呼应

(2) 搜索广告与 YouTube 的互动。同理,类似 Facebook、YouTube 频道简介中的内容会被搜索引擎自动抓取展示在结果中。同样,在这段文字中,可以合理插入关键字,如我们的销售产品配合热趋势的关键字展示出来,在凸显品牌名的时候告诉用户我们的产品,如图 6-22 所示。

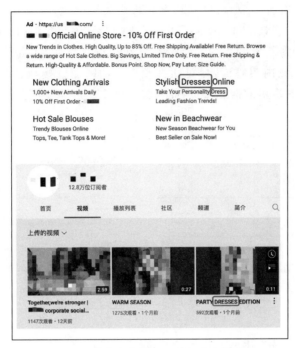

图 6-22　搜索广告与 YouTube 内容的呼应

由于 YouTube 是 Google 控股并实际控制的子公司，其自身频道里的一些视频都能直接被展示出来，因此我们可以将广告附加链接与视频内容结合，展示更多的信息，如图 6-23 所示。

图 6-23　YouTube 视频内容在搜索结果中的呈现

由于视频的预览图及 Title 都会被展示出来，因此在制作和发布视频的时候需要留意这方面内容,其浏览图的内容尽可能与搜索广告中关键字触发后的广告内容相呼应,上传的预览图片对应产品,视频的 Title 尽可能与广告的标题内容相似,形成呼应。展示出的帖子并非只是时间线上最新发的视频,视频越多,互动质量越高,搜索引擎越倾向抓取展示。对于品牌关键字的视频内容呼应,尽可能搜索广告的附加链接与视频内的产品内容相呼应。完善 YouTube 频道里的信息,适当插入关键字。一定要使用关键字作为 Tag,打好标记,如图 6-24 所示。

图 6-24　YouTube 频道内容

在 YouTube 视频标记中插入关键字,有助于搜索引擎对该视频的内容进行抓取及分类,从而在搜索对应关键字时在搜索引擎结果页展示。

6.3.3　搜索引擎付费广告与 EDM

EDM(email direct marketing,电子邮件广告)简称为 Email Marketing。电子邮件营销(email marketing)是一种以电子邮件为载体和渠道,传递商业或者募款信息到其受众的直接销售模式。广义上,每封电子邮件发送到潜在或现有客户都可视为电子邮件营销。然而,该术语通常指:递送目的在于强化商家与其现行或者旧有顾客,以及鼓励客户忠诚于连续光顾的电子邮件;递送目的在于吸引新顾客或者说服老顾客立即购买某项商品的电子邮件;在其他公司对他们顾客的电子信函中夹带广告;通过互联网发送电子邮件。

约 90% 的人每天至少使用 1 次 E-mail,E-mail 平均约占用人们 30% 的工作时间,所以说 E-mail 是现代人使用最多的网络应用之一。

本节将以 Google 的邮件产品 Gmail 为标的,描述和阐释搜索引擎广告和 EDM 的关系和交互。

1. Gmail Ads

Gmail 是全球最受欢迎的 E-mail 应用,在全球拥有以数十亿计的用户。Gmail Ads 作为展示广告的一种,其广告定位并非邮件本身,而是用户。

(1) Gmail Ads 的概念。Gmail Ads 是在收件箱标签顶部展示的一种互动式广告。它会像电子邮件一样展开。展开的广告可以包含图片、视频或嵌入式表单等内容。

(2) Gmail Ads 的展现形式。广告的展现形式：根据用户受众特点精准推送广告，同时配合常规 EDM，增加曝光量、用户印象度以及更多内容的展示，如图 6-25 所示。

图 6-25　Gmail 广告位置

桌面端广告的展现形式，如图 6-26(a)所示。移动设备上的展现形式，如图 6-26(b)所示。

(a) Gmail广告桌面端（一）

(b) Gmail广告桌面端（二）

图　6-26

(3) Gmail Ads 的工作原理。Gmail Ads 先以折叠形式展示。在有人点击广告时，它会启动广告客户的着陆页，或者展开至和电子邮件一样的大小。用户可采取不同方式与展开的广告互动，具体取决于广告版式。可以播放视频、填写表单、点击进入广告主的网站，或者(如果用户正在使用移动设备)点击通话或点击进入应用市场。

广告收费方式：用户与展开的广告互动时不会收取费用，只在用户第一次点击展开广告时收取一次费用。用户还可以将展开的广告作为电子邮件转发给其他人，其他人点开被转发的广告邮件不收取费用。

（4）Gmail Ads 的广告内容。单一可点击图像广告：单一的图片及简介的文字呈现丰富且直接的视觉效果，如图 6-27(a)所示。含内容描述的单一产品促销广告：向使用者提供咨询、大力推广热门产品，如图 6-27(b)所示。含号召性文字的产品展示广告：展示多种产品或服务，提升多项业务的参与度与销售量，如图 6-27(c)所示。

(a) 单一可点击图像广告　　　　　　　　(b) 含内容描述的单一产品促销广告

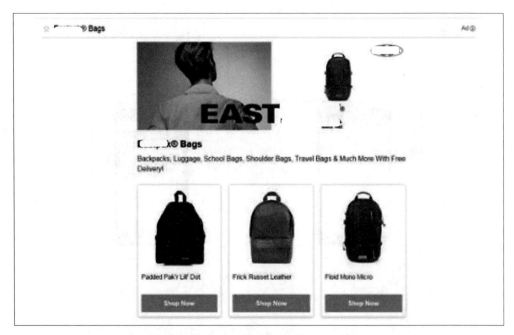

(c) 含号召性文字的产品展示广告

图 6-27

2. Gmail Ads 定位

(1) Gmail Ads 的定位方式。

① 受众特征(年龄/性别/收入):可以根据用户的人群、年龄、性别、收入进行定位,但该定位为辅助型定位,不建议独立定位投放广告。

② 地理位置/语言:可以根据用户的地理位置以及使用的语言进行定位,该定位方式为辅助型定位,是使用账户设置进行定位,不可独立定位投放广告。

③ 设备:可以根据用户所使用的设备进行定位,但同样属于辅助型定位,不可独立定位投放广告。

④ 有具体兴趣/兴趣相似人群:可以根据用户邮件列表中的内容分类主题或从邮件中分析出用户的兴趣,根据兴趣群体进行人群定位,兴趣相似。举例说明,运动服装的广告主,类似兴趣相似人群则是跑步爱好者,该定位方式为主定位方式,可搭配辅助型定位方式,进行更精准的人群定位。

⑤ 关键字:可以根据用户邮件内的内容、标题,以关键字的方式进行定位,该定位方式为主定位方式,可搭配辅助型定位方式进行更精准的人群定位。

⑥ 再营销:可以根据账户中的再营销列表人群进行定位。

⑦ 邮件列表:可以根据之前上传至账户中的邮件名单列表进行定位,具体的添加列表操作如图 6-28 所示。

图 6-28 上传设置客户的 E-mail 列表

(2) Gmail Ads 向 Gmail 用户定向推送 EDM。

① 向竞争对手的客户推荐:Gmail Ads 可以使用关键字定位,使用竞争对手的品牌,针对竞争对手的用户进行定位。

② 向所有最近在网络上购买过指定产品(例如纹身墨水)的用户推送:可以使用有具体兴趣的人群定位方式,通过定位购买过纹身墨水的用户进行定位。

③ 向所有在最近 300 封邮件里讨论明年结婚的新人推荐婚纱、礼品、服饰:可以使用关键字定位方式或主题兴趣定位方式,并配合年龄和性别的辅助定位方式,进行人群定位。

④ 向老用户推送新产品电邮:可使用邮件列表方式进行定位。

⑤ 向曾经购买过休闲男装的客户介绍一款米兰时装周上的新款：可使用邮件列表方式或在营销方式进行定位。举例：向法国千万 Gmail 账户中针对想购买汽车用户的推送广告。

⑥ 地区设置为法国，语言设置为英语与法语。

⑦ 年龄设置为 25 岁以上，性别不限，收入为中高收入人群。

⑧ 使用兴趣受众群体进行定位，不勾选兴趣相似群体。

强大的定位方式：Gmail Ads 虽然是 GDN 的一种，但并非支持 GDN 的所有定位方式（主题、展示位置、部分兴趣类型无法定位）。但是，比起至少需要获得用户 E-mail 地址的传统邮件营销方式，Gmail Ads 的覆盖面已经大大增加。

3. Gmail Ads 报告

完善的账户报告：从中可以看到营销邮件特有的数据。

Gmail 点击访问网站次数：广告是否可以吸引用户点击广告中的链接访问网站。

外部 Gmail 点击率：即 Gmail 点击访问网站次数与点击次数的比值。如果这封广告邮件在收件箱内点击打开的量较高，但"Gmail 点击访问网站次数"较少，则意味着需要在广告邮件中添加一些创意修饰，增加引导至网站的吸引力。

4. 创建 Gmail Ads

Gmail Ads 本质上也属于展示广告的一种，广告系列、广告组、定位方式等设置大同小异，其中不同的设置有以下几方面。

（1）新建 Gmail 广告系列。如图 6-29 所示，选择 Gmail Ads 标签，新建 Gmail 广告系列。

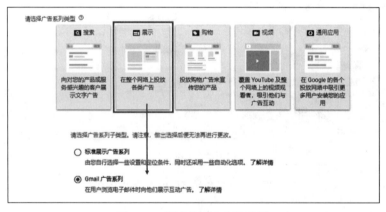

图 6-29 新建 Gmail 广告系列

（2）制作广告组。

定位选择：并非支持展示广告 GDN 的所有定位方式（主题、展示位置、部分兴趣类型无法定位），如图 6-30 所示。

在不做其他限制的前提下，可以定位全网 Gmail（一般情况下，不做该类推广）。

（3）广告制作。在账户后台已经能够制作简单的邮件板块，形成一封类似邮件的营销广告。当然，也可以自定义 H5 的模板，制作更丰富的内容，如图 6-31 所示。

制作完广告后，可以在右侧预览广告，如图 6-32 所示。

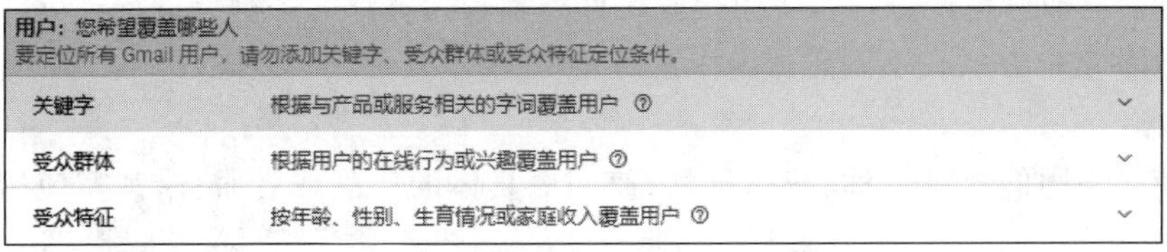

图 6-30　Gmail 广告定位方式的选择

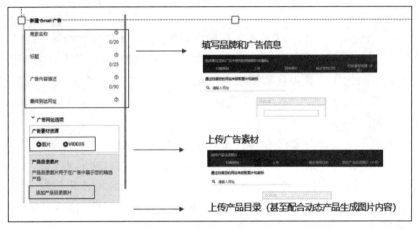

图 6-31　制作并上传广告内容

图 6-32　预览广告

5. 优化 Gmail Ads

Gmail Ads 与搜索广告有所不同,它属于展示广告,而要让 Gmail Ads 达到更好的效果,人群的定位优化、出价策略的优化以及广告创意的优化,是最重要的。

(1) 人群的定位优化。定位优化的总思路:由宽到窄配合 A/B 测试。

① 广泛定位。

CHAPTER 6

关键字:类似房地产、家具,使用行业名称类型较为宽泛的关键字进行定位。

使用多种定位方式在不同广告组中进行定位。

② 精细定位。

关键字:不同的楼盘名称、按揭贷款,使用更具体的产品或者服务,甚至使用相关关键字进行定位。

多种定位方式在同一个广告组中叠加使用,使得人群定位更为精准。

推广时需要针对两种定位方式进行广告创意区分。

(2) 出价策略的优化。

在投放开始,出价调整需谨慎;考虑对不同层次的客户进行不同梯度的调价,越精准的客户,调整的价格幅度越低;在广告系列获得 20~40 个转化后,建议使用目标每次转化费用出价。

(3) 广告创意的优化。必须将数据报表转化成优化策略。若发现虽点击缩略图但不进行第 2 次点击的人很多,这就意味着广告无法吸引用户进行点击,建议调整内容语句,增加更多的号召性(call-to-action)文字。

缩略图的优化:文字部分要激起客户了解更多产品详情的兴趣,并要阐述清楚产品的特性以及信息(价格);文字部分的广告要更积极进取,建议去每个行业的标准网站或龙头网站,找寻最合适的描述,例如 Shop today and save 20%;标题可使用问句形式,文字要保证传递关键信息。例如推广应用可使用"立即下载",推广影片可使用"马上观看"。

展开图的优化:展开图不是放大版的缩略图,是迷你版的着陆页;至少一个月更新一次;图片尺寸建议为 16px;利用对比颜色突出重点,与品牌颜色色调一致;建议字号不小于 14;文字应简洁,保持在 2~3 行或者 2~3 段。

(4) 不同营销目标的优化策略。以品牌为主和以转化为主的目标及优化策略完全不同。以品牌为主的目标,更多的要展示广告,让更多的用户看到广告,提升对产品、品牌的认知;以转化为主的策略则更多的是定位精准,带更多用户到网站中进行最终的转化。

以品牌知名度为目标:

广告的颜色需要与竞争对手区分,选用风格一致的视觉元素;制作促使行动的信息,广告中要重点提及与品牌可产生互动的行为;更要考虑文中的文字如何鼓励客户转发该邮件广告;可以在展开版广告中加入视频,给用户以沉浸式的体验。

以转化为营销目标:在文字中至少包含一处促使行动的信息;在创意中强调折扣优惠信息和促销信息;在文字中要考虑人群定位的用户有所呼应,例如营销列表中访问过网站,加入购物车,但没有形成订单的用户,要考虑其为何加入了购物车却没有进行购买,其原因很有可能是价格或者物流导致,此时对应的 Gmail Ads 可以针对这部分用户给出首次购买免运费优惠,或者给予独立的优惠。

(5) 移动端的优化。由于移动端使用率的增加,而移动端的广告展现形式有别于 PC 端、屏幕尺寸以及用户使用行为的不同,并且移动端属于自身独特的转化目标,例如拨打电话、应用下载,因此移动端的优化需要更为细致。

移动端的出价:可以先参考其他广告系列进行调价,根据其他广告系列实际的数据表现优化出价。

缩略图:由于广告只会出现一行,因此具有竞争的产品信息或者促销信息尽可能在前

40个字符中体现,如果有专属于移动端的转化,建议在文中提及。

展开图:图片尺寸必须适合小屏幕,确保关键的信息无须翻页。如有按钮,必须易于点击。

移动端的广告,可使用视频的内容、资讯信息的链接,不可使用表单以及只适于一种屏幕尺寸的图片。

6.4 案例

6.4.1 节日营销创意案例

(1)某时尚站点,在黑色星期五前通过使用多渠道(包括搜索广告、购物广告、展示广告、在营销广告等)扩展,从11月中上旬开始逐步提升流量和转化次数,并在促销日当日达到最高峰,如图6-33所示。

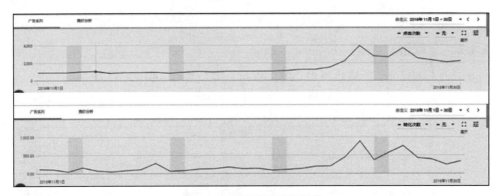

图6-33 节日营销时间把控

(2)文字创意:在广告文字中加入节日信息和促销信息。倒计时的时间可增加紧迫感,提升点击率,如图6-34所示。

图6-34 节日营销文字创意示例

(3)图片创意:在图片中加入节日信息和促销信息。倒计时的时间可增加紧迫感,提升点击率,如图6-35所示。

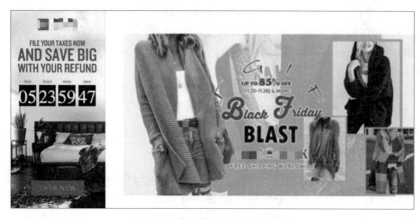

图 6-35　节日营销图片创意示例

6.4.2　全球推广案例

(1) 广告系列设置：多地区多语言分广告系列进行投放，如图 6-36 所示。

广告系列状态：所有已启用的　添加过滤条件　　列　下载　展开

广告系列	状态	广告系列类型	出价策略类型	投放网络	投放方式	广告轮播	广告系列开始E	广告系列结束E	语言	地理位置	广告投放时间
	有效	搜索	尽可能争取...	Google 搜索	标准	优化：优先展示效果最佳的广告	2018年4月23日	无	英语	Myanmar (Burma); Indonesia; (还有4个)	所有日期，上午6:00-下午11:00，调整的出价
	有效	搜索	尽可能争取...	Google 搜索	标准	优化：优先展示效果最佳的广告	2018年4月23日	无	英语	Singapore	所有日期，上午6:00-下午11:00，调整的出价
	有效	搜索	每次点击费...	Google 搜索	标准	优化：优先展示效果最佳的广告	2018年4月3日	无	英语	Kenya; Nigeria; South Africa	自定义投放时间，调整的出价
	有效	搜索	每次点击费...	Google 搜索	标准	优化：优先展示效果最佳的广告	2018年5月8日	无	英语	Australia	所有日期，上午4:00-下午10:00
	有效	搜索	每次点击费...	Google 搜索	标准	优化：优先展示效果最佳的广告	2018年4月3日	无	英语	Brazil	自定义投放时间，调整的出价
	有效	搜索	尽可能争取...	Google 搜索	标准	优化：优先展示效果最佳的广告	2018年4月3日	无	葡萄牙语	Brazil	自定义投放时间，调整的出价
	有效	搜索	每次点击费...	Google 搜索	标准	针对转化进行优化（不支持）	2018年4月23日	无	葡萄牙语	Brazil	自定义投放时间，调整的出价
	有效	搜索	尽可能争取...	Google 搜索	标准	优化：优先展示效果最佳的广告	2018年7月15日	无	英语	Kenya; Nigeria; South Africa	全天
	有效	搜索	尽可能争取...	Google 搜索	标准	优化：优先展示效果最佳的广告	2018年7月15日	无	英语	Brazil	全天
	有效	搜索	尽可能争取...	Google 搜索	标准	优化：优先展示效果最佳的广告	2018年7月15日	无	英语	United States	全天
	有效	搜索	尽可能争取...	Google 搜索	标准	优化：优先展示效果最佳的广告	2018年7月15日	无	葡萄牙语	Brazil	全天
	有效	搜索	每次点击费...	Google 搜索	标准	优化：优先展示效果最佳的广告	2018年5月9日	无	西班牙语	Colombia	自定义投放时间，调整的出价
	有效	搜索	每次点击费...	Google 搜索	标准	优化：优先展示效果最佳的广告	2018年5月9日	无	西班牙语	Spain	自定义投放时间，调整的出价
	有效	搜索	尽可能争取...	Google 搜索	标准	优化：优先展示效果最佳的广告	2018年7月19日	无	德语，意大利语（以及另外3个）	Austria; France; （还有12个）	全天，调整的出价

图 6-36　多地区多语言分广告系列设置示例

(2) 关键字设置：相同关键字在不同国家或地区的效果表现不同，需要区别对待进行优化，这也是为什么在前期需要对关键字进行调研并分析的原因，如图 6-37 所示。

(3) 广告创意：相同广告文字在不同国家或地区的效果表现不同，需要针对不同国家或地区进行针对性的撰写和不断的优化，如图 6-38 所示。

6.4.3　搜索广告与其他营销方式的联动

(1) 广告与新闻稿的互动，如图 6-39 所示。

第 6 章 搜索引擎付费广告策略及应用

图 6-37 多地区多语言关键字设置示例

图 6-38 多地区多语言广告创意设置示例

图 6-39 广告与新闻稿互动示例

（2）广告与 Twitter、YouTube、Facebook、Instagram 等社交平台的互动，如图 6-40 所示。

6.4.4 Gmail 广告创意

（1）多产品广告，如图 6-41 所示。

（2）单图广告，如图 6-42 所示。

（3）图片＋按钮广告，如图 6-43 所示。

图 6-40　广告与社交平台互动示例

图 6-41　Gmail 多产品广告示例

图 6-42　Gmail 单图广告示例

图 6-43　Gmail 图片＋按钮广告示例

练习题

1. 选择题（不定项）

（1）以下哪种在线广告产品不适合 B2B 推广？（　　）
　　A. Google 搜索广告　　　　　　　　B. 再营销广告
　　C. 购物广告　　　　　　　　　　　　D. Bing 搜索广告

（2）以下哪些是 B2B 推广在测试期的关注点？（　　）
　　A. 流量及流量成本　　　　　　　　B. 转化量和转化成本
　　C. 在网站上直接成交订单数量　　　D. 展示广告的效果

（3）以下哪些不是 B2C 推广测试期的目标？（　　）
　　A. 筛选有效关键字　　　　　　　　B. 提升转化数量
　　C. 降低转化成本　　　　　　　　　D. 筛选有效产品

（4）以下哪项不是 B2B 推广在运营期的重点策略？（　　）
　　A. 优质流量筛选　　　　　　　　　B. 再营销广告优化
　　C. 品牌词广告优化　　　　　　　　D. 购物广告增量

（5）以下哪些是购物季趋势所要分析的维度？（　　）
　　A. 购物季消费占比　　　　　　　　B. 消费行为端口
　　C. 购物价格倾向　　　　　　　　　D. 购物季时间周期

（6）以下哪些是购物季的趋势特点？（　　）
　　A. 购买周期提前　　　　　　　　　B. 移动端订单增多
　　C. 视频流量增长　　　　　　　　　D. 购买目的多样化

（7）以下哪种国家或地区季语言设置方式不宜进行推广？（　　）
　　A. 加拿大法语地区一个广告系列，英语地区一个广告系列

B. 非英语区国家或地区,但其官方语言带有英语,一个国家或地区,一个广告系列
C. 按时区组合语言,相同国家或地区设置在同一广告系列中
D. 英语区国家或地区全部放在一个广告系列中

2. 简答题

(1) 简述 B2B 类搜索引擎广告推广 3 个阶段的主要内容。

(2) 小明计划向全球主要英语国家或地区销售女装,请制订各阶段的推广计划,包括地区定位、推广产品选择、阶段性目标。

(3) 举例说明客单价与产品单价的区别。

(4) 小明面向美国销售女装,黑色星期五即将来临,一直到新年结束,请制订 11 月、12 月全月至第二年 1 月初的推广计划,包括各时间阶段的策略、目标、广告产品的选择以及操作方式。

(5) 简述多语言网站建设的要点。

(6) 小明进行手机销售网站的推广,如何做到在用户搜索网站域名关键词的时候,搜索结果中尽可能多地出现该网站的内容?

答案

1. 选择题(不定项)

(1) C　(2) AB　(3) AD　(4) D　(5) ABD　(6) ABCD　(7) D

2. 简答题

(1) 参见 6.1.1 节中相应内容。

(2) 要点:3 个阶段的推广目标阐述明确;各阶段的广告产品选取合理;其他设置选项言之有理。

(3) 参见 6.1.1 节中"1.测试期"中"(2)测试期产品挑选原则"中相应内容。

(4) 要点:各主要时间点(段)安排完整及准确;各时间段策略目标阐述合理;各时间段广告产品选择合理;广告操作要点准确。

(5) 参见 6.2.2 节中"2.基于多语言网站的广告应用"中"(1) 网站准备"相应内容。

(6) 要点:广告、SEO、新闻稿、社交等各部分内容阐述完整;操作要点描述准确。

第 7 章
搜索引擎基础营销广告效果评估及优化

7.1 Google Ads 转化跟踪与设置[1]

7.1.1 为什么要进行转化跟踪

1. 转化跟踪的内涵

转化(通常又称作"转换")是指指定的对自身业务有价值的特定用户操作,当用户与广告或者在任何渠道进行了互动,然后执行了某项特定操作时,例如将商品加到购物车或者留下联系方式,就计为一次转化。转化包括但并不限于购买产品、注册成为用户、给广告主致电、邮件咨询或者下载应用等所有"有价值的行为"。

转化跟踪是 Google Ads 的一款免费工具,在搜索引擎用户形成上述转化时,对用户的转化行为进行记录、跟踪和分析,以帮助广告主了解用户行为及其对应的一系列指标。

对于广告主来说,转化跟踪是强大且

---

[1] Google Ads 帮助. 转化跟踪简介-Google Ads 帮助 [DB/OL]. https://support.google.com/google-ads/answer/1722022,2019。

有效的工具,可让广告主确定广告系列,为业务带来潜在客户、销售、下载、电子邮件注册和其他关键操作的效果。通过转化跟踪记录的数据可定向地确定广告系列的哪些区域正在运行或无法正常运作,因而有针对性地相应优化出价、广告文字和关键字。

根据业务和产品的形态,当客户通过网站进行购买、注册成为用户、填写在线调查或联系表单、下载应用程序或白皮书、从手机拨打电话号码时,可以计算转化次数、转化率等指标。

2. 使用转化跟踪后可以达成的效果

① 查看哪些广告系列投放的效果最理想,从广告系列设置中可以分析出哪些地区、语言、设备上投放的效果最理想。为了更好地分析广告系列投放效果、广告系列的策略设置,需要按照第 6 章的内容合理运用。

② 查看广告组中哪些关键字、广告在促成有价值的客户活动方面效果最理想。

③ 了解广告主投放广告的投资回报率,并做出更明智的广告支出决策。

④ 使用能够根据广告主的业务目标自动优化广告系列的智能出价策略(如目标每次转化费用、智能点击付费和目标广告支出回报率)。

⑤ 查看在一种终端设备或浏览器上用户与广告主的广告互动,随后在另一种终端设备或浏览器上完成转化的客户数量。可以在"所有转化次数"报告列中查看跨设备转化数据、跨浏览器转化数据,以及其他转化数据。

7.1.2 转化跟踪的原理

1. 对"转化"的界定和定性

根据上文所述,转化行为有不同的表现形式。广告主在使用转化跟踪时,首先须根据对自身企业的生产经营活动状态、生产经营活动上下游关系、业务流程、产品形态,界定"转化",即为针对自身的产品或服务的有效(有价值)的用户行为定性,随即在 Google Ads 账号中创建一个"转化操作"。

转化操作是指对广告主的业务有价值的特定用户行为活动。目前,在 Google 转化跟踪的分类里,可以针对以下几类用户行为活动进行跟踪。

① 网站操作:客户在广告主网站上完成的购买、注册和其他操作。

② 应用安装和应用内操作:安装广告主的 Android 或 iOS 移动应用,以及在这些应用内进行购买或执行其他活动。

③ 电话:直接通过带附加电话信息的广告致电、拨打网站上的某个电话号码以及单击移动网站上的某个电话号码。

④ 导入其他平台转化跟踪数据:可以从其他网站分析工具导入一些有助于衡量广告效果的转化数据,如 Google Analytics 的跳出率等。另外,较常使用的还有导入客户数据,例如客户在线上点击广告浏览了网站,却在线下完成了购买,由于线下的行为脱离网站无法直接跟踪,因此需要通过手动导入的方式将转化数据传输至 Google Ads 系统,之后在广告主的经营场所或办公室签署合同,或完成交易、购买流程。

2. 转化跟踪的两种常态

对于各种转化来源,转化跟踪流程略有不同。但针对转化跟踪存在两种常态:

① 广告主将转化跟踪代码或代码段添加到自己的网站或移动应用代码中。当客户单击 Google 搜索或选 Google 展示广告网络网站上投放的广告时,或当客户观看视频广告时,系统会在客户的计算机或移动设备上放置一个临时 Cookie。当客户完成广告主设定的操作后,系统会识别出相应的 Cookie(通过广告主添加的代码段)并且记录一次转化。

② 某些类型的转化跟踪不需要代码。例如,要跟踪来自附加电话信息或来电专用广告的致电,广告主可以使用 Google 转接电话号码跟踪来自其中某个广告的致电情况,并跟踪相关的详细信息,如通话时长、通话开始时间和结束时间,以及来电区号。另外,系统会将 Google Play 的应用下载量和应用内购买情况以及本地操作自动记录为转化,而且无须跟踪代码。

设置转化跟踪后,广告主即可查看广告系列、广告组、广告和关键字的转化数据。通过查看报告中的此类数据,可以了解广告如何助力实现重要业务目标。

7.1.3 Google 广告转化跟踪设置

1. 转化操作设置

转化跟踪的设置流程因跟踪的转化类型而异。因此,设置转化跟踪的第一步是选择转化来源,也就是转化来自何处,如图 7-1 所示。

图 7-1 选择转化类型

(1) 网站转化设置。当用户在广告主网站上完成某项操作时进行跟踪。例如,该操作可能是购买、注册用户、单击某个按钮或用户可能在网站上执行的其他任何有价值的操作。具体步骤如下:

① 从下拉菜单中选择最准确的转化类别:购买、注册、潜在客户、网页浏览(如"联系我们"页面)或其他,如图 7-2 所示。

② 选择转化价值类型及输入转化价值。

- 为每次转化使用相同的价值:如果每次销售行为获得的价值都相同,则适用此选项。例如,网站仅销售 10 美元的电子书,则输入 10,如图 7-3(a)所示。
- 为每次转化使用不同的价值:如果在售状态的产品很多,且每次销售行为获得的价值不同,则使用此选项。例如,涵盖裙子、上衣、配件等多种品牌的服装站点。为完

CHAPTER 7

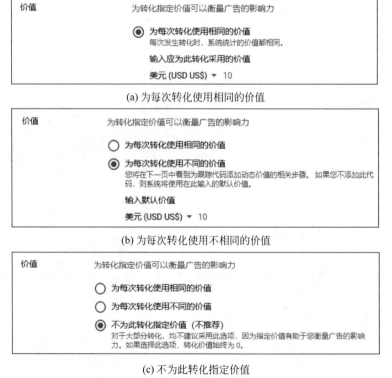

图 7-2　选择转化类别

成每次不同转化价值的记录，根据具体情形和需求还可以在跟踪代码中添加动态价值，以记录在网站上动态变化的购物车或者订单价值。如果无法修改跟踪代码，则仍需要输入一个值作为默认价值，如图 7-3(b)所示。
如何在跟踪代码中添加每次转化不同的价值，在接下来关于代码设置的章节中会进行讲解。

- 不为此转化指定价值。如果该转化不需要衡量价值，例如，只是提出了咨询，则适用该选项，如图 7-3(c)所示。

(a) 为每次转化使用相同的价值

(b) 为每次转化使用不相同的价值

(c) 不为此转化指定价值

图　7-3

③ 统计方式的选择：一次点击广告在网站上可能发生超过一次的转化行为。其中一种常见的情况是：完成2个订单的购买。一般来说，这种情形下每一次购买都会带来价值的转化，选择"每一次"选项。另一种情况，例如在网站上注册了一次，然后又提交了一次表单，但是产生最终价值的行为只有第一次注册，或者说注册和提交表单2次行为对于最终价值产生的作用相当于一次的行为，类似这种情况，应选择"仅一次"选项，如图7-4所示。

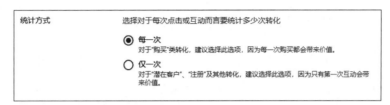

图7-4　统计方式的选择

④ 转化时间范围：用户与广告发生点击等互动来到网站后，可能过几天后才发生转化。为了更准确地统计转化数量，需要选择在广告互动发生多少天内统计转化次数。例如，某位用户点击广告后来到网站当天并未发生转化就离开了网站，10天后才回到网站发生转化，如果该设置项选为"1周"，那么系统便不会将这一次广告点击记为一次转化，统计的转化次数也为0，但实际上这一次转化应该归功于10天前的那一次点击。为了准确地对数据进行统计，就要选择超过一周的选项，或者自定义一个天数。在进行转化时间范围设置的时候，大多数情况下，选择默认的30天，除非在高度了解用户行为时间周期的特定情形下，才需要考虑自定义，如图7-5所示。

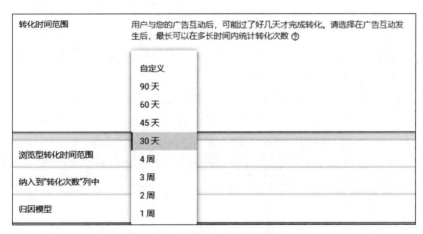

图7-5　转化时间范围的选择

⑤ 浏览型转化时间范围：对于展示网络广告和视频广告，用户可能看到了广告但并未发生点击等互动行为，可后来回到网站却又发生了转化，此类转化称为浏览型转化。类似转化时间范围的设置，在发生这一次广告浏览后将多少天内的转化归功于这一次浏览，需要根据实际情况对该天数进行设置，如图7-6所示。

⑥ 纳入"转化次数"列中：之前的章节提到过，系统可以根据转化的效果，自动优化广告系列的出价，如每次转化费用出价、智能点击付费等。系统需要使用哪一个或者哪几个

图 7-6　浏览型转化时间范围

设置的转化操作,进行自动的优化,就须在这个选项里进行操作,如图 7-7 所示。

图 7-7　纳入"转化次数"列

⑦ 归因模型:用户经常点击或者互动几次不同的广告后,才在网站上发生一次转化。每一次的点击对于这一次转化都有一定的贡献度,把贡献度归到哪一次行为,就称为归因。通常使用最终点击作为归因模型的核心变量,即把这一次转化的贡献全都统计在最后一次点击或互动的广告行为,如图 7-8 所示。

图 7-8　归因模型的选择

归因模型仅适用于搜索网络广告和购物广告两种由用户搜索关键词主导触发的广告类型。最近单击"创建并继续"按钮开始设置代码。

⑧ 在设置代码页面,首先选择"自行安装代码",如图 7-9(a)所示。

大多数情况下,代码类型选择默认的 HTML 即可,然后就获取到全局代码,根据要求将此代码埋放在"请复制下面的代码并将其粘贴到您网站中每个网页"的 <head></head> 标记之间。每个账号仅需安装一次全局网站代码,如果在之后还需要设置其他的转化操作,所使用的全局代码也只需要埋放这一段,而且埋放全局代码后,相当于已经启动了再营销所需的跟踪功能,如图 7-9(b)所示。

⑨ 添加全局代码后,接下来需要添加事件代码段。大多数情况下,转化达成都是发生在网站的某个页面,因此选择"网页加载"类型,并将获取到的事件代码段添加到客户完成转化后到达的页面,例如用户完成某个订单的付款后来到的"thank you"感谢页面。

这段代码需要紧跟在全局代码之后,同样粘贴在所需跟踪的网页(并非全局代码需要埋放的网站所有页面)的 <head></head> 标记之间,如图 7-10(a)所示。

上文中提到,转化跟踪系统可以为每次转化产生的不同价值进行统计,例如 B2C 电商网站上每一个发生的订单(客单价)。如果需要跟踪并统计每次转化动态生成的不同的价值,就需要对事件代码段进行修改。如果需要统计的转化价值含有大量的订单,则在事件

(a) 选择"自行安装代码"

(b) 获取全局代码

图 7-9

代码段中添加订单 ID 字段,这样可以避免重复统计订单转化次数。例如,同一个订单的"thank you"页面加载可能出现两次,一般订单的统计方式选取"每一次",系统就会统计到两次转化,但是从实际成交订单的角度其实只有一个订单 ID 的一次转化。

为统计到每次生成的不同 ID,需要在事件代码段中添加"'transaction_id': '这次订单转化生成的订单 ID'",其中,"这次订单转化生成的订单 ID"需要网站的技术人员在每次订单中生成,该转化页面在加载时动态插入这次转化生成的订单 ID。订单 ID 可以包含数字、字母和特殊字符,如破折号或空格,但最多不能超过 64 个字符,不能包含任何可用以识别用户个人身份的信息。

有订单自然就有订单价值,以及涉及的货币种类。类似添加订单 ID 的操作,在事件代码段中添加订单"'value': 订单金额"和"'currency': '货币代码'"。其中货币代码要使用 ISO

4217规范,如 USD(美元)、EUR(欧元)等。

一个插入了订单信息的事件代码段如图 7-10(b)所示。

(a) 事件代码段的获取即埋放

(b) 插入了订单信息的事件代码段

图 7-10

在相应的页面埋放好代码后,一个转化操作就建立完毕了。系统就会开始跟踪相应的数据。

(2) 应用。含义:当用户安装应用或完成某项应用内操作(例如购买)时进行跟踪,并可使用 3 种方式。

① Firebase:Firebase 是 Google 的应用开发工具,在应用内安装 Firebase SDK 后,就可以跟踪移动应用的转化情况,包括 iOS 与 Android 应用转化。仅将广告账户与 Firebase 账户相关联,然后将 Firebase 里需要跟踪的转化项目导入即可。

② Google Play:Google Play 与 Google Ads 都是 Google 自己的产品,因此无须向应用内添加代码,即可跟踪"安装次数"或者"应用内购买"两类转化。

③ 第三方应用分析工具:将第三方的应用分析工具与 Google Ads 账号相关联,然后导入分析工具里需要跟踪的转化项目即可。

(3) 来电。含义:当用户通过广告中或网站上的电话号码或者单击移动网站上的电话号码致电时进行跟踪。

可根据细分指标跟踪:跟踪带有附加电话信息的广告或者来电专用广告中的致电次数;跟踪用户拨打网站上的电话号码的次数;跟踪用户在移动网站上点击电话号码的次数。

(4) 导入。含义:可以将其他来源的转化数据导入 Google Ads 账户中,包括 Google Analytics、其他分析工具、客户管理系统中的转化数据等。通过上传文件或 API 连接的方式将相关转化数据导入 Google Ads 账户中。

特别是成交发生在线下的转化,很多实体商店的顾客,常习惯在商店的网站上浏览商品,而最终成交订单却是在线下门店。这个订单的转化需要归功于网站,但是转化又不是发生在网站上,系统无法直接跟踪获取数据,因此需要手动将线下的转化数据导入 Google Ads 系统中。

2. Google 广告转化数据报告设置

设置完 Google 转化跟踪代码,当用户访问网站或 App 触发了相应的代码后,就可以进行转化数据的跟踪,并体现在 Google Ads 的账户数据中。

转化数据可以在广告系列、广告组、关键字等级别的标签中查看有关转化的数据。单击"列"选项卡,然后单击"转化次数",以自定义显示的列,如图 7-11 所示。

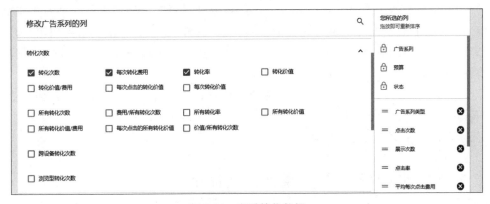

图 7-11 查看转化数据

图 7-11 中一些基本的指标包括:

① 转化次数与所有转化次数:指用户与广告互动(例如点击文字广告或观看视频广告)后产生转化的次数。

② 在之前的设置"转化操作"的过程中设置的不同的"统计方式""纳入转化次数列中"会影响转化次数数量的统计。

③ 转化次数与所有转化次数的区别:所有转化次数包括"转化次数",以及未"纳入转化次数列"中的转化数量,还有其他方式导入的转化数据,例如线下转化数据。每次转化费用为"费用÷转化次数",用于衡量带来一次转化的成本高低。转化费用越低,广告效果在成本支出方面的效果越好。

④ 转化率:显示产生转化次数的点击或其他互动广告的次数百分比,即"转化次数÷点击次数"。转化率越高,广告或关键字的效率就越高。

⑤ 每次转化费用:通常也称作转化成本,即"费用÷转化次数"。每次转化费用越低,广告或关键字带来转化的花费越少,成本越低。

⑥ 浏览型转化:衡量客户查看但未点击广告的次数,后来又进行了转化。换句话说,当用户看到客户的广告,但是没有点击这条广告,之后以其他方式、通过其他途径进入商户的网站(无论是广告、自然搜索结果、URL 直接输入等)进行的转化。浏览型转化是展示和

视频广告才有的数据指标,搜索和购物广告没有浏览型转化可适配。

3. 转化类相关出价选项设置

启用转化跟踪后,在广告系列中,即使使用"每次点击费用人工出价",也可以借助智能点击付费获得更多的转化,只需在广告系列出价设置时勾选相应选项,如图7-12所示。

图7-12 智能点击付费

智能点击付费的工作原理是:Google Ads 系统针对更有可能带来转化的点击提高最高每次点击费用出价,并针对不太可能带来转化的点击降低最高每次点击费用出价,从而在设定的静态广告预算内动态地增加转化次数。因为系统可能自动提高每次点击费用出价,最终实际的单次点击费用会超过设置的最高每次点击费用。

默认情况下,广告轮播设置会针对效果进行优化,如果在没有设置转化跟踪的前提下,意味着Google广告将展示其预计带来更多点击的广告。如果设置了转化跟踪,系统也会倾向于展示可能带来更多转化的广告。

7.2 Google 搜索广告效果评估及优化

在之前的章节已经分析过,作为全球应用最广泛、覆盖面最广,技术精度、深度最领先的搜索引擎,Google 及 Google 的一系列产品是最佳的广告发布平台和工具。

无论在什么终端设备上,无论是桌面互联网还是移动互联网,Google 在全球搜索引擎广告领域的主导地位毋庸置疑。

本章要介绍的是:企业广告主在实务操作中该如何通过 Google 的搜索广告产品和报告工具,对投放的广告效果进行评估,以及评估过程中所需要的主要的统计口径、核心参数及与之对应的调整、优化策略。

7.2.1 Google 搜索广告主要报告与分析

1. 从"报告"页面创建和管理报告

报告有助于查看、整理和分析数据。利用报告,广告主可以将大量数据纳入多维度表格、图标和可自定义的信息中心,从而直观地查看数据所体现的重要模式和趋势。

这里先介绍如何创建和保存报告,如何打开已保存的报告,以及如何使用电子邮件将报告定期发送给自己和有权限访问账号的其他用户。

Google Ads 提供了一组现成的报告,称作"预定义的报告(维度)",用于解答有关数据的特定问题。对于新报告,可以将预定义的报告作为新报告的基础,然后修改、定期生成和共享新报告。

(1) 打开预定义的报告。

登录 Google Ads 账号；点击账号右上角的报告图标；选择预定义的报告（维度），然后选择一个预定义的报告，在报告编辑器中将其打开。也可以单击预定义的报告下拉列表，从"报告"页面打开预定义的报告。

(2) 创建自定义报告。由于广告主对数据、参数、变量、指标的关注不同，有的关注流量，有的关注成本，有的关注转化，有的关注投资回报率（ROI），如果希望全方位了解不同报告中显示的不同数据，可以从头开始创建报告。与预定义的报告不同，创建标准报告时，需要使用报告编辑器工具选择报告中要包含哪些行和列，以及这些数据要采用哪种图表呈现。如图 7-13(a)所示，单击账号右上角"报告"中的"报告"链接，来到创建自定义报告页面然后单击"自定义"图标，并选择报告呈现类型，一般选择最常用的"表格"，如图 7-13(b)所示。

(a) 创建自定义报告页面

(b) 选择报告呈现类型

(c) 制作自定义报告

图 7-13

选择报告所需"行"(详细级别)与"列"(数据值),这样一份自定义报告就形成了,如图 7-13(c)所示。

(3)管理报告。通过报告图标,可以查看已保存的报告。有权访问账号的所有用户都能查看报告,可以选择查看所有报告或只查看自己创建的报告,还可以修改、保存、定期生成和共享任何此类报告。

系统会自动从账号中移除超过 18 个月未被访问的已保存报告。可以通过以下方式获取报告:打开或下载报告;打开包含报告的信息中心。

① 打开已保存的报告。

登录 Google Ads 账号;点击报告图标,然后点击报告;默认情况下,系统会列出所有已保存的报告。如果只想查看自己创建的报告,点击位于"报告"下方区域的三点状图标,然后点击仅显示我的报告;找到想查看的报告,然后点击相应标题将其打开。

注意事项:目前,就功能而言,从报告编辑器以外网页中下载保存的报告与在报告编辑器中创建的报告有所不同。有的报告可在相应的下载页面打开,而有的报告则仅供下载。

② 定期生成及发送报告电子邮件。可以一次性通过电子邮件发送报告,也可以定期生成报告,定期通过电子邮件发送给自己以及其他有权访问账号的用户。该功能一般应用在同项目组,但不同角色、职能的成员中,例如,同时发送账户数据报告给数据分析人员、账户优化人员;发送账户每日消费数据给市场营销、管理人员及财务人员。

登录 Google Ads 账号;点击报告图标,然后点击报告;找到想查看的报告,然后点击相应标题,在报告编辑器中将其打开;点击"定期生成并通过电子邮件发送"时钟图标。

完成以下设置:选择接收报告的一个或多个账号用户;选择发送报告的频率(例如,每天一次、每周一次)以及采用的格式(例如,CSV、XML);单击"保存"按钮,如图 7-14 所示。

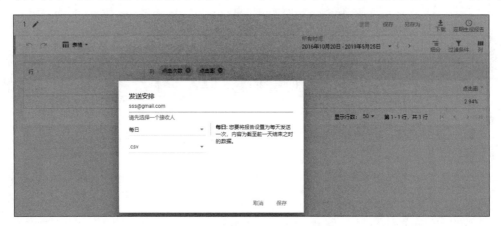

图 7-14 定期发送报告电子邮件

③ 修改已保存的发送时间安排。

点击"定期生成并通过电子邮件发送"图标时钟;点击铅笔图标进行修改,如图 7-15 所示,然后回到图 7-14 的页面更改设置;单击"保存"按钮。

(4)基本报告选项。本节主要介绍通过"广告系列"中的"广告系列"标签,如图 7-16 完

图 7-15 修改报告的发送安排

成一般的报告操作。这是账户操作人员查看数据报告最为普遍的方式,也是之后优化账户,查看数据内容的基本出发点、要素、依据。

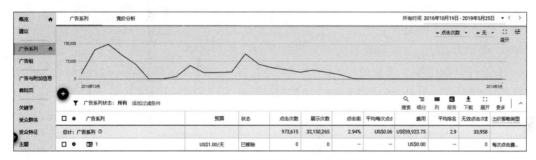

图 7-16 "广告系列"中的"广告系列"标签

① 过滤数据。过滤器可以缩小报告中的数据范围。例如,账户中有大量的关键字,可以设置一个费用过滤器,重点关注那些占用了大量广告花费的关键字,如图 7-17 所示。

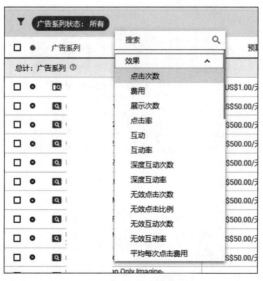

图 7-17 过滤器

在实际的账户优化操作中,过滤器往往应用于按照点击率、转化率、转化次数、每次转化费用进行关键词的筛选,从而针对不同的优化点筛选出需要优化的关键词,具体优化策略在下文详细介绍。

在"报告中心"里创建报告时,只能从有限的几种过滤器中进行选择。

"广告系列"标签可提供更为丰富的过滤器选项。要查看可以选择哪些过滤器,单击任意数据表格上方的"过滤器"按钮即可。如果下载相应表格作为报告,已应用的所有过滤器也会包含在该报告中。可以保存对您有用的过滤器,以便于日后使用。

② 选择广告系列和广告组。有时候,可能希望针对账户中的某个广告系列或广告组子集生成报告。

在"报告中心"里创建报告时,可以选择特定的广告系列和广告组。

在"广告系列"标签中,可以设置一个"广告系列/广告组"过滤器,以指定要在数据表格中显示的广告系列和广告组。

一般这类操作针对特定的活动、产品实施重点关注。这类操作可以应用在节日活动、周年庆、爆款产品、企业最具竞争力产品等独立的广告系列中。

③ 选择日期范围。无论使用"报告中心"还是"广告系列"标签,都可以针对所选择的日期范围生成报告。另外,还可以从账户中提供的一组预设日期范围中进行选择以及进行比较,如图 7-18 所示。

图 7-18　报告日期范围的选择

④ 定期生成报告并发送给相关人员。如果需要定期接收有关账户效果的信息,可以在"下载"报告时选择让其每天、每周或每月自动生成,如图 7-19 所示。

可以与他人共享报告,同时又不必为其提供账户访问权限(填入某个电子邮件地址),这种情况适用于分享数据或跨部门监管数据。

图 7-19　广告系列标签下的报告生成与发送设置

2. Google Ads 报告类型

Google Ads 账户针对不同的维度,可以组成非常庞大的报告体系,每个报告都有其独特的分析目标和目的,本节主要内容是：对于搜索广告而言,其最为常见以及使用频率最高的报告内容,并对其展开详细讲解。

(1) 账户报告。账户效果报告可显示整个账户的摘要统计信息,可以帮助迅速掌握所投放的 Ads 广告的整体效果。通过"广告系列"标签,可以采用多种多样的方式查看整个账户中的各种指标、数据。

如果选中页面左侧的"所有在线广告系列",则可在表格底部查看"总计"行。

转到"报告"标签可按所选维度整理账户数据。例如,周、月等"时间"维度,如图 7-20 所示。

图 7-20　报告维度数据

转到“细分”标签，例如可以选择按照投放网络或设备细分账户数据，如图 7-21 所示。

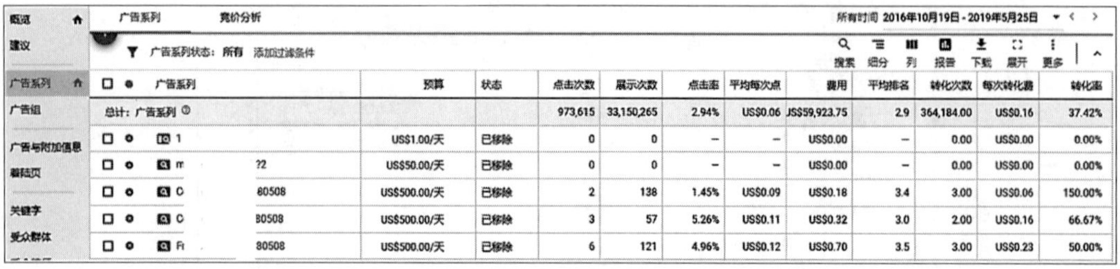

概览 | 建议 | 广告系列 | 广告组 | 广告与附加信息 | 着陆页 | 关键字 | 受众群体

广告系列　竞价分析　所有时间 2016年10月19日 - 2019年5月25日

广告系列状态：所有　添加过滤条件

搜索　细分　列　报告　下载　展开　更多

广告系列	预算	状态	点击次数	展示次数	点击率	平均每次点	费用	平均排名	转化次数	每次转化费	转化率
总计：广告系列			973,615	33,150,265	2.94%	US$0.06	JS$59,923.75	2.9	364,184.00	US$0.16	37.42%
1	US$1.00/天	已移除	0	0	–	–	US$0.00	–	0.00	US$0.00	0.00%
m ?2	US$50.00/天	已移除	0	0	–	–	US$0.00	–	0.00	US$0.00	0.00%
C 80508	US$500.00/天	已移除	2	138	1.45%	US$0.09	US$0.18	3.4	3.00	US$0.06	150.00%
C 80508	US$500.00/天	已移除	3	57	5.26%	US$0.11	US$0.32	3.0	2.00	US$0.16	66.67%
Fi 80508	US$500.00/天	已移除	6	121	4.96%	US$0.12	US$0.70	3.5	3.00	US$0.23	50.00%

图 7-21　“细分”数据

对于账户而言，过多的后期优化操作，不利于账户稳定，因此账户报告可以进行时间上的对比操作，每日的账户数据对比，直接会显示其波动性，若波动性低于 10%，一般认定其账户效果表现正常。若超出此波动区间，则表现异常，须进一步查看广告系列报告，查看是哪个广告系列出现了较大波动，再进行进一步的优化操作。

数据波动性对比，常见的数据、指标选项为展示次数、点击次数、点击率、CPC、转化次数，具体指标分析及优化策略下文会详细介绍。

(2) 广告系列报告。广告系列报告可显示各个广告系列的效果，如图 7-22 所示。

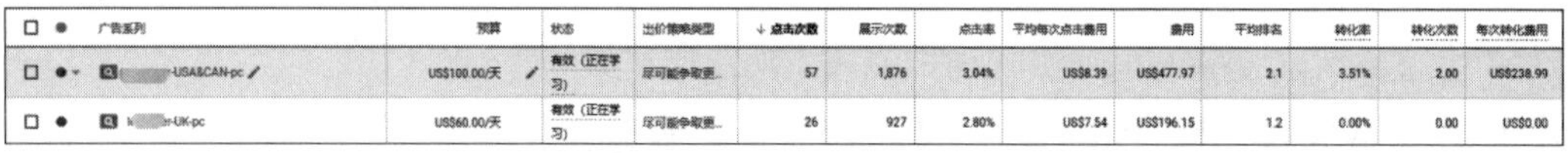

广告系列	预算	状态	出价策略类型	↓点击次数	展示次数	点击率	平均每次点击费用	费用	平均排名	转化率	转化次数	每次转化费用
-USA&CAN-pc	US$100.00/天	有效（正在学习）	尽可能争取更...	57	1,876	3.04%	US$8.39	US$477.97	2.1	3.51%	2.00	US$238.99
k r-UK-pc	US$60.00/天	有效（正在学习）	尽可能争取更...	26	927	2.80%	US$7.54	US$196.15	1.2	0.00%	0.00	US$0.00

图 7-22　广告系列报告

要在“广告系列”标签中下载广告系列报告，可以查看“广告系列”子标签中的广告系列列表。如果只希望在数据表格中查看某些广告系列，可以设置一个“广告系列”过滤器。广告系列报告，可以对比相同产品在不同地区的推广效果，也可以对比不同产品在相同区域的推广效果。

(3) 广告组报告。要按广告组查看统计信息，可以访问“广告组”标签，然后以广告组报告的形式下载数据表格，如图 7-23 所示。

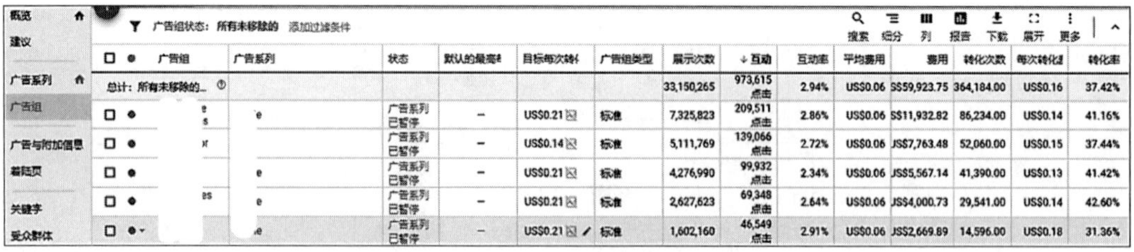

概览 | 建议 | 广告系列 | 广告组 | 广告与附加信息 | 着陆页 | 关键字 | 受众群体

广告组状态：所有未移除的　添加过滤条件

搜索　细分　列　报告　下载　展开　更多

广告组	广告系列	状态	默认的最高	目标每次转化	广告组类型	展示次数	↓互动	互动率	平均费用	费用	转化次数	每次转化费	转化率
总计：所有未移除的...						33,150,265	973,615 点击	2.94%	US$0.06	S$59,923.75	364,184.00	US$0.16	37.42%
e s	e	广告系列已暂停	–	US$0.21	标准	7,325,823	209,511 点击	2.86%	US$0.06	S$11,932.82	86,234.00	US$0.14	41.16%
r		广告系列已暂停	–	US$0.14	标准	5,111,769	139,066 点击	2.72%	US$0.06	JS$7,763.48	52,060.00	US$0.15	37.44%
	e	广告系列已暂停	–	US$0.21	标准	4,276,990	99,932 点击	2.34%	US$0.06	JS$5,567.14	41,390.00	US$0.13	41.42%
es	e	广告系列已暂停	–	US$0.21	标准	2,627,623	69,348 点击	2.64%	US$0.06	JS$4,000.73	29,541.00	US$0.14	42.60%
	e	广告系列已暂停	–	US$0.21	标准	1,602,160	46,549 点击	2.91%	US$0.06	JS$2,669.89	14,596.00	US$0.18	31.36%

图 7-23　广告组报告

与广告系列表格类似，可以设置一个“广告组”过滤器，从而只在表格中查看某些广告组。广告组报告一般是为了分析在同一个产品线中(不同产品线不同广告系列、同一产品线不同产品、不同广告组)不同产品的推广效果，从而根据数据结果筛选出可优化广告组。

（4）关键字-搜索广告关键字报告。在"关键字"-搜索广告关键字中可以为搜索广告系列中的关键字生成报告，如图 7-24 所示。

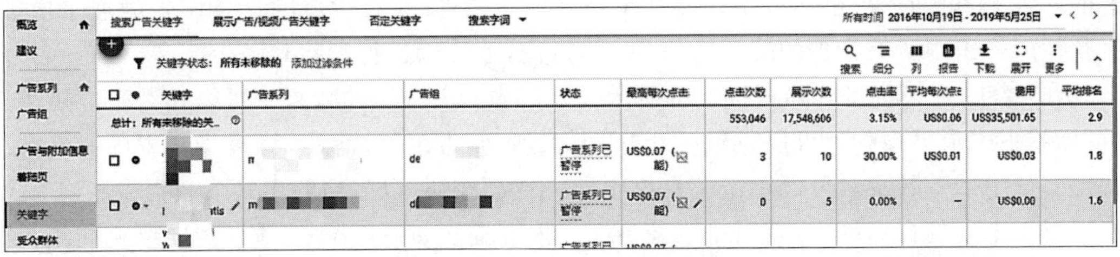

图 7-24　关键字报告

要下载关键字报告，可以单击"关键字"标签中的数据表格上方工具栏中的下载按钮。关键词报告，一般是为了分析需要优化的广告组中是哪个关键词需要优化，一组关键词中，哪个关键词表现好，哪个关键词表现差，选择需要优化的关键词，制订关键词的优化策略。关键词表现的好坏，是随着广告主对广告效果的目标界定不同而存在评价体系差异的，有的关注曝光，有的关注网站流量，有的关注最终的转化。关注点不同，对效果的目标界定不同，关键词的优化目标和策略也会有所不同。

（5）广告效果报告。在第 3 章制作搜索广告章节中提到，一组关键词需要制作至少 3 条及 3 条以上的广告内容，通过"广告与附加信息"-"广告"报告，可比较和分析整个账户中不同区域相同产品的用户点击广告的效果；同一区域内对不同产品的广告效果；同一广告组中的不同广告的效果，并依此制订有效的广告宣传策略，如图 7-25 所示。

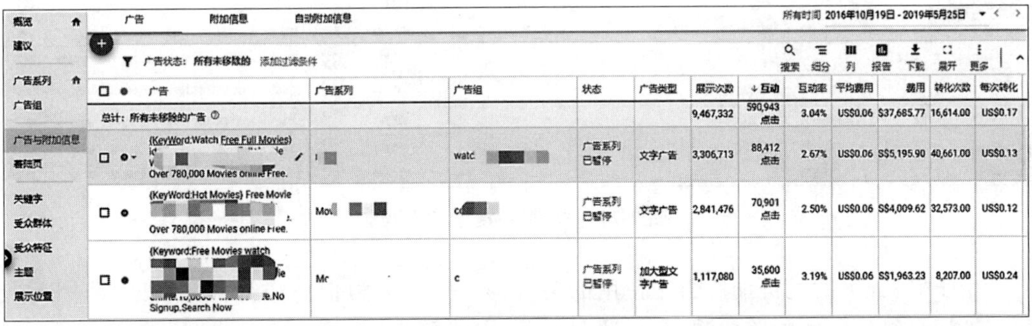

图 7-25　广告效果报告

在"报告中心"里，可以为所选的广告类型生成广告效果报告。例如，可以为展示广告和视频广告生成报告，也可以只为搜索文字广告生成报告。在"广告和附加信息-广告"标签，按照广告类型分类统计信息。单击表格上方工具栏中的"列"按钮，然后添加"广告类型"列。

由于广告主在不同区域中推广产品，广告效果报告可以很清晰地分析出不同地区对产品的不同关注点（从点击率可以分析），在一组广告组中会制作不同的 3 条广告，因此可以比较相同产品不同地区的关注点，从而可以制订不同地区的广告宣传策略。

一组广告组中有 3 条广告，从广告效果报告中可以分析广告的优劣，从而进行广告的优化。

广告优化操作技巧：增加一条新的广告，暂停原来效果差的广告。不可以在原来效果差的广告上直接修改，也不可以直接删除效果差的广告（只有暂停的这条广告的展示次数，占整体广告组中所有广告的展示次数在5%以内，才可以进行删除）。

（6）着陆页报告。着陆页报告可显示投放广告的着陆页的效果。可以在"着陆页-着陆页"标签中生成该报告。可以设置一个"广告系列/广告组"过滤器，将报告范围限制在账户特定部分中的着陆页。可以单击工具栏中的"下载"按钮，以表格的形式下载报告。

由于不同的目标网页，其用户体验不同。内容描述、产品描述不同，会导致相同流量情形下得到不同的转化率。

网址效果报告就可以分析相同广告针对不同的目标网址的转化效果，从而提高整体转化率。

（7）关键字-搜索字词报告。在"关键字-搜索字词"页面可显示触发了广告的实际搜索查询的效果统计信息。此报告中的数据可以帮助做出更为明智的决策，阐明哪些搜索字词的潜力较高，应当添加为关键字，哪些查询相关性不高，应当使用否定关键词加以排除，如图7-26所示。

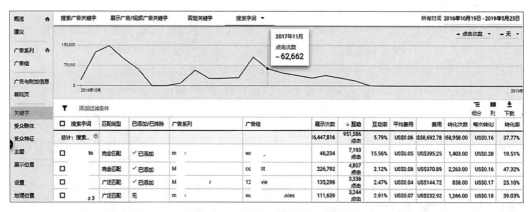

图7-26 关键字-搜索字词报告

由于Google的关键词广告中使用的关键词一般不会为带修饰符的完全匹配，因此，这些关键词会触发一些相关关键词，而这些相关关键词的效果优劣不一，使用搜索词报告，可以有效地排除效果差的触发词，从而提高关键词的质量得分，降低实际点击费用，更有可能降低转化成本。

操作技巧：效果好的关键词，按照其报告中显示的匹配形式，直接添加在原广告组中；效果差的关键词，按照其报告中显示的匹配形式，直接在原广告组中进行排除；一个广告组中，可以添加相同关键词的多种匹配形式；否定关键词，可以添加到广告组中，也可以添加到广告系列中。

某些关键词其本身完全匹配形式效果差，可以直接对其完全匹配的关键词进行排除。

例如：关键词为鲜花，否定关键词为-[鲜花]，也就是当用户搜索"鲜花"这个词，无法触发广告，但若搜索鲜花相关词，如前后缀+鲜花的词，则可以触发广告。

注意：某些关键词的点击率高，却不一定是效果好的关键词，某些关键词的点击率低，不一定就必须排除该关键词，一切取决于转化量与转化率。

（8）广告与附加信息-附加信息报告。当广告中添加了附加信息（例如电话号码或网站链接），就可以查看这些附加信息的效果。此类数据指标可帮助广告主了解哪种广告附加信息最适合投放的广告，以及应该在什么时候添加广告附加信息或移除现有的广告附加信息。如图7-27所示，从中可查看广告附加信息效果。

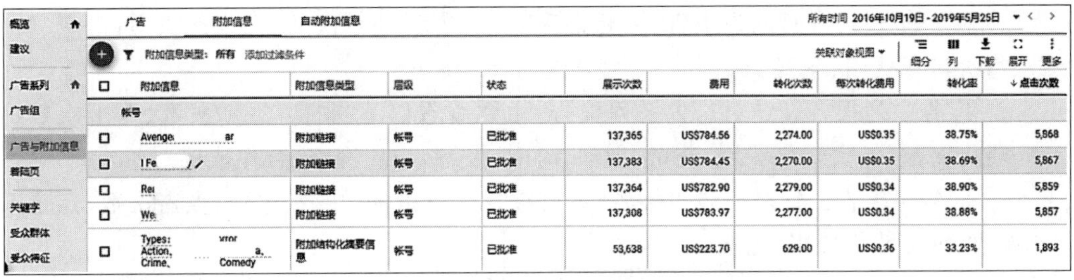

图7-27　广告与附加信息-附加信息报告

系统针对在Google搜索、Google移动搜索网络合作伙伴网站的广告提供广告附加信息统计数据。广告附加信息报告一般会以广告组为单元进行分析，从而据此对不同产品的不同附加信息进行优化。品牌词的广告附加信息可以按照广告系列进行数据查看和分析。

（9）展示份额报告。上文阐述的8个报告都是针对性地以搜索广告为最常用的报告，也是标签中易于找到的展示份额报告，虽然在报告中心无法寻找到，但该报告是整体广告账户优化作为一体化考量的最为重要的环节之一。

展示份额报告制作路径：点击页面菜单中的广告系列、广告组/产品组（适用于购物广告系列）或关键字；点击列图标，然后点击修改列；点击竞争指标，然后通过选中列名称旁边的复选框，添加展示次数份额列；点击应用，随后展示次数份额数据就会显示在统计信息表格中。

展示份额报告如图7-28所示。

图7-28　展示份额报告

展示份额报告的作用：查看整体的展示份额情况，用于判断自身与竞争对手的情况；查看所丢失的展示份额的具体原因，即预算或排名；查看关键词广告中所制作的关键词在完全匹配下的展示次数份额。

在之后的优化章节中会详细介绍，预算是否足够是所有优化策略的基础要素，而展示份额报告是最直接的体现广告系列的预算是否足够的一个评判依据。

评级导致的展示份额丢失,进一步说明广告主需要优化排名,而排名的优化不仅限于出价的提高,更多的是质量得分,账户设置上的优化。

3. 查看主要报告及重点数据、指标项目

上文介绍了最常用的报告及每个报告对应的目标和用途,但是这么多报告,查阅的序列如何,先看哪个报告,再看哪个报告,以及每个报告查看哪些数据、指标,哪些数据是主要指标,哪些数据是次要指标,哪些数据又是关联指标,在这一节进行详细讲解。

(1) 账户报告。针对账户报告,主要查看以下指标:展示次数、点击次数、点击率、转化次数、每次转化费用、花费。

(2) 广告系列报告。针对广告系列报告,主要查看以下指标:展示次数、点击次数、点击率、转化次数、每次转化费用、花费、地区、时间、设备、投放网络(合作伙伴)。

(3) 广告组报告。针对广告组报告,主要查看以下指标:展示次数、点击次数、点击率、转化次数、每次转化费用、花费。

(4) 关键词报告。针对关键词报告,主要查看以下指标:展示次数、点击次数、CTR、排名、CPC、费用、质量得分;转化次数、转化率、每次转化费用、点击辅助转化次数、展示辅助转化次数、展示份额。

(5) 广告报告。针对广告报告,主要查看展示次数、点击次数、CTR、转化率。

(6) 网址效果报告。针对网址效果报告,主要查看点击次数、转化次数、转化率、每次转化费用。

(7) 搜索词报告。针对搜索词报告,主要查看点击次数、CTR、转化次数、转化率。

(8) 附加信息报告。针对附加信息报告,主要查看如下指标:展示次数、点击次数、CTR、费用、转化次数、转化率、每次转化费用。

(9) 展示份额报告。针对展示份额报告,主要查看如下指标:在搜索网络中因预算错失的展示次数份额,在搜索网络中因排名错失的展示次数份额。

4. 分析各种数据结果

了解针对不同的广告产品所需要查看的核心的指标之后,要学习如何对这些数据结果、指标展开分析,并了解其对应的内核。

报告中的数据是基础数据,也可以理解为明细,根据明细判断数据优劣以及查看报告的顺序才是最重要的,只有正确的顺序和判断,才可以为后期的优化提供制订最准确的策略的基础。

查看报告及数据顺序:

① 查看账户报告中的转化数是否有10%以上波动,若是,则查看广告系列报告,否则查看点击量是否有10%以上波动。

② 寻找广告系列报告中的转化数量是否有大于10%波动的广告系列,查看其展示份额报告中由于预算损失的展示份额,若有损失,则先增加预算后,第二天再查看数据变化;若没有损失,则查看广告组报告。

③ 寻找该广告系列中广告组报告中的广告组转化数量是否有大于10%波动的广告组,查看关键词报告。若没有转化数量波动大于10%的广告组,则查看广告组报告中的点击量波

动,若点击量波动大于10%,则查看该广告组的关键词报告。若没有点击量波动大于10%的广告组,则查看展示量波动,若展示量波动大于10%,则查看该广告组中的关键词报告。

④ 根据以上三种情况查看关键词报告,寻找出该广告组中转化量、点击量、展示量波动率超过10%的关键词,查看该关键词的搜索词报告。

根据不同关键词的表现情况,进行点击量优化、点击率(质量得分)优化、转化量优化。这些优化手段都需要依靠广告效果报告、附加信息报告进行多维度的分析。

所有需要优化的广告系列、广告组、关键词,必须遵循以高流量、高花费的标准,寻找对应的广告系列、广告组和关键词。

从上述报告数据分析中,可以总结出最终的重要数据指标为点击量、点击率(质量得分)和转化量。

综合这三个指标,可以列出对应的账户现象,如表7-1所示,而根据不同的现象进行账户的优化策略制订将在第8章详细介绍。

表7-1 账户现象

账 户	CTR	Click	Conversion
现象	>5%	高	高
	<5%	低	高
	>5%	高	低
	<5%	低	低
	>5%	低	高
	<5%	高	高
	>5%	低	低
	<5%	高	低

7.2.2 Google搜索广告优化切入点与设置

7.2.1介绍了数据分析中重要的节点,本节主要针对以上几个节点分类总结出优化的策略和步骤。

1. Clicks点击量优化

在账户中,流量过低会导致转化量过低,因此,优化流量(即优化点击量)可以增加转化量。流量的高低虽然是个相对值,但也可以有一个基本的计算标准来进行判断,其公式如下:

预算/广告系列平均CPC×0.5且其数值≥100/广告系列平均转化率×2

以上数值是判断其实际点击量高低的一个基本的数值标准和判断依据。

针对Clicks,将其做拆分解析,并有针对性地按顺序执行相应的操作。

(1)查看预算。在优化点击量之前,必须先查看每个广告系列的预算情况,主要查看实际花费与预算设置的比率值。

具体情况分析与操作策略见表7-2。

CHAPTER 7

表 7-2 预算表现及调整

现有情况		须执行的操作
预算情况	实际花费比值小于 70%	进入关键词考虑阶段
	预算大于 80%	提高预算
		提高预算,针对现有预算×1.2,调整以后一到二个工作日后进行否定关键字添加;对比流量,如果展示量波动超过 10%,则查找以及添加否定关键字

由于预算不足会导致广告展示份额错失,影响关键词的触发,因此保证预算充足是优化前的必要条件。

当预算增加时,必然会触发账户中关键词的相关关键词,而为了保证账户中关键词的质量得分尽可能保持不变,必须对展示量波动超过 10% 的关键词(整个广告系列中以展示量排序 10 的关键词)进行一次搜索词优化,排除一些效果较差(点击率较差)的触发关键词(添加否定关键词)。

点击率的优劣判断,在第 8 章的质量得分优化中会详细介绍。

(2)优化关键词。当满足广告系列预算与实际花费比值小于 70% 的条件时,进行关键词的优化操作,其操作策略见表 7-3。

在增加点击量优化环节中,优化关键词以点击率为维度,如果点击率小于 5%,则根据表 7-3 中"提高点击率"的操作策略进行优化;如果点击率大于 5%,则执行表 7-3 中除"提高点击率"外的其他操作策略。

表 7-3 关键词表现及调整

现有情况			须执行的操作	备 注
关键词	CTR >5%	增加关键词	查找该关键字的搜索词报告,选择报告中流量高并且没有在账户中添加过的关键词列表中的关键字; 添加关键词时使用报告中提示的匹配方式,若提示广泛匹配,则改成词组匹配添加; 使用 CTR 大于 5% 且有流量的搜索词加入原有广告组; 请使用关键字工具查找其他没有添加的关键字的变体形式,错拼(错拼单列新广告组,且不使用嵌套工具); 浏览网站,查找没有增加的产品线	任何关键词的扩量,每次修改,须考虑否定关键词 增加完关键词后,必须保证其广告系列预算的基本条件
		改变匹配形式	改变匹配形式扩量,词组匹配变广泛匹配+修饰符,完全匹配变词组匹配,1~3 天不断查看,不定期添加否定关键字	在数据积累的同时,关注预算是否超过 80%
		提高点击率	点击率的提高详见质量得分中点击率提高内容的章节	CTR 提高再提高点击量,增加关键字、分组、改匹配形式
	排名低于 3.9	提高出价	提高比例 30%	
	排名高于 3.9	提高出价	提高比例 15%	

第3章介绍了三种匹配形式,提到广泛匹配有时需要与广泛匹配修饰符配合使用。这里阐述一下广泛匹配修饰符的概念及作用。

使用广泛匹配修饰符的广泛匹配关键字比仅使用广泛匹配的关键字有更强的渗透性和控制力度,可以提升广泛匹配关键字的具体程度和精度,从而缩小其覆盖范围。因此,使用广泛匹配修饰符虽然可以提高关键字的相关性,但反过来也可能降低预期的流量。相对于仅使用广泛匹配的关键字,使用了广泛匹配修饰符的广泛匹配关键字仅针对包含关键字本身,以及设置了广泛匹配修饰符的关键字中的某个或多个单词的紧密变体形式。其中紧密变体包括拼写错误、单复数形式、缩写和首字母缩略词,以及词干变体(如"shop"和"shopping")。相较而言,非紧密变体形式,包括同义词(如"快速"和"迅速")和相关搜索(如"瓷砖"和"层压板")则无法展示出广告。

广告匹配修饰符为加号,即"+",置于需要控制的关键字中的某个或某些单词前。例如,wedding+dress(控制dress,但不控制wedding),或+red +shoes(同时控制red、shoes及整个关键字)。

关键词级别的优化,必须严格按照表中的顺序进行优化操作,每个阶段的操作后必须等待1~3天进行数据的积累之后再作判断和操作。

关键词级别优化的任何操作阶段,都需要重新进行预算的判断,保证预算充足。

关键词匹配形式与点击率和展示量高低的关系如图7-29所示。

图7-29 匹配形式的作用

(3)广告创意。当广告组中的高质量关键词优化完成后,增加整体广告组的点击率则需要对广告组中的广告创意进行优化,但前提是广告组中的广告创意须至少保持3条或3条以上。具体的广告创意调整操作见表7-4。

表7-4 具体的广告创意调整操作

现有情况		须执行的操作	备 注
广告创意	点击率<5% 提高点击率	插广告,CTR<5%,提高CTR,优化广告创意	一条广告要有1000次展示或者30次点击后才能进行判断

优化文字广告创意的技巧如下:每组广告组中的广告至少3条或3条以上;先优化标题,再优化描述,最后优化显示网址;先进行关键词嵌入,再使用数字体现,最后运用标点符号(显示网址只适用于关键词嵌入);对广告描述先添加号召性语句,后添加另类的广告创意(例如反问句、自问自答等);添加一条新的广告,暂停原来差的广告创意,不可以直接在原来差的广告创意中进行修改;所有广告创意优化只修改一处,然后进行数据对比,再持续进行优化;利用广告预览工具(如图7-30(a)所示),查看主要关键词的同行广告,或进入同行网站(如图7-30(b)所示),提炼广告文字中及网站中同行的促销内容、产品或服务的特

点,并与自身进行对比,扬长避短,从而撰写新的广告语。

(a) 查看同行文字广告

(b) 查看同行网站内容

图 7-30

(4)账户设置优化。广告系列的设置,除了预算会影响流量外,还有很多因素是可以提高点击量的。账户表现与设置见表7-5。

表7-5 账户表现与设置

	现有情况		须执行的操作	备 注
账户设置	关键词或广告组(流量或花费)>30%整体广告系列流量或花费	单列广告组(流量)或广告系列(花费)	单独预算,单独广告,单列广告组,该新广告组的关键字出价提高原来的10%,并对该新广告组或广告系列中的关键词进行关键词点击率提高操作	单列广告组和广告系列时,需要把之前广告组和广告系列中的否定关键词先添加到新的广告组或广告系列中
	语言		添加该地区的所有官方语言以及英语	

续表

现有情况		须执行的操作	备注
账户设置	新地区 增加地区	在同时区,同目标语言可以添加,如广告系列是进行地区排除,先地区扩充(删除排除项)	增加地区,需要考虑搜索词会有所不同,需要增加否定关键词
	投放效果好的地区 地区单独投放/提高地区出价	提价单独投(需要从原广告系列中把这个地区排除),根据排名调整出价	
	时间 增加投放时段/提高时段出价	增加时间,以半小时为单位增加	每次增加完,必须考虑预算和搜索词问题
	设备 单独制作广告系列	该广告系列PC端为最低,移动端为移动端高出价	

对地区和时段都可以对其执行提高出价的策略进行操作,但针对设备一定要进行单独广告系列投放,因为用户在使用PC或移动端的时段,时间分配和地区上会有很大差别,而广告系列设置中不能为PC端或移动端分别在时段上采取不同的投放出价策略。

以增加流量为目的的优化中,会采取新建一个新的广告系列的优化方式达到优化流量的目的,从账户设置策略到账户优化的需求,需要新建广告系列。以下是操作中总结出的几种情况。

① 不同地区或时区投放,需要建立不同广告系列;
② 不同的产品线投放,需要建立不同广告系列;
③ 不同的语言(界面或关键词广告),需要建立不同的广告系列;
④ 不同的终端设备,需要建立不同的广告系列;
⑤ 独立的活动、促销,需要建立新的广告系列;
⑥ 若某关键词或广告组的流量或花费占整个广告系列的流量和花费的30%以上,则需要新建广告系列并给出足够的预算,并且对之前广告系列中的该关键词或广告组执行暂停操作,新广告系列与原广告系列的设置保持一致,出价为原广告系列中该关键词或广告组中的出价的1.2倍。

在广告系列的地区报告中,如某国家内二级甚至三级地区效果明显,则需要为二级、三级地区进行下沉操作,单独建立新广告系列,为该次等级地区设置足够预算进行投放,并在原有广告系列中排除该地区。而其账户设置、关键词、广告创意、否定关键词等设置完全不变,并且出价为原广告系列中的出价的1.2倍进行投放(在原广告系列预算充足的情况下,也可以使用提高该地区出价的方式达到相同目的)。

2. 优化质量得分

在Google Ads的宏观评价体系中 质量得分是整个Google广告的核心指标,因此,对质量得分的优化也是Google搜索广告优化中最为重要的环节之一。

对于如何优化质量得分,将影响质量得分的因素进行拆解、降维、定量分析,并对其每一个因素的操作步骤和流程做出详情说明。

质量得分的构成由点击率、相关性以及网站的表现组成,而点击率和相关性又可以归类到账户中的各个元素中。

接下来先从质量得分中最为关键的点击率入手,结合相关性分阶段讲解各个因素提高点击率的方法和操作,最后再从网站质量和相关度的因素分析,总结进一步提高关键词质量得分的方法。以下所有优化操作必须在预算足够的情况下才能进行。

(1) 关键词优化。对于点击率来说,关键词的点击率是判断这个关键词质量好坏的最基本的标准之一,而其对应的标准和操作见表 7-6。

表 7-6 质量得分优化

现 有 情 况			须执行的操作	备 注
点击率	关键词	CTR>5%	增加关键词,不需要使用关键字工具,只须看搜索词报告,若搜索词点击率高,则原广告组增加该搜索关键字	
			该类关键词匹配形式不做更改	
			提高出价(调整出价比例)	根据排名低于3.9或者高于3.9的原则
		CTR<2%	先增加否定关键字,对搜索词报告里的点击率较差的关键词添加否定,并沿用搜索词报告里的匹配形式	
			匹配形式,词组变修饰符+词组,完全匹配变修饰符+完全	如图 7-29 所示进行匹配形式左移优化
			如优化匹配形式,点击率还是未提高,则分组,分组完后,添加原有广告组的否定关键字;若分组,则根据词性、词义、词根+词数进行分组	关键词分组按照基础操作中关键词分组原则进行分组
			分组完,若点击率还未达标,则提高出价,以提高排名;但 CTR,质量得分若还未改善,则修改广告创意,广告优化参照下一阶段的广告创意小节	出价根据排名大于3.9或者低于3.9的原则
			以上都操作完,若 CTR 还未达标,暂停该关键词	

在搜索词报告中,触发的搜索词点击率高的一定要添加到原账户中,原因是触发关键字本身是没有质量得分的、触发的搜索词也可以单独作为新广告组,且新广告组中可添加原有广告组的否定关键字和广告。

关键词分组有很多方法,属于非标准化操作,没有标准答案,但必须严格遵守每组广告组中的关键词必须少于 15 个的标准。

一个广告组中的关键词之间的相关度也是质量得分评判的标准之一,因此,精细化的分组有助于提高整体的质量得分。但是,要主观判断,选择需要优化的关键词,或是需要以流量和花费为标准、依据,进行界定和选择(高流量、高花费优化才有意义)。

(2) 广告创意。由于点击率是同时存在于关键词和广告创意中的,因此优化广告创意就是提高相关度的一种方式,见表 7-7。

表 7-7　广告创意优化

现有情况		须执行的操作
点击率	广告创意 广告的相关性	广告创意优化,查看优化点击量中的广告创意优化; 广告的附加信息优化,查看点击率高的附加信息样式,进行相关内容优化,提高广告点击率

广告创意的相关度,是广告组中的关键词与广告创意之间是否相关,或广告创意中的文字与目标网址中的内容是否相关的指标。

(3) 账户设置。广告系列的设置会影响该广告系列中关键词的质量得分,因此合理优化广告系列的设置,可以提高关键词的质量得分,见表 7-8。

表 7-8　账户设置优化

现有情况			须执行的操作
点击率	账户	合作伙伴	搜索合作伙伴流量低于流量 Google 搜索,仅 Google 搜索推广; 合作伙伴,有转化,若转化率高,则保留
		时段	排除效果较差的时段(暂停该时段的广告投放),对较好的时段,提高该时段的出价
		地区	两种操作方式:地区点击率效果好的提高出价,效果不好的,进行排除; 若该地区点击率效果好,则单独投,与原有广告系列一样,出价×1.1,但是要把该地区从原有广告系列中排除
		设备	移动 PC 分开广告系列投放,移动的质量得分优化参考 PC 的优化,再提高移动端的点击率

搜索合作伙伴不会进入累积关键词的质量得分的评分体系,关键词质量得分只会由 Google 搜索下进行累积的质量得分决定,所以搜索合作伙伴点击率差,但若转化率可以,则保留搜索合作伙伴。

在质量得分优化中,时段和地区的操作顺序与提高流量的操作顺序完全相反,优化是先时段,再地区(筛减);而提高点击量时,是先地区,后时段(扩充)。

(4) 优化网站。质量得分除了在 Google 账户层面上的优化外,还有网站主体本身的优化,同样也可以提高关键词的质量得分,见表 7-9。

表 7-9　网站优化

网站现有情况		须执行的操作
打开速度	慢	使用服务器加速,或者采用镜像方式,精简代码,使用 GTM
相关度	差	选择相关 URL 进行着陆页测试,根据跳出率选择转化率页面

GTM 是 Google 的一个代码工具,会在第 10 章详细介绍。

选择更为相关的目标页面不仅可以提高关键词的质量得分,而且可以降低用户点击网站之后的跳出率,从而提高关键词的转化率。

3. 提升转化量

前面两个小节都只关注账户前端的数据,无论对于 B2B 还是 B2C 的业务生态来说,转化量才是衡量推广效果好坏的最重要的绝对指标。为了更进一步理解转化量和什么因素有关,对转化量进行拆分因子项,得出以下公式:

$$转化量=点击量×转化率=展示次数×点击率×转化率$$

无论是提高流量,还是提高点击率,如果最终流量或关键词都无法带来转化,则是无效的优化。

对于转化量,将影响其因素和优化执行的策略作拆解分析,对于转化而言,取决于流量的好坏,以及网站本身的因素,从账户层面中可以同样分成关键词、广告创意、账户设置,以及网站本身优化。

(1) 关键词。在分析关键词转化中,除需要查看直接转化量外,还需要查看辅助转化。如表 7-10 所示,表中的转化指的是所有转化,无论是直接转化,还是辅助转化。

判断关键词转化效果的好坏,是一个相对值(相对概念),需要广告主为每次转化设定一个可以承受的最高转化目标值(每次转化成本)。

以转化跟踪工具统计出的转化数值,是对于最终点击进行统计的转化量,而用户从访问到最终进行转化是一个过程,在此过程中往往会存在多次搜索或者点击广告,这也意味着,某些关键词是转化漏斗中偏上的行为标记,其辅助性较强。而在账户转化量报告中,其转化量绝对值往往显示较低或没有,因此,如果删除该类关键词,往往会影响最终用户进行转化的总体表现,见表 7-10。

表 7-10 关键字转化优化

相关因素		现有情况	须执行的操作		备注
账户	关键字	有转化	高转化,低排名(以平均排名 3.9 为标准)地提高出价	否定关键词/预算查看及优化	提高出价,一定要关注广告系列的预算是否充足,严格按照预算充足标准,并定期地为提高排名的关键词添加否定关键词(使用搜索词报告)
			单独做一个系列,并根据当前关键字增加一些相关关键字(单复数、错拼、动名词,但不可以增加前后缀)		一个或一组关键字占整个广告系列花费的 50%,并且转化好
			查找否定关键字,并添加(避免产生不需要的点击及费用花费)	搜索广告分值计算公式进行判断及后续操作	如果分值大于转化目标值,并且关键词有转化次数或有辅助转化次数,则降低 CPC(详见出价策略章节)
			增加关键字(搜索词报告)		如果分值小于转化目标值,而且分值比实际转化成本低 40%,那么意味着此关键字辅助转化强,最终转化相对较弱,需要在保持流量的前提下降低单次点击成本;如果分值小于转化目标值,并且本身转化成本小于转化目标值,但差额在 40%以内,则表示关键词本身转化较强,辅助转化较弱,须增加关键词的流量(详见提升关键词流量操作)

搜索广告分值＝2×cost/(2×转化次数＋点击辅助转化次数＋0.1×展示辅助次数)

搜索广告分值,如其大于转化目标值,意味着该关键词转化成本过高,需要对该关键词进行点击成本以及流量质量上的优化,可以采取降低该关键词的出价(具体出价调整策略后文会详细介绍),并且查看搜索词报告,排除高流量、高花费,但无任何转化地触发关键词,从而降低不必要的点击和花费,达到优化转化的目的。

(2) 广告创意。对于广告创意,不单单是只查看点击率这一个单一指标,应结合转化率的高低进行各种情况的分拆及操作优化,见表 7-11。

表 7-11 广告创意转化优化

相关因素		现有情况	须执行的操作	备　　注
账户	广告创意	CTR 高,转化率低	寻找更相关的目标网页,优化站内	
		CTR 低,转化率低	关键词选择问题,匹配形式,否定关键词,先优化 CTR,再看转化率	
		CTR 高,转化率高	关键词增量	查看提升关键词流量章节
		CTR 低,转化率高	优化 CTR	查看质量得分优化章节中的广告分块

(3) 账户设置。广告系列的账户设置,可以进一步提升广告系列整体的转化率及转化量;再配合目标页面的准确性数据分析,就能更有效地提升整体转化率及转化量,见表 7-12。

表 7-12 账户设置转化优化

相关因素		现有情况	须执行的操作	备　　注
账户	投放账户准确性	时间	重点时段单独投放,提高转化量;效果较差时段进行排除,提高转化率;重点时段提高出价,非重点时段降低出价,降低每次转化成本	
		地区	重点地区单独投放,提高转化量;效果较差地区进行排除,提高转化率;重点地区提高出价,非重点地区降低出价,降低每次转化成本	单独投放地区,必须在原有广告系列排除该地区
		设备	移动、PC 分广告系列投放,并且再根据地区时间优化	
	目标准确性	跳出率及转化率低	频道页/活动页/产品类别页,根据 GA 的跳出率找到转化量最高的页面进行测试,做 A/B 测试	对比一周的数据,广告创意不变

目标页面的测试,需要在保证该广告组中的广告创意完全相同的情况下,进行不同的目标页面测试,并至少对比一周的数据,进行目标页面的选择。

(4) 网站本身优化。最终,用户在网站中形成转化还是依靠网站本身。再优质的流量,也可能因为网站主体本身的各种问题,无法留住客户形成转化,因此网站的优化同样也是需要关注的,见表7-13。

表7-13 网站转化优化

相关因素		现有情况	须执行的操作
站内	网站打开速度	慢	看账户和GA数据的差异,查看丢失率;若丢失率高,则表明网站代码太长,用户流失
	产品是否相关		产品和目标页面的相关性,产品数量的多少
	流程		整个网站的转化流程、转化按钮、转化说明文字等

以上详细介绍了针对数据分析中的流量、质量得分、转化量(率)的基本优化策略及操作流程,在以上策略的操作内容中有很大一部分涉及调整出价的操作。那么,如何调整出价?按照什么标准调整?调整的幅度是多少?哪些因素会因为出价的调整而改变?这就是对于搜索广告来讲的高级优化技巧。

4. 基于ROI的CPC调价策略

在介绍出价策略之前,先引进一个数值——ROI,为了更直观地理解ROI,可以运用以下公式计算。

B2C:推广的每次ROI=(客单价×毛利率-运营费用)/每次转化成本

B2B:推广的每次ROI=传统渠道销售机会成本/每个在线机会推广成本

B2C比较容易理解,而B2B的传统渠道销售机会成本举例说明:A公司的一个销售人员每个月工资5000元,社保、员工福利以及运营成本分摊为5000元,而一个销售一个月能够拜访的有效用户(非达成交易合作)为20个,则该传统渠道销售机会成本为:(5000+5000)/20=500(元)。

ROI是核心指标,调整CPC来优化ROI的核心操作,其调整的标准是以平均排名这个因素决定的,因此,先对平均排名进行初步判断,达到最基本的排名要求后,才可以进行出价的策略。表7-14为排名因素判断标准。

表7-14 排名因素判断标准

排名因素现有情况		判断	调整	备注
关键字平均排名	>3.9	可进行CPC的优化调整	具体优化,参考以下ROI情况进行调整	① ……CPC出价提高,一定要做否定关键字添加[]; ② 每个关键字一天最多调价3次,若超过3次,则会引起账户不稳定; ③ 调整的前提是该关键字在Google上是有效的、有流量的,而不是在Google的合作伙伴上有流量; ④ 关键字排名会影响点击率和投资回报率,点击率会影响实际点击费用、排名,以及关键字是否触发和流量
	<3.9	先提高CPC至排名在3.9以内,才能进行CPC的优化调整		

平均排名是一个近似值,是按照关键词被每次搜索触发后,广告排名的一个平均值,所以往往后台看到排名1.0,但前台搜索会出现排在第二名的情况。

平均排名1.0,代表该关键字90%以上是在第一名,小于10%的概率是在第二名。

平均排名1.5,代表该关键字50%以下是在第一名,50%以上是在第二名或第三名,10%以下是第三名。

平均排名1.9,代表该关键字大于10%的概率是在第一名,大于40%的概率是在第二名,小于40%的概率是在第三名。

可以看出,平均排名虽然是1.9,但还是有可以提升的空间,具体的调整策略见表7-15。

表7-15 出价调整策略

CPC调整策略现有情况		判断	调整
关键字每次转化价值评估	ROI<1	该关键字亏钱	① 排名高,调低出价。出价区间:CPC<平均每次点击费用; ② 排名为2.5~3.9,出价调整区间:平均每次点击费用<CPC<最高每次点击费用; ③ 排名低于3.9,提高CPC出价将排名提高到3.9以上,再按照以上两点进行调整; ④ 如果流量很低,该关键字可不考虑出价调整
	ROI>1	该关键字盈利	① 排名过低:直接提高CPC出价,排名提升到3.9以内,直到最高利润(利润最高值); ② 排名高但是不挣钱,ROI接近1,略微降低出价,出价区间:实际点击费用<CPC<最高每次点击费用
	ROI=1	该关键字的收支平衡	参照ROI接近1的策略

ROI>1的情况下,会查看一个利润最高值,从而判断其出价调整策略。

什么是利润最高值?这里举例说明:

A产品的利润率为50%,其客单价为30元,现推广ROI为4,但每天只有5个订单,而提高出价后,由于CPC提高,推广ROI降到3,但每天订单有20个,计算整体利润。

优化前:$(30×0.5-30/4)×5=37.5(元)$

优化后:$(30×0.5-30/3)×20=100(元)$

只要利润总量成正比上升,一定会有一个利润最高值。只要在这个峰值范围以内,就可以使用提高出价的策略。

从以上几节中可以发现,无论何种优化策略和操作,虽然都使用了分散的技巧,但这些策略环环相扣,相互关联。

针对关键词核心数据的几种表现情况,结合基础优化和高级优化的技巧,其优化的顺序也是非常重要的,只有按照一定的优化策略的顺序和操作顺序,才能达到最优质的优化效果。表7-16总结了关键词各个现象对应的优化顺序。

表 7-16 关键词各个现象对应的优化顺序

CTR	Click	Conversion	调 整 方 法
>5%	高	高	点击量,CPC
<5%	低	高	质量得分,点击量
>5%	高	低	转化率,CPC
<5%	低	低	质量得分,再优化点击量,最后优化转化率,CPC
>5%	低	高	优化点击量
<5%	高	高	优化点击率,CPC
>5%	低	低	先优化点击量,再优化转化率
<5%	高	低	先优化质量得分,再优化转化率,CPC

7.3 Google 购物广告效果评估及优化

相较于竞争对手而言,Google 更重视推荐系统性的广告模式、更重视消费者此时此刻的动机,因此零售商可以利用 Google Ads,通过广告刺激消费者产生购买行为。

Google 的广告在形式上不断迎合零售广告主,它主要在 YouTube、谷歌关键词广告上更贴近广告商的需求和搜索引擎用户的行为习惯。商家需要讲自家的产品目录、价格、介绍,并在谷歌购物上传,不论用户使用哪个入口在 Google 上搜寻,零售商都能将自家产品的图片、价格和商家名称展示在消费者眼前。

根据 Adthena 咨询机构的报告,全美零售商现在将 76.4% 的广告预算用在了谷歌购物广告上。这份报告分析了美国和英国 24 万零售广告主的 4000 万个广告而得出上述结论。显而易见,投靠谷歌的流量为自己的电商引流,是全球广告主的最好选择。

市场营销公司 Singular 2019 年抽样了 15 亿元的广告投放(样本来自该公司协助优化的每年 100 亿元广告投放),分析哪些广告网络能提供最好的投资回报。该公司编制的投资回报(ROI)指数显示,谷歌排名第一,Facebook 紧随其后。正如报告所说:"精明的营销者知道,他们需要的不止是两家媒体合作伙伴,但谷歌和 Facebook 有很好的理由进入每名营销者的计划:它们能带来效果。"

7.3.1 Google 购物广告账户的主要报告与分析

1. 查看广告账户的主要报告及重点数据、指标项目

(1) 账户报告。针对账户报告,主要查看以下指标:展示次数、点击次数、点击率、转化数、每次转化费用、费用。

(2) 广告系列报告。针对广告系列报告,主要查看以下指标:展示次数、点击次数、点击率、转化数、每次转化费用、费用、地区、时间、设备、投放网络(合作伙伴)。

(3) 广告组报告。针对广告组报告,主要查看以下指标:展示次数、点击次数、点击率、转化数、每次转化费用、费用。

（4）产品组。针对产品组，主要查看展示次数、点击次数、CTR、基准 CTR、CPC、基准最高每次点击费用、转化次数、转化率、每次转化费用、展示份额等指标。

（5）产品。针对产品，须查看 ID、展示次数、点击次数、CTR、CPC、转化次数、转化率、每次转化费用、展示份额等指标。

（6）展示份额报告。针对展示份额报告，主要查看以下指标：在搜索网络中因预算错失的展示次数份额，在搜索网络中因排名错失的展示次数份额。

2. 分析各种数据结果

与搜索广告类似，从账户到广告系列再到广告组，找到数据的波动与变化点。最后根据不同产品组和产品的表现情况，进行点击量优化、点击率优化、转化量优化。这些优化手段需要依靠产品组效果报告、产品报告进行多维度的分析。

同样，所有需要优化的广告系列、广告组、产品组、产品必须遵循高流量，高花费的标准，寻找对应的广告系列、广告组、产品组和产品。流量、转化、ROI 等主要数据分析和调整的标准也遵循搜索广告的标准。最后，根据优化目标及数据现象，购物广告的主要效果表现总结见表 7-17。

表 7-17 优化目标及当前现象

优化目标	当 前 现 象
优化流量	网站某产品（组）转化好，购物广告对应产品（组）没流量，Feed 没有涵盖所有产品（组）；出价低于基准最高每次点击费用；广告系列因预算错失的展示次数份额超过 10%
优化流量	某个投放转化产品（组）转化好，相关产品（组）需要提升流量，相关产品混在一堆产品（"所有产品的其他所有产品"）里；相关产品（组）出价低于基准最高每次点击费用
优化转化	投放产品流量低导致转化少；产品（组）出价低于基础最高每次点击费用；因排名错失的展示次数份额超过 10%；低于基准点击率
优化转化	投放产品流量高、花费高，转化成本也高，需要降低转化成本；含有无转化搜索词；含有无转化产品（组）；某产品（组）转化成本高

7.3.2 Google Merchant Center 账户的主要报告与分析

Google Merchant Center 是存放所有用于购物广告的商品的载体，保证 Google Merchant Center 账号稳定运行是做好购物广告的基础，因此 Google Merchant Center 账户里的主要信息也需要及时关注。

1. 购物广告产品概览

关注产品状态，保证上传的商品都能处于"有效"状态进行广告投放。如果上传的商品超过 2 个工作日处于"待定"状态，甚至"未获批准"，则需要及时提交申诉。定期保证 Feed 更新，最少一个要更新一次，不要有"即将过期"商品，如图 7-31 所示。

2. 商品问题

在"商品-诊断"页面下，可以查看上传商品的状态。如图 7-32 所示，在此页面可以看到有问题的商品的具体问题以及提示如何改正。黄色表代表警告，受警告的商品仍可进行广告投放，但流量会受到一定程度的限制；红色代表错误，该商品不能投放广告（在实际的账户页面上

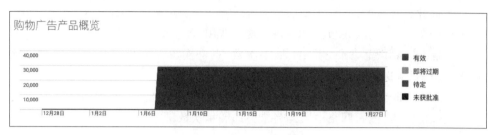

图 7-31 购物广告产品概览

会看到红色与黄色两种颜色的提示)。因此,一旦提示该商品出现问题,一定要尽快修正。

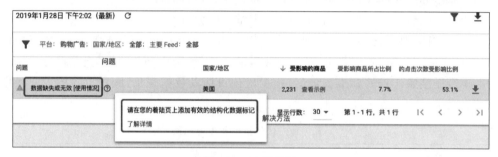

图 7-32 商品问题

3. Feed 问题

上传后的某份商品数据 Feed 如果出现问题,则该份 Feed 不会进入系统进行投放,因此在 Feed 页面上提示的问题一旦出现,需要及时改正,如图 7-33 所示。

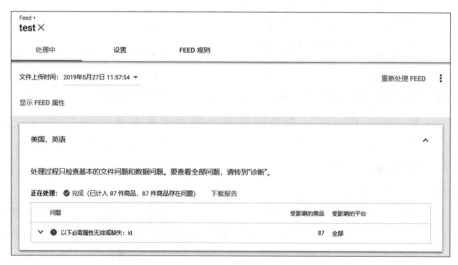

图 7-33 Feed 问题

4. 账号问题

Google Merchant Center 账号如果出现问题,例如被拒绝登录,购物广告也无法投放,因此，也须及时查看账号问题，如图 7-34 所示。

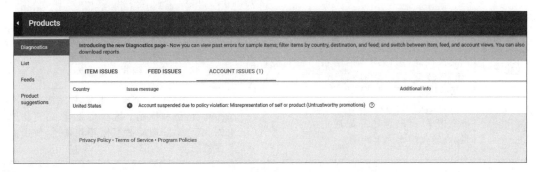

图 7-34　账号问题

7.3.3　Google 购物广告账户优化要点与设置

根据上文总结出的优化目的和现有的数据现象，对于购物广告，在广告账户中可以进行以下调整，见表 7-18。

表 7-18　购物广告账户调整

调整目的	当 前 现 象	广告账户调整
优化流量	网站某产品（组）转化好，购物广告对应产品（组）没流量，Feed 没有涵盖所有产品（组）；出价低于基准最高每次点击费用；广告系列因预算错失的展示次数份额超过 10%	① 该产品组整体提高出价； ② 网站有转化产品单独投放并提高出价； ③ 如果预算不足，则提升预算至因为预算错失的展示次数份额少于 10%
	某个投放转化产品（组）转化好，相关产品（组）需要提升流量，相关产品混在一堆产品（"所有产品的其他所有产品"）里；相关产品（组）出价低于基准最高每次点击费用	转化好的相关产品在账户中单独投放并提高出价
优化转化	投放产品流量低导致转化少；产品（组）出价低于基础最高每次点击费用；因排名错失的展示次数份额超过 10%；低于基准点击率；产品标题和描述中的字词与高流量高转化搜索词不匹配	① 产品（组）出价低于基准最高每次点击费用，继续提高产品组出价； ② 有转化产品单独投放并提高出价
	投放产品流量高、花费高，转化成本也高，需要降低转化成本；含有无转化搜索词；含有无转化产品（组）；某产品（组）转化成本高	① 查看搜索词报告，添加无转化点击率低、CPC 高、花费高，与产品相关性差的否定词； ② 将无转化产品设置为"已排除"； ③ 调整产品出价

购物广告优化的核心在于产品，需要及时发现表现有所不同的产品，并及时进行调整。出价方面的调整原则与搜索广告相同，核心也在于计算某个产品（组）的转化价值得分和 ROI，从而进行出价高低的判断及调整。

7.3.4　Feed 优化及设置

除了广告账户的调整，购物广告的优化有一部分需要针对产品及 Feed 进行，主要要点见表 7-19。

表 7-19 Feed 调整

调整目的	当 前 现 象	Feed 调整
优化流量	网站某产品(组)转化好,购物广告对应产品(组)没流量,Feed 没有涵盖所有产品(组)	确保所有产品加入购物广告 Feed
优化转化	投放产品展示高点击少,导致转化少,低于基准点击率;产品标题和描述中的字词与高流量、高转化搜索词不匹配	如广告点击率低于基准点击率,则适当优化产品图片、价格和标题。选取高流量、高转化搜索词,结合实际产品改写标题和描述,使用商品促销功能吸引用户

购物广告不提供准确的质量得分数据,因此无法以类似从搜索关键词质量得分的角度判断产品数据的质量,从而影响广告展示和流量。唯一对此进行优化的途径是结合用户搜索词的情况,让标题和描述更好地匹配热门和高质量的搜索,提升 Feed 质量。

1. 保证高质量数据

上传完整的商品数据:及时且精准,网站一有更新,无论是上下架产品,还是产品本身出现变化,都要及时更新 Feed,特别是价格有变化时。

高质量商品图片,推荐尺寸为 1080×1080 像素,最小为 250×250 像素。

必填属性全部提供。

推荐属性越多越好。

2. 标题描述优化

标题:商品的标题不应超过 70 个字符。

描述:商品描述最多可提供 10000 个字符,建议至少提供 500~1000 个字符的描述。

商品的标题在不同展示机会的时候有可能被截断不能全部展示,所以"重要"的核心信息,影响判断权重高的信息需要前置,如 1V 5A iPhone portable charger 可以写成 portable iPhone Charger-1V 5A。

对于某些品牌名字过长的,比如蒂森克虏伯、阿尔卡特朗讯等品牌名称,为了避免加上产品描述后超过字数限制,请选择重要的关键字或者缩写。

描述直接来自网站上商品的描述。

产品被关键词触发是由于标题和描述的相关性导致,因此为了提高产品被触发的概率,对于 Feed 中标题和描述的优化,可以结合账户中触发关键词或者事件性关键词进行优化,同时需要对网站内产品的标题进行相同修改。例如,产品是蜡烛,在圣诞节期间,标题可以改成圣诞蜡烛;情人节期间,标题可以改成情人节蜡烛。同时,网站内的标题和描述一同更改,保证网站和 Feed 内容保持一致。

3. 编辑要求

所有商品信息必须符合编辑要求。常见的容易违反的编辑要求包括:产品介绍中不要添加促销信息,例如"包邮""折扣";不要有不必要的标点符号重复,不适当的大写和无意义的符号,例如所有字母大写;不要有不必要的关键字重复叠加,例如 APPLE IPOD I-POD I POD;不要使用攻击性或者不恰当的语言描述。

4. 图片要求

图片上不能有文字,即使是品牌的 logo 水印。

图片必须直接呈现销售商品,至少占据 75% 的图片面积,最多不超过 90%。最好纯白色或透明背景。如果是套装,则必须呈现出套装内的所有商品。

为每款商品提交不同的 Feed 数据,并与之对应最相关的图片。例如,销售蓝色和绿色的裙子,则分别提交两条商品数据,蓝色裙子使用蓝色图片,绿色裙子使用绿色图片。

5. 及时解决数据问题

Google Merchant Center 中提到的任何关于账号、商品等问题,必须及时改正。

6. 使用促销信息 Feed

通过 Google Merchant Center 提交的促销信息会应用到 Google.com(如图 7-35(a)所示)和 Google 购物上的购物广告(如图 7-35(b)所示)。从而提升广告的吸引力,并提升点击率。另外,促销优惠也能使得用户到达网站后提升转化率。

促销信息需要通过促销信息 Feed 的形式提交至 Google Merchant Center 中,制作及提交的步骤如下。

(1) 制作 Feed:与商品 Feed 类似,促销信息 Feed 也需要制作成一份数据 Feed,具体包含一系列必填属性。

① 必填属性。

promotion_id:促销的 ID。最多 50 个英文半角字符,不得有空格及符号。

product_applicability:该促销适用商品。

如果该促销适用商品 Feed 里的所有商品,则填入 ALL_PRODUCTS 作为属性值。

如果该促销适用商品 Feed 里的部分商品,则填入 SPECIFIC_PRODUCTS 作为属性值。

offer_type:促销类型。该促销是否需要适用优惠代码才能实现。

如果无须使用优惠代码,则填入 NO_CODE 作为属性值。

如果需要使用优惠代码,则填入 GENERIC_CODE 作为属性值,且需要增加一个属性 generic_redemption_code,并将优惠代码名称作为属性值填入。优惠代码最多 20 个英文字符。

long_title:促销标题,最多 60 个英文半角字符。

promotion_effective_dates:促销有效期。促销有效期由促销开始时间和促销结束时间两部分构成,中间以"/"隔开;其中时间由年、月、日、时、分、秒构成,年、月、日的写法为 YYYY-MM-DD,时、分、秒以 24 小时制表示,并以格林尼治标准时间为基础,用"+"或"-"表示时长。年月日与时分秒之间用 T 隔开。例如,某促销北京 2019 年 5 月 20 日上午 10 点开始,于 2019 年 5 月 25 日下午 5 点结束,应写成 2019-05-20T10:00:00+07:00/2019-05-25T17:00:00+07:00。

redemption_channel:促销获取渠道。填入 ONLINE 作为属性值即可。

② 根据促销实际内容的不同,通常也会有一些常用的可选属性,具体如下。

minimum_purchase_quantity:最小购买数量。如果促销有最小购买数量限制,例如 3

CHAPTER 7

(a) Google.com购物广告中的促销消息

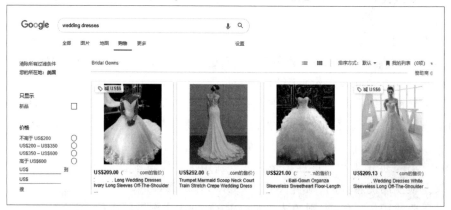

(b) 购物搜索中的促销信息

图 7-35

件以上 8 折,则填入"3"作为属性值。

  minimum_purchase_amount:最小购买金额。如果促销有最小购买金额限制,例如促销时满 50 元减 5 元,则填入"50 USD"作为属性值。

  percent_off:促销以百分比折扣为形式,如 10% OFF,则填入"10"作为属性值。

  money_off_amount:促销以金额折扣为形式,如 10 USD OFF,则填入"10 USD"作为属性值。

  get_this_quantity_discounted:促销获得数量。如买 2 赠 1,则填入"1"作为属性值。

  limit_quantity:促销适用购买数量上限。例如 10 件以内包邮,则填入"10"作为属性值。

  limit_quantity:促销适用购买金额上限。例如 100 美元以内 9 折,则填入"100 USD"

作为属性值。

(2) 上传 Feed。制作好促销信息 Feed 后，需要将 Feed 上传至 Google Merchant Center 账号中。

来到"商品-Feed"页面，单击"补充 Feed"按钮，如图 7-36 所示。

图 7-36　添加补充 Feed

命名此 Feed 及选择提交方式，如图 7-37 所示。

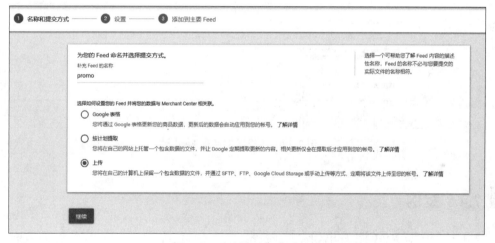

图 7-37　命名及选择提交方式

命名此份数据文件及上传文件，如图 7-38 所示。

运用至主商品 Feed，如图 7-39 所示，完成促销信息 Feed 的提交。

(3) 将促销映射至部分商品。在制作促销信息 Feed 章节中提到，如果促销运用至所有商品 Feed 中的商品，则使用 ALL_PRODUCTS 作为 product_applicability 属性的值。

如果只是部分商品使用到促销，除了在促销信息 Feed 里须使用 SPECIFIC_PRODUCTS 作为 product_applicability 属性的值，在商品 Feed 中也必须增加一个 promotion_id 属性，运用了此促销的商品在这个属性里填入该促销 ID 作为属性值。这样，在商品 Feed 中的某些商品就能运用到促销信息 Feed 里的某个促销了。

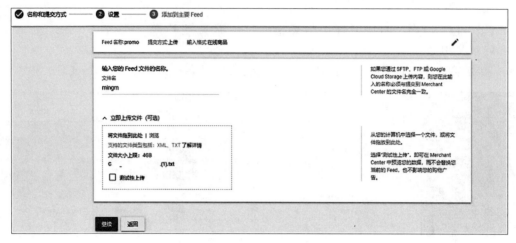

图 7-38 命名及上传文件

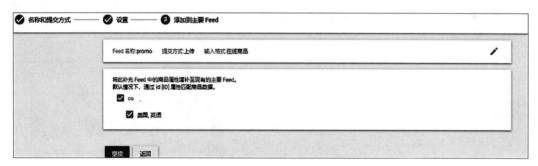

图 7-39 运用至主商品 Feed

7.4 案例

7.4.1 根据 ROI 调整出价

根据公式"（客单价×毛利率－运营费用）÷转化成本"算出关键字的 ROI，见表 7-20。

表 7-20 关键字初期状态

关键字	最高每次点击费用/元	点击次数	花费/元	平均每次点击费用/元	平均排名	ROI
买书	1.00	82	69.70	0.85	4.4	3.42
二手书	1.00	119	55.93	0.47	1.1	0.25
买二手书	1.00	243	153.09	0.63	3.4	0.55
书籍	1.00	323	303.62	0.94	1.8	1.35
小说	1.00	33	30.36	0.92	2.4	0.05

若 ROI 小于 1，则为亏损的关键字，此时须降低最高每次点击费用出价，见表 7-21。

表 7-21 亏损关键字降价

关键字	最高每次点击费用/元	点击次数	花费/元	平均每次点击费用/元	平均排名	ROI
买书	1.00	82	69.70	0.85	4.4	3.42
二手书	0.35	119	55.93	0.47	1.1	0.25
买二手书	0.70	243	153.09	0.63	3.4	0.55
书籍	1.00	323	303.62	0.94	1.8	1.35
小说	0.20	33	30.36	0.92	2.4	0.05

若 ROI 大于 1,则为盈利的关键字,此时须提高最高每次点击费用出价,见表 7-22。

表 7-22 盈利关键字提价

关键字	最高每次点击费用/元	点击次数	花费/元	平均每次点击费用/元	平均排名	ROI
买书	1.40	82	69.70	0.85	4.4	3.42
二手书	0.35	119	55.93	0.47	1.1	0.25
买二手书	0.70	243	153.09	0.63	3.4	0.55
书籍	1.10	323	303.62	0.94	1.8	1.35
小说	0.20	33	30.36	0.92	2.4	0.05

注意:如果关键字展示量或点击量过少,则不考虑对该类关键字优化,需要足够的数据积累后,才进行后续判断及优化。如果 ROI 低,但排名同时过低,则先提高排名,进行数据积累后再进行判断及后续优化。

7.4.2 表现不佳关键字及广告优化步骤

现状:销售眼镜的广告账户中的关键字和广告表现不佳,见表 7-23。

表 7-23 表现不佳的关键字和广告

关键字	最高每次点击费用/元	点击次数	展示次数	排名	点击率
glasses	1.50	32	64000	4.2	0.05%
广告	点击率 0.04%				
标题 1	cheap eyewear online				
标题 2	big discount				
描述	low price, high quality, new styles				

优化步骤如下。

① 添加否定关键词:减少低点击率的搜索词触发流量。

② 改变匹配形式:对于 glasses 这样宽泛的广泛匹配关键词,逐步缩紧匹配形式,从广泛匹配到词组匹配,再到完全匹配逐步测试。

③ 优化广告语,提升整体点击率。在广告语标题中插入关键字;对低价、折扣等使用明确地表达,如 10% OFF,from $9;使用号召性语句,如 Shop Now;适当使用大小写、标点符号,如"!"。

改写如下：

标题 1：Cheap Glasses Online

标题 2：Up to 50％ Off

描述：From ＄9.99. Round，Oval and More Styles，Shop Now！

④ 提高出价：点击率提升后，如果排名低于 3.9，则适当提高出价进行测试。

7.4.3　购物广告-Feed 优化

（1）适当修改产品标题，有利于核心产品词展示在标题前面，匹配到高流量的核心产品词搜索，提高广告吸引力。特别是在广告展示空间偏小，标题只有前几个单词能展示出来的时候，如图 7-40 所示。

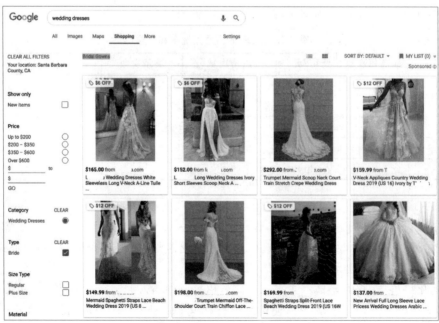

图 7-40　修改产品标题

（2）使用大面积直观展示产品，且白色或者无背景的图片更能获得好的展示效果（在搜索结果中排得更靠前），如图 7-41 所示。

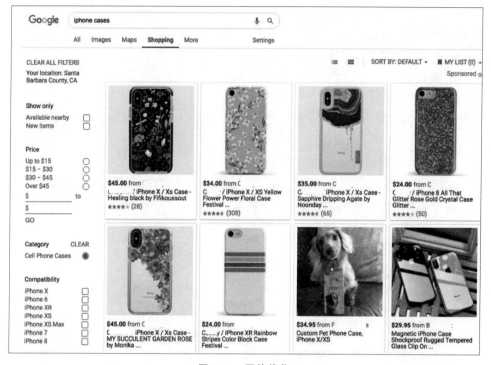

图 7-41　图片优化

（3）使用促销信息展示提升广告吸引力，如图 7-42 所示。

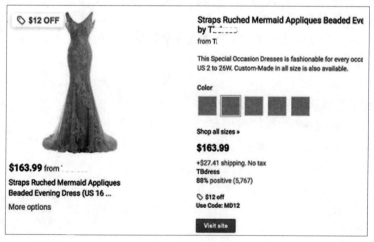

图 7-42　促销信息的使用

CHAPTER 7

练习题

1. 选择题（不定项）

（1）Google 无法获取以下哪项转化数据？（　　）

　　A. 网站操作

　　B. 应用内的操作

　　C. 手机直接拨打已保存在通讯录中的商家电话

　　D. 其他平台导入的数据

（2）以下哪些是网站转化操作创建时可选的类别？（　　）

　　A. 购买　　　　　　B. 网页浏览　　　　C. 潜在客户　　　　D. 注册

（3）以下哪些地方能够获取数据报告？（　　）

　　A. 广告系列标签　　　　　　　　　　B. 账户"报告"板块

　　C. 账户"建议"标签　　　　　　　　　D. 广告组标签

（4）以下哪项不是搜索广告的常用报告？（　　）

　　A. 广告系列报告　　B. 关键字报告　　C. 搜索字词报告　　D. 人群定位报告

（5）以下哪些是搜索广告关键字须重点查看的指标？（　　）

　　A. CTR　　　　　　B. CPC　　　　　　C. 转化次数　　　　D. 质量得分

（6）以下哪种营销预算称为合理预算？（　　）

　　A. 广告预算 1000 元，每天都花完

　　B. 广告预算 1000 元，每天花 300 元

　　C. 广告预算 1000 元，每天花 700～800 元

　　D. 以上 3 种都合理

（7）关键字每个阶段的优化必须等待多久才进行下一次的判断和操作？（　　）

　　A. 30 分钟后即可　　　　　　　　　　B. 1 小时后即可

　　C. 12 小时后即可　　　　　　　　　　D. 1～3 天

（8）以下哪项是购物广告特有的报告？（　　）

　　A. 广告系列报告　　　　　　　　　　B. 搜索字词报告

　　C. 产品组报告　　　　　　　　　　　D. 展示份额报告

（9）以下哪些是促销信息 Feed 的必填属性？（　　）

　　A. promotion_id　　　　　　　　　　B. product_applicability

　　C. long_title　　　　　　　　　　　　D. offer_type

2. 简答题

（1）简述什么是转化跟踪及其作用。

（2）举例阐述转化统计方式中"每一次"和"仅一次"的区别。

（3）举例阐述转化时间范围设定对统计的影响。

（4）举例阐述什么是浏览型转化，以及浏览型转化时间范围设定的影响。

(5) 简述文字广告创意的优化技巧。

(6) 简述提升关键字质量得分的要点和操作方式。

(7) 计算表 7-24 中缺少的指标值,并给出在整体转化数量不变的前提下,降低整体转换成本的建议。

表 7-24 指标值计算(7)

关键字	花费/元	点击次数	转化次数	转化成本	转化率
足球鞋		12343	263	60.50	
球鞋	7874.0	34355	120		
男球鞋	10934.0			47.80	1.10%
女球鞋			97	200.70	0.33%
篮球鞋	2343.0	8980			0.93%
总计					

(8) 计算表 7-25 中缺少的指标值,并给出在整体订单金额不变的前提下,提升整体 ROI 的建议。

表 7-25 指标值计算(8)

关键字	花费/元	点击次数	转化次数	转化成本/元	转化率	订单数量	订单金额/元	ROI
足球鞋	125	172	1			1	220	
球鞋	200	32	15			12	2400	
男球鞋	225	120	10			8	2000	
女球鞋	355	220	8			6	1000	
篮球鞋	580	80	30			19	4800	
总计								

(9) 根据下图体现出的广告展示效果,提出该条产品 Feed 的改进建议。

CHAPTER 7

答案

1. 选择题（不定项）

（1）C （2）ABCD （3）ABD （4）D （5）ABCD （6）C （7）D （8）C （9）ABCD

2. 简答题

（1）参见 7.1.1 节中"1.转化跟踪的内涵"及"2.使用转化跟踪后可以达成的效果"中相应部分。

（2）、（3）、（4）参见 7.1.3 节中"1.转化操作设置"中相应内容。

（5）参见 7.2.2 节中"1. Clicks 点击量优化"中"（3）广告创意"部分相应内容。

（6）略。

（7）计算结果见表 7-26。

表 7-26　指标值计算结果（7）

关键字	花费/元	点击次数	转化次数	转化成本	转化率/%
足球鞋	21171.5	12343	263	60.50	1.32
球鞋	7874.0	34355	120	65.62	1.52
男球鞋	10934.0	4345	48	47.80	1.10
女球鞋	1947.0	29394	97	200.70	0.33
篮球鞋	2343.0	8980	84	27.90	0.93
总计	44269.5	89417	612	72.30	0.68

参见 7.2.2 节中"3.提升转化量"中相应内容。

（8）计算结果见表 7-27。

表 7-27　指标值计算结果（8）

关键字	花费/元	点击次数	转化次数	转化成本/元	转化率/%	订单数量	订单金额/元	ROI
足球鞋	125	172	1	125.0	0.6	1	220	1.3
球鞋	200	32	15	13.3	47.9	12	2400	12.0
男球鞋	225	120	10	22.5	4.4	8	2000	8.9
女球鞋	355	220	8	44.4	3.6	6	1000	2.8
篮球鞋	580	80	30	19.3	37.5	19	4800	8.3
总计	1485	624	64	23.2	4.4	46	10420	7.0

参见 7.2.2 节中"4.基于 ROI 的 CPC 调价策略"。

（9）标题、描述、价格、店铺名、折扣、图片等内容阐述言之有理即可。

第 8 章

搜索引擎扩展营销广告效果评估及优化

第 7 章介绍了 Google 基础营销方式的广告效果评估及优化策略、方法。本章继续就 Google 的扩展营销方式展开相同的分析。

8.1 Google 展示广告效果评估及优化

Google 展示广告与搜索广告最本质的区别在于定位方式不同,搜索广告以关键字的定位,用户主动搜索的行为进行匹配展示广告,而展示广告是以不同的定位方式,在用户浏览网页中,以被动式进行广告展示。因此,对展示广告的效果评估的标准和优化方式也有别于搜索广告。

8.1.1 Google 展示广告的主要报告与分析

1. 查看主要报告及重点数据项

对于展示广告的主要报告和重点数据项,有很多报告和数据项都类似于搜索广告,这里详细讲解有别于搜索广告的一些重点报告及数据项。

（1）关键字-展示广告/视频广告关键字。这里的关键字报告，有别于搜索广告中的关键字报告。这是在关键字定位方式下，展示广告/视频广告中关键字定位的报告，换句话说，就是查看是哪个关键字匹配出来的与该关键字内容相关的展示位置（网站或者应用中），广告被触发后的流量效果。

这里提到的关键字属于内容定位的关键字，用于匹配广告展示的位置。在接下来的章节中，还会出现用于制作自定义的意向受众群体的关键字，受众群体的关键字则用于定义与关键字相关的人群特点。

针对展示广告/视频广告关键字定位报告，须主要查看展示次数、点击次数、点击率、CPC、转化次数、转化率、每次转化费用、浏览型转化次数等指标，如图8-1所示。

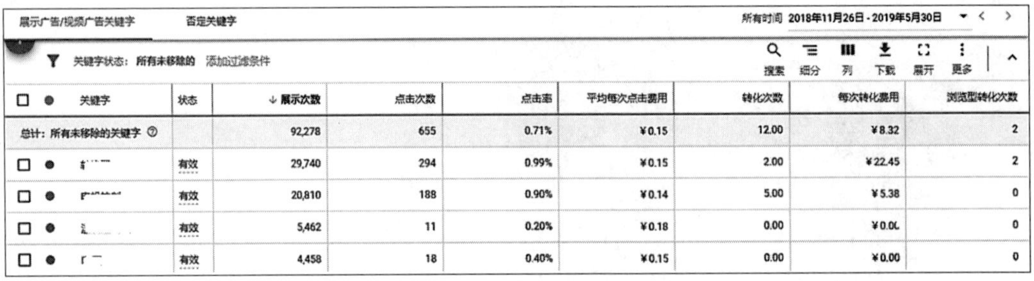

图8-1 展示广告关键字报告查看数据

浏览型转化与搜索广告中的辅助转化类似，但有所不同，其定义为：用户在浏览网站的时候，看到了广告主的展示广告，但没有点击广告，之后通过其他方式在广告主的网站中进行了转化，就记录一次浏览型转化。

（2）展示位置（展示网站）。以指定展示位置（网站或应用）定位方式，输入需要定位的网站URL或应用的ID定位展示广告网络。针对展示位置（网站或应用），须查看展示次数、点击次数、点击率、平均每次点击费用/平均每千次展示费用、转化次数、转化率、每次转化费用、浏览型转化等指标，如图8-2所示。

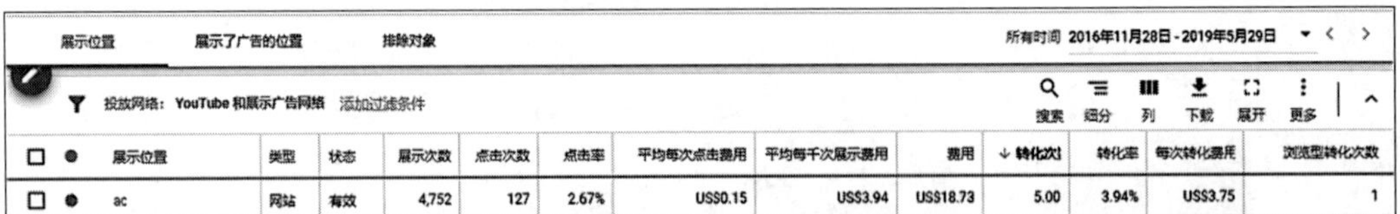

图8-2 展示位置报告查看数据

由于在展示位置定位中可以选择每次点击费用或每千次展示费用两种出价方式，因此根据不同出价方式展现的数据有所不同。

展示位置（展示了广告的网站或者应用）报告中的数据，是为了比较选择的网站或者应用列表对应的广告效果。

（3）展示位置（展示了广告的位置）。这里的展示位置（展示了广告的网站或应用）报告有别于与前面提到的展示位置定位方式的展示位置，这里的展示位置列表是以非展示位置定位方式，例如关键字定位、主题定位、受众人群定位的方式所匹配从而展示了广告的网站或应用列表的数据效果报告。

针对展示了广告的位置，也就是已经展示了的网站或应用，须查看展示次数、点击次数、点击率、CPC、转化次数、转化率、每次转化费用、浏览型转化等指标，如图 8-3 所示。

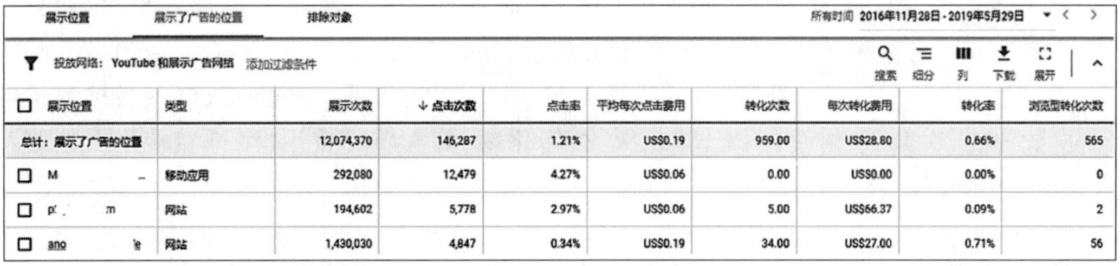

展示位置	类型	展示次数	↓点击次数	点击率	平均每次点击费用	转化次数	每次转化费用	转化率	浏览型转化次数
总计：展示了广告的位置		12,074,370	146,287	1.21%	US$0.19	959.00	US$28.80	0.66%	565
M –	移动应用	292,080	12,479	4.27%	US$0.06	0.00	US$0.00	0.00%	0
p m	网站	194,602	5,778	2.97%	US$0.06	5.00	US$66.37	0.09%	2
ano e	网站	1,430,030	4,847	0.34%	US$0.19	34.00	US$27.00	0.71%	56

图 8-3　展示了广告的位置查看数据

展示位置（展示了广告的网站）报告，一般是除网站定位方式外的展示广告系列进行优化的数据依据之一，用于查看以不同定位方式定位到不同网站上的流量表现。

（4）主题。针对主题，须查看展示次数、点击次数、点击率、CPC、转化次数、转化率、每次转化费用、浏览型转化等指标，如图 8-4 所示。

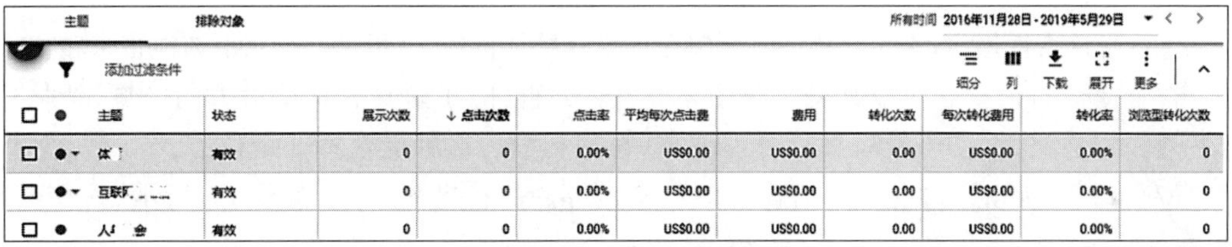

主题	状态	展示次数	↓点击次数	点击率	平均每次点击费	费用	转化次数	每次转化费用	转化率	浏览型转化次数
体	有效	0	0	0.00%	US$0.00	US$0.00	0.00	US$0.00	0.00%	0
互联	有效	0	0	0.00%	US$0.00	US$0.00	0.00	US$0.00	0.00%	0
人 会	有效	0	0	0.00%	US$0.00	US$0.00	0.00	US$0.00	0.00%	0

图 8-4　主题定位查看数据

Google 的主题列表有多级分类，配合展示位置（展示了广告的网站）报告，综合判断数据的效果，从而制订后续的优化策略。

（5）受众群体-兴趣群体/自定义受众群体。针对受众群体-兴趣群体/自定义受众群体，须查看受众人群兴趣群体/自定义受众群体列表的展示次数、点击次数、点击率、CPC、转化次数、转化率、每次转化费用、浏览型转化等指标，如图 8-5 所示。

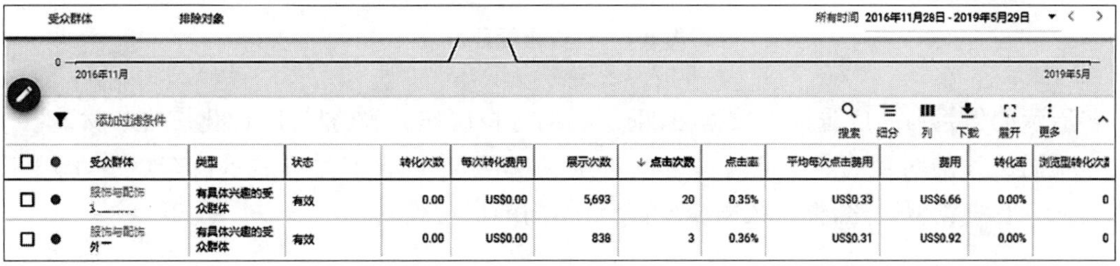

受众群体	类型	状态	转化次数	每次转化费用	展示次数	↓点击次数	点击率	平均每次点击费用	费用	转化率	浏览型转化次数
服饰与配饰 3	有具体兴趣的受众群体	有效	0.00	US$0.00	5,693	20	0.35%	US$0.33	US$6.66	0.00%	0
服饰与配饰 外一	有具体兴趣的受众群体	有效	0.00	US$0.00	838	3	0.36%	US$0.31	US$0.92	0.00%	0

图 8-5　受众群体-兴趣定位查看数据

对于展示广告系列，受众群体是指具有特定兴趣、意向和受众特征信息的用户群体。其中通过关键字的形式可以自定义某种意向的受众群体，即 Google 会定位到与设置关键字相关的意向受众人群。受众群体的数量均由 Google 估算得出。

在主题定位与受众群体（兴趣/自定义的意向受众）定位报告中，会发现很多名称重复的多级分类，但其区别在于，一个以网站内容定位查看的是不同主题中的网站效果，而兴趣定位是根据用户的兴趣（Cookie 跟踪），以人群进行划分定位。

受众群体（兴趣/自定义的意向受众）定位报告体现了不同人群的投放效果，从而分析广告主网站或广告素材对哪些兴趣或自定义的意向人群更具吸引力。

（6）受众特征。针对受众特征，须查看年龄、性别、生育状况、家庭收入以及各标签下的展示次数、点击次数、点击率、CPC、转化次数、转化率、每次转化费用、浏览型转化次数等指标，如图 8-6 所示。

年龄　性别　生育状况　家庭收入　更多　所有时间 2018年11月26日 - 2019年5月30日

添加过滤条件　广告组视图　细分　列　下载　展开

年龄	状态	点击次数	展示次数	点击率	平均每次点击费用	转化次数	每次转化费用	转化率	浏览型转化次数
1	有效	2,830	259,346	1.09%	¥0.20	152.00	¥3.63	5.37%	1
2	有效	4,037	378,720	1.07%	¥0.19	236.00	¥3.25	5.85%	2
3	有效	2,414	265,975	0.91%	¥0.18	118.00	¥3.59	4.89%	2
4	有效	859	101,180	0.85%	¥0.17	39.00	¥3.65	4.54%	1

图 8-6　受众特征查看数据

查看受众特征报告，深入了解广告所覆盖的受众特征群体，分析哪些受众群体能带来转化。

查看受众特征报告可以帮助广告主：了解客户群体、了解具有发展潜力的区域、评估广告系列和广告组、对广告策略进行合理调整、管理和分析多种受众特征定位方式。

（7）广告。针对广告报告，须查看展示量、点击率、转化率指标，如图 8-7 所示。

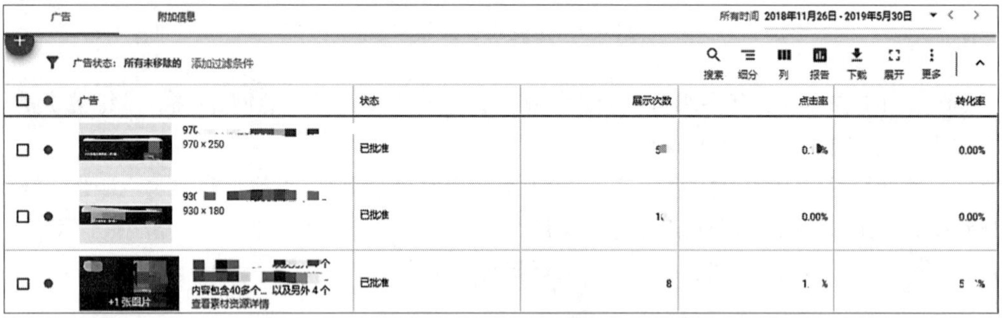

图 8-7　广告查看数据

展示广告系列的广告报告数据，有助于后期选择制作广告的尺寸，优化广告素材。

不同尺寸的图片或者自适应广告的流量表现，哪些广告尺寸有展示没有点击，哪些广告尺寸只有浏览型转化，根据数据表现，制订不同的优化投放策略。

2. 分析各种数据结果

与搜索广告相比，展示广告系列的报告更多的是定位方式和其他广告报告的结合分析、不同报告之间的关系,以及查看数据的顺序和操作技巧。

展示广告系列查看数据,大致与搜索广告中查看数据报告的流程类似,但由于渠道的不同,有些具体项的标准会有所不同,具体如下。

① 展示广告系列重点关注数据:转化次数、浏览型转化、展示次数。

② 展示广告网站或应用的点击率较搜索广告点击率低,除网站定位方式外,正常点击率范围为 0.2%~1%。

③ 若广告系列查看数据有变动,则查看对应的定位方式的效果,同时查看展示位置(展示了广告的网站或者应用)报告,寻找展示位置的流量和转化效果,以及展示位置是否有所不同。

由于展示广告系列的流量刷新较快,所有需要优化的广告系列、广告组、定位方式,必须遵循以高流量、高花费的标准,寻找对应的广告系列、广告组和定位方式进行优化,未达到 100 000 次展示的广告组,不做优化选取。

8.1.2　Google 展示广告优化点与设置

Google 展示广告按照其定位方式不同,其优化策略和方式也有所不同,而展示广告的定位方式还可以扩展进行交叉定位,交叉定位的优化顺序又有所不同。在讲解优化策略和设置技巧之前,先对几个重要的指标进行对应的定位方式的比较,这样有助于理解后续优化的策略。

假设同等条件下:

平均每次点击费用(CPC)高低顺序:展示位置定位 > 受众群体(兴趣/自定义的意向受众群体)定位 > 主题定位 > 关键字定位。

转化率:受众群体(兴趣/自定义的意向受众群体)定位 > 展示位置定位 > 主题定位 > 关键字定位。

展示量:关键字定位 > 主题定位 > 受众群体(兴趣/自定义的意向受众群体)定位 > 展示位置定位。

对于展示网络广告,引入转化价值分值,其公式为:2×费用/(2×转化次数+0.1×浏览型转化次数)。

1. 关键字定位优化

针对关键字定位的优化措施,根据不同的定位方式以及账户可优化操作设置进行优化策略及相应的执行操作说明。

(1) 定位方式。以关键字定位的展示广告,由于其目的性不同,其定位方式选择的关键字列表也会有所不同。最开始的广告及关键字设置,是为了把广告展示在最有价值的人群面前,之后根据内容进行优化,因此前期的关键字定位方式的优化操作见表 8-1。

表 8-1　展示网络关键字定位前期调整策略

内容	策略及方法
产品	广告组内关键字相关性一致;广告与直接产品相关,则关键字不要太宽泛,确保相关性高
辅助	同类产品、产品应用类关键字,同领域内的产品关键字;广告针对功能性撰写,体现优势

续表

内容	策略及方法
目标人群	广告组按不同属性值拆分,如性别、年龄、兴趣、行为(读书,结婚)等;若广告是人群定位的,则关键字宽泛为好

以产品关键字作为定位的展示广告关键字添加到广告组中,为了确保相关性高,所以广告素材对应的内容要与产品相关,广告文字可以参照搜索广告中的广告优化章节内容进行操作。该类广告组中的关键字须确保为5~15个,确保Google系统的算法可以判断该广告组的主旨内容。

以产品关键字作为定位关键字添加的广告组中的广告,其自适应广告中文字部分的标题、图片广告中的文字描述,须尽可能地使用主旨关键字,并且展示广告系列中的文字内容不可以使用嵌套工具。

辅助类关键字的主要目的是定位类似产品中的网页中的触发广告,因此广告需要体现产品最有竞争的优势,以达到吸引目标用户的目的。

目标人群的画像类似于人群图谱,即人群标签,以及使用广告主产品的用户会访问的网站内容对应的关键字,因此该类关键字以不同属性进行分组,不同的目标族群对应的广告创意不同,选用的关键字须尽量宽泛,以及与同组人群内容相关。

为了更好地理解不同定位关键字,举例进行说明。

① 产品关键字:女士面膜、睡眠面膜、美白面膜、保湿面膜、面膜产品。

② 辅助关键字:服装、时尚服装、可爱女装、服饰美容、流行服装。

③ 人群关键字:新娘、婚纱、新娘造型、新娘化妆、婚纱摄影。

三类不同的定位方式,其目的及查看数据报告内容也有所不同。

① 产品关键字:重点是带转化,看转化数据,点击率数据用于判断广告及定位是否优质。

② 辅助关键字:重点是带访问网站用户,查看点击量以及浏览型转化,判断广告效果以及对转化的辅助。

③ 人群关键字:重点是关注覆盖面(展示量)、转化率以及浏览型转化,查看以上数据,确保人群与产品用户人群一致。

(2) 优化内容。前期的关键字定位有效地提升了广告流量,而针对投放后的效果优化,从关键字、否定关键字、展示了的网站入手进行优化,具体优化策略及操作流程见表8-2。

表8-2 关键字定位展示广告优化策略

关键字(广告组)出价	遵循关键字出价＜兴趣,主题出价 ＜ 展示位置出价＜搜索产品关键字出价原则
关键字(广告组)调价	如果分值大于转化目标值,有转化次数或浏览型转化次数,那么降低CPC; 如果分值小于转化目标值,而且转化成本比实际转化成本低40%,那么意味着此关键字所触发的网站浏览转化强,本身转化相对较弱,需要在保持流量的前提下降低单次点击成本; 如果分值小于转化目标值,并且本身转化成本小于转化目标值,但差额在40%以内,则表示关键字本身有转化,浏览转化弱,须提高出价,增加该关键字触发广告的流量

续表

关键字(广告组)出价	遵循关键字出价＜兴趣,主题出价 ＜ 展示位置出价＜搜索产品关键字出价原则
否定关键字(先期)	与产品无关,对与用户无关的关键字做否定添加
排除展示了广告的网站	a. 转化列表排序,根据转化价值计算公式排除较差的网站
	b. 排除无转化网站
提升,扩展	a. 对触发效果好的"展示了广告的网站"提高出价比例
	b. 以转化关键字为基础,用关键字规划师总结出主旨关键字
	c. 以转化网站为基础,用关键字规划师总结出主旨关键字
否定关键字(再次)	将表现差的网页放入关键字规划师,跑出差的关键字,并将其排除
受众特征	筛选或者调整出价比例

对于关键字定位方式的展示网络广告,其出价的调整只能针对关键字所在的广告组进行,如图 8-8 所示。

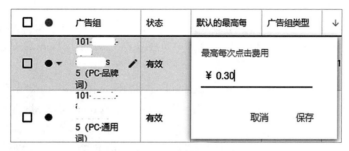

图 8-8　广告组出价调整

先期否定关键字增加,以二手房租赁网站为例,合同、税费、装修、纠纷作为否定关键字增加。

后期再次否定关键字添加,则把展示了的网站列表中效果差的网页放在关键字规划师中,以网站寻找关键字进行排除否定,具体操作如图 8-9 所示。该操作方式也可以应用在以转化好的网站为基础寻找更多关键字增加流量,提升转化量的操作。

由于内容网站的触发会随着广告和关键字的质量得分变化而有所变动,因此何时进行网站的排除,一般有以下几个评判标准。

流量连续 3 天其展示和点击都没有明显的波动,即波动率低于 10%;出价调整,否定关键字增加,网站排除操作后的 3 天内不做任何操作;优化调整后的流量一定会有所下降,若流量再次进入流量稳定期,则可再进行排除;排除的网站其展示量必须超过 100 000 次以上。

排除网站的域名格式及说明如下。

① 顶级域名:example.com。如不希望广告在特定域名及其子域名、目录、具体网页等位置上展示,请使用此格式。广告将不会在 example.com、www.example.com、www1.example.com、www.example.com/stuff、www.example.com/stuff/page.html 和 placement.

CHAPTER 8

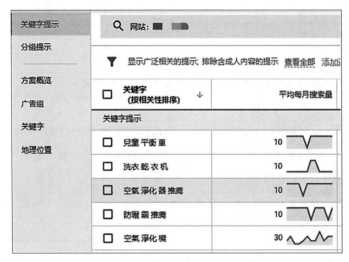

图 8-9 通过展示了广告的网站寻找更多的关键字

example.com 上展示。

② 一级子域名：www.example.com。广告将不会在 www.example.com 和 www.example.com/stuff 上展示；广告可以在 www1.example.com 或 placement.example.com 上展示。

③ 单级目录：www.example.com/stuff。广告将不会在 www.example.com/stuff 和 www.example.com/stuff/page.html 上展示；广告可以在 www.example.com 上展示。

④ 二级目录：www.example.com/stuff/extra。广告将不会在 www.example.com/stuff/extra 和 www.example.com/stuff/extra/page.html 上展示；广告可以在 www.example.com 或 www.example.com/stuff 上展示。

⑤ 具体网页：www.example.com/index.html。

⑥ 展示广告网络是动态多变的，Google 系统无法绝对保证排除某个类别一定可以达到彻底排除所有相关网页的效果。不过，测试结果表明，排除某个类别可将广告在相关网页上展示的概率降低约 90%。

2. 展示位置定位优化

展示位置定位是自行将网址添加到定位中，一般这些网址可以是：关键字定位、主题定位后，效果较好地展示了网站的网址；根据展示位置工具寻找产品相关的网站。

下面针对不同的内容、状况的呈现形态、展示位置的定位优化策略的具体执行，以区分不同的节点进行讲解。

（1）出价模式。对于展示位置定位，以添加网站列表的方式进行定位，针对不同的目的，可以选择不同的出价方式。选择出价模式的标准见表 8-3。

展示位置定位是在已经投放了关键字或者主题定位后才进行的一种定位方式，因此使用何种出价方式，可以从之前的关键字或者主题定位中的数据进行判断。

如点击率高，而同时每次点击成本高，则可以使用每千次展示费用（CPM）的方式投放该展示网站广告，以降低每次点击成本。

表 8-3　选择出价模式的标准

内容	目的	操作技巧
出价模式	CPC-关注转化	相同质量和相同出价的情况下,CPM 展示的可能性更大; 如果效果好,则根据 CTR 的不同使用 CPM 若 CPC;
	CPM-关注展示	CPC 如果关键字定位效果不好,则禁止使用 CPM; 关键字定位效果好的,一般用 CPM; 在 CPC 预算充足的情况下,CPM 出价的广告系列预算比 CPC 出价的广告系列预算高 20% 以上

如点击率低,但展示量高,同时每次点击成本低,则使用每次点击费用(CPC)的出价方式控制推广成本及花费。

(2) 优化要点。对于展示位置定位的广告,在优化前后所做的策略和操作有所不同,具体见表 8-4。

表 8-4　展示位置定位广告的优化要点

内容	阶段	优化执行方法
优化要点	慢——优化前	看数据是否有问题,定目标,提高展示或 CTR
	行——优化中	拆分组别,重新筛选,针对不同位置撰写不同广告
	停——优化后	展示位置数据报告,作对比筛选,排除不好的广告,改写广告,优化目标

判断数据问题,主要是针对不同目标进行判断,若以转化为目标,则看转化以及辅助转化数据(展示广告转化价值公式);若以流量为目的,则看展示量和点击率。

位置列表重新拆分不同广告组的原则(以展示网站为例)如下:不同行业的网站需要重新分组,用户属性不同的网站需要重新分组(网站面对人群不同),流量高低不同的网站需要分组(高流量网站不与低流量网站同组),不同目的的网站需要区别分组(浏览型转化与直接转化的网站)。

对于在同等情况下,高流量的网站与低流量的网站放在同一组广告组中的情形,由于高流量网站触发广告次数要高于低流量网站,若高流量网站对应的广告点击率较差,则有可能导致广告的质量得分较差,从而影响低流量网站展示广告的概率。

不同组别的网站对应的广告创意有所区别。优化后,需要有一段时间的数据累积期和操作静默期,来等待数据的积累达到一定的量级,达到一定的展示以及点击量后再进行循环判断和优化。

(3) 优化内容。了解优化的要点之后,接下来介绍具体的优化内容。不同优化内容的数据表现对应的优化操作策略见表 8-5。

表 8-5　展示位置定位优化

内容	数据情况	优化执行方法
位置列表	有展示,无点击	查看该位置内容属性,若相符,则保留
	有展示,有点击,有转化	保留,根据 ROI 调整出价

续表

内容	数据情况	优化执行方法
位置列表	有展示,有点击,无转化,CTR>3%	排除位置
	有点击,有展示,无转化,CTR<0.2%	加否定关键字,降低出价
	展示少,有点击,有转化	提高出价
	展示少,有点击,无转化	查看位置相关性,属性相符,等待数据积累
广告	广告创意区分	若是不同主题,不同产品,则广告一定不同
	广告尺寸	方框的广告做 CPC 效果好;长条的、竖条的按 CPM 来做,品牌度提升
受众特征	查看年龄、性别、收入等受众特征数据(转化差、转化好)	筛选或者调整出价比例

展示位置定位广告中,同样可以添加关键字,所有关键字都将被视为广泛匹配,以及可以添加否定关键字(同样也被视为广泛匹配)。展示位置定位广告中,添加否定关键字,意味着该展示位置(网站)中若网页内容其主旨关键字为所添加的否定关键字,则广告不会在该页面中触发。展示位置定位广告中,添加展示广告关键字,则应用交叉定位方式,具体效果后续章节进行讲解。

对于展示位置定位的广告,展示量大,点击率高,但是如没有形成转化,有很大可能是网站存在作弊行为,此时可以向 Google 提出流量申诉(前提是,该广告创意在其他网站列表中有转化结果,并有相应数据支撑)。

对广告尺寸的优化,可以便捷地选择自适应广告。更多的主动优化操作应放在广告素材以及广告文字上。

3. 主题定位优化

主题定位与关键字定位类似但也有不同的地方,其优化的策略和操作也有相同和不同的地方,初期出价策略、数据判断的方式与关键字定位都一致,但对于定位方式,优化要点和内容却有所不同。

针对主题定位的优化,须针对状态、指标和优化执行策略进行拆解分析。

(1)定位方法。对于主题定位而言,最重要的一个环节是初期的主题选择,如主题过于宽泛,则用户及主题内容会不相关至网站触发;如主题过于精确,则会导致流量太少,达不到推广和覆盖效果。初期的定位策略和操作见表 8-6。

表 8-6 初期的定位策略和操作

内容	数据情况	优化执行方法	
定位方法	转化好的展示位置	从网站定位中筛选转化比较好的网站,放在关键字规划师,查看 Top 5 的关键字,用该关键字进行主题搜索,查找新主题	初期至少是二级主题定位;每个行业分批投放

寻找相关的主题进行定位,是主题定位展示广告的重点。利用主旨关键字寻找对应的

主题,其关键字不宜过于宽泛或过于精准,一般中文 2 个字,英文单个单词不适合进行主题关键字搜索。同理,中文 4 个字以上,英文 4 个单词以上,同样也不适合。

主题定位初期不宜过多投放,应分批、分行业进行投放,这样有助于后期优化。

(2) 优化要点。主题定位最终展现的还是展示了广告的位置,即展示了的网站的效果,针对这些位置的效果优劣判断以及优化执行策略见表 8-7。

表 8-7 主题定为优化(展示位置)

内容	数据情况	优化执行方法
优化要点	转化差的展示了广告的位置	网站列表优化-较差的两种方法: (1) 可排除转化差的网站; (2) 可添加否定关键字(将该网址放在关键字规划师排查,主题关键字可作否定关键字)
	转化好的展示了广告的位置	网站列表优化-较好:规划师查看该网站主题关键字,用该关键字进行主题搜索,查找新主题

与展示位置定位类似,在主题定位中一样可以添加否定关键字与展示广告关键字,其定义与展示位置定位相同。

(3) 优化内容。除了针对展示了的网站进行优化要点外,广告及广告系列的设置也有额外的优化方式和策略,要点见表 8-8。

表 8-8 主题定为优化(其他设置)

内容	数据情况	优化执行方法	
内容设定	广告 CTR 高低	1. 根据不同产品线建立新广告系列,定期修改广告(直接影响广告触发频率,修改部分广告或上传新广告替换,新广告生效后再暂停原来的广告)	根据客户购买产品周期进行修改
		2. 修改广告是增加新的广告,暂停原广告	新广告生效后再暂停原广告
	时间,设备,地区报告	3. 展示网络广告尽可能不修改广告系列设置(如出价方式、区域、时间段设置)	不用单独对某个区域进行投放,针对效果好的区域和时段,提高设备出价
受众特征	查看年龄、性别、收入等受众特征数据(查看转化数据)	筛选或者调整出价比例	

从主题定位报告中查看位置(网站或应用)列表,若转化率较好,但点击率较差,则可以根据位置列表中该位置中的界面风格进行图片广告创意优化,来增加广告的点击率,从而增加转化量。

主题定位因为是以该网站或应用的内容提炼出主题为要素,因此在投放一定时间后,由于位置本身的活跃用户的限制,其流量不会降低,但其转化率以及转化量一定会有所下降,所以根据推广产品的生命周期,更新广告展示频率,或者制作新的广告创意(新的产品或服务),来提升转化率。

展示网络广告与搜索广告最大的区别在于,当广告系列的设置进行了调整(非出价比例调整),其主题定位的网站列表会重新进行判断,重新进行广告触发,导致流量以及转化量有所变化。

4. 受众群体(兴趣群体/自定义的意向受众群体)定位优化

兴趣群体/自定义的意向受众群体定位方式与前三种定位方式完全不同,由于其定位是根据用户的 Cookie 进行的,Google 会根据用户近 30 天内访问的网站内容,依据该用户的 Cookie 内容为用户设定其兴趣或匹配制作自定义的意向受众群体的行为。

针对兴趣群体/自定义的意向受众群体定位的优化,针对状态、指标和优化执行策略,拆解分析。

(1)定位方法。与主题定位一样,初期的兴趣或用于自定义的意向受众的关键字列表如何选择,在兴趣群体/自定义的意向受众群体定位展示广告推广中至关重要,见表 8-9。

表 8-9　兴趣定位初期优化

内容	策略与操作	
定位方法	社交媒体行为,网站行为(访问路径)。GA(谷歌分析)兴趣列表,找出兴趣或者可用于自定义受众群体的关键字。使用内容定位的关键字;使用自己的网站及同行、行业网站	兴趣/自定义受众群体和主题定位(根据网站内容)的区别:用户兴趣或与关键字相关的行为,但是同比情况下,主题优先出现

兴趣列表或自定义受众群体关键字及受众定位可以从 GA 数据中的兴趣人群列表中寻找,因为 GA 中的兴趣参数代表了访问网站的所有用户的兴趣内容,根据兴趣内容也可以扩展出一系列用于自定义受众的关键字。而内容定位的关键字可以直接使用于自定义受众。同样,输入自己的网站或者同行网站的 URL,广告系统也能自动进行意向的匹配,从而定位到相关的人群。

同等条件下,A 广告投放主题定位,B 广告投放兴趣/自定义受众群体定位,若用户访问了某网站,该网站在 A 广告主投放的主题中,用户的兴趣/自定义受众群体关键字也正是 B 广告投放的兴趣/自定义受众群体关键字,则该网站优先展示 A 广告,所以一般兴趣群体/自定义受众群体定位广告的出价要高于主题定位的出价。

(2)优化方法。选择有效的兴趣/自定义受众群体(关键字)进行定位投放,而之后的优化内容则根据兴趣/自定义受众群体列表、广告以及频次进行优化。其策略及操作技巧见表 8-10。

由于用户的兴趣或相应的意向受众群体特点的统计口径是根据之前 30 天的所有访问记录进行汇总而得出的,而其兴趣/自定义的意向受众群体列表中的兴趣也会有所不同,因此针对某些产品的生命周期或购买周期,会导致兴趣/自定义的意向受众群体定位广告刚开始投放效果较好,之后流量没有提升,且转化明显下降,这种情况的出现,就要因为产品的周期进行了新一轮兴趣/自定义的意向受众群体(关键字及网站)列表的添加。

例如,一个想买婚纱的用户,在互联网上查看婚纱的内容,广告主定位兴趣为婚纱、结婚,用户看完广告后没有购买,20 天后,由于该用户的兴趣列表中还有购买婚纱的兴趣,因此广告依旧可以被该用户看到。但是,对于一个购买婚纱的用户,因为其产品制作的周期以及其用途的特殊性,很有可能他在其他网站中已经购买了,甚至婚礼已经办完,所以就会导致流量未降低,但点击及转化变差。频次的限制是对兴趣定位非常重要的优化操作。

表 8-10 兴趣定位优化

内容	数据情况	优化执行方法	
优化方法	有转化的兴趣/自定义的意向受众群体	兴趣/自定义的意向受众群体列表优化	不同兴趣/关键字及网站分广告系列,按时间点和地区,提高或降低出价比例
		1. 兴趣/关键字及网站列表不能一次性添加。添加时按照相关兴趣/关键字及网站相关属性逐个进行	
		2. 根据实际转化周期增加兴趣/关键字及网站列表	
		3. 找到精确的兴趣/关键字及网站列表	
		4. 根据不同的兴趣或受众群体特点找到兴趣/关键字及网站列表进行添加	
		5. 分兴趣/关键字及网站分批投放(同属性、同行业)	
		6. 周期性(增加兴趣/关键字及网站)	
		7. 利用 GA 资源寻找新的兴趣/关键字及网站	
	广告查看 CTR	根据不同兴趣关键字及网站进行广告创意撰写	
	网站列表无转化	排除网站列表或添加否定关键字	
	无转化时间段、地区、设备	排除无转化的时间段、地区、设备	
	频次报告	频次优化降低无效的展示和点击	查看广告系列频次报告,设置广告展示频次。转化差的降低频次
	查看年龄、性别、收入等受众特征数据(转化数据)	筛选或者调整出价比例	

一般设置频次 5~7 次为最佳,但对于品牌宣传,或者复购率较高的消费性产品,其频次可以设置得高一些,主要取决于产品、服务本身的属性和特征,是否可界定为重复性的消费品或一次性的耐用品。

同样的兴趣定位中一样可以排除网站列表、否定关键字,与主题定位和网站定位的效果一致,同样也可以增加广泛匹配的关键字,将其作为交叉定位的内容。

5. 交叉定位优化

从展示位置定位、主题定位及兴趣定位中,都能发现可以与关键字进行交叉定位,甚至兴趣还可以与主题交叉进行定位来提升广告在用户端的展示概率以及同时降低获得用户点击的成本,具体的策略及操作见表 8-11。

一般展示网络广告不使用单一的投放方式,而是使用多重交叉对比进行广告优化投放。根据不同的定位方式的优化操作方法,运用在交叉定位方式中,效果会更明显。交叉定位可以同时作为存量优化或者以增量为目的的操作,其不同在于账户中的设置,如图 8-10 所示,单击"修改广告组定位条件"。

表 8-11 交叉定位优化

兴趣群体/自定义的意向受众群体∩(内容)关键字或主题	从兴趣群体/自定义的意向受众群体定位触发的网站列表中筛选转化比较好的网站,放在关键字规划师,查看前5的相关关键字。或者直接利用自定义的意向受众群体的关键字寻找更多主题; 建立新的兴趣/自定义的意向受众群体广告组,同时设置(内容)关键字或主题,出价提高 50%; 在兴趣群体/自定义的意向受众群体列表中添加主题或(内容)关键字,以限制或扩充展示的网站
主题∩(内容)关键字	在主题列表中添加(内容)关键字,以限制展示的网站 限制:提高相关性、点击率以及转化率; 扩充:允许同时满足主题和(内容)关键字的位置出现广告。可以提升好的(内容)关键字出价,提升同时满足主题和该提价(内容)关键字的广告流量
展示位置∩(内容)关键字	在展示位置列表中添加(内容)关键字,以限制或扩充展示的网站 限制:只允许同时满足(内容)关键字的展示位置出现广告,提高点击率和转化率; 扩充:允许同时满足(内容)关键字的展示位置出现广告。可以提升好的(内容)关键字出价,从而提升同时满足展示位置和该提价(内容)关键字的广告流量

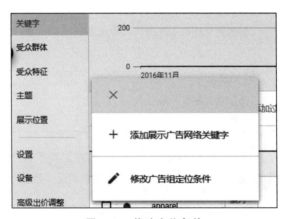

图 8-10 修改定位条件

来到设置定位页面,根据需求选择通过"定位"来缩小定位范围,或者通过"添加观察对象",在不需要缩小定位范围的情况下,对其他定位方式进行分析及出价调整(提升出价即增量的调整),如图 8-11 所示。

如果选择了"观察"的方式,则回到对应的"观察"定位界面上,适当调整出价比例,如图 8-12 所示。

在通过各种定位方式调整进行增量操作后,如果转化效果及 ROI 依然良好,则可以通过系统扩大定位范围的方式进行增量。该方式是在已有的定位方式设置基础上,系统自动扩大定位的范围,增加广告覆盖量,从而达到增量的效果。如图 8-13,向左拉动按钮,可以逐档递增增量幅度。

第 8 章 搜索引擎扩展营销广告效果评估及优化

图 8-11 定位与观察设置

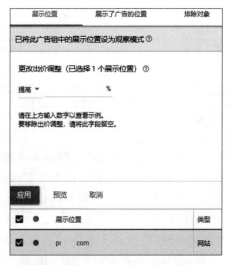

图 8-12 "观察"定位出价调整

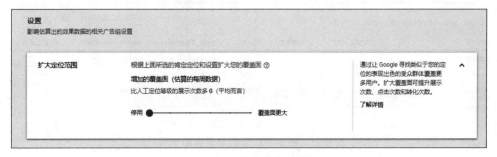

图 8-13 扩大定位范围

8.2 Google 再营销广告效果评估及优化

8.2.1 Google 再营销广告主要报告与分析

再营销广告从某种意义上来说，也属于展示网络广告受众群体定位的一种，其定位方式与兴趣定位都属于受众群体定位，且有所类同，但其又与转化跟踪密不可分，因此其查看的数据报告和分析与传统展示网络广告中的报告有所区别。

1. 查看主要报告及重点数据、指标项

对于再营销的报告来说，其实质就是针对不同的受众人群即再营销列表为核心的潜在受众群进行的数据报告的分析。

（1）受众群体：再营销列表类型报告。针对受众群体的报告，在受众群体标签下主要查看的核心指标和数据：类型为再营销列表类的展示次数、点击次数、点击率、CPC、转化次数、转化率、每次转化费用、浏览型转化，如图 8-14 所示。

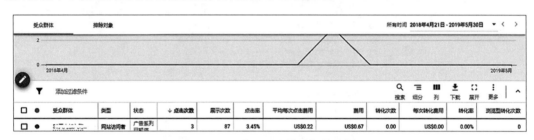

图 8-14 再营销受众群体数据查看

再营销列表报告，根据不同的目的，其对应列表的数据查看目的不同：以订单流程的再营销列表关注转化率和转化次数；不同品类的产品之间相互带动，关注点击次数、点击率和转化率；已下单用户再营销列表关注投放后的点击率和转化率。

（2）展示位置-展示了广告的位置

针对展示位置-展示了广告的位置，须主要查看的核心指标和数据：展示次数、点击次数、点击率、CPC、转化次数、转化率、每次转化费用、浏览型转化，如图 8-15 所示。

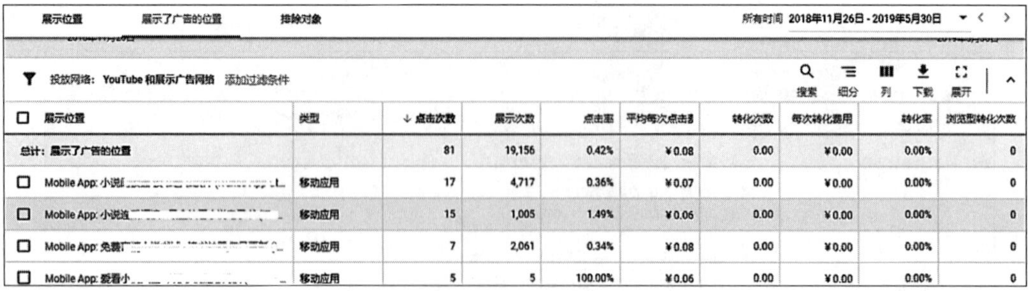

图 8-15 展示了广告的位置数据查看

与其他展示网络广告中的报告一致，可以查看已经展示了广告的网站，以便查看定位用户访问网站是否和产品相关性一致。

（3）受众特征。针对受众特征，须主要查看的指标和数据项：年龄、收入、性别等标签下的展示次数、点击次数、点击率、CPC、转化次数、转化率、每次转化费用、浏览型转化，如图 8-16 所示。

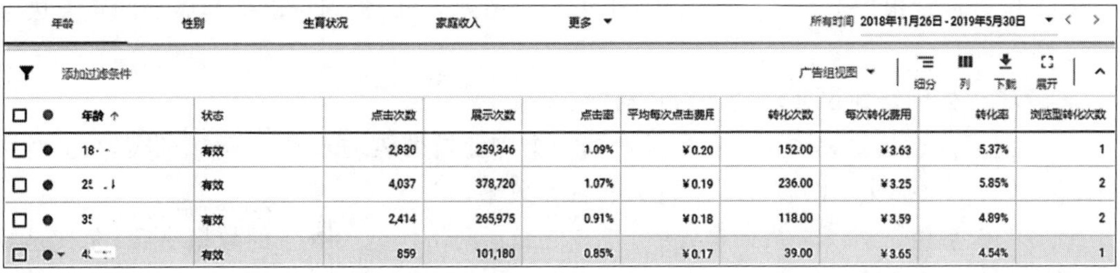

年龄	状态	点击次数	展示次数	点击率	平均每次点击费用	转化次数	每次转化费用	转化率	浏览型转化次数
18-	有效	2,830	259,346	1.09%	¥0.20	152.00	¥3.63	5.37%	1
25	有效	4,037	378,720	1.07%	¥0.19	236.00	¥3.25	5.85%	2
35	有效	2,414	265,975	0.91%	¥0.18	118.00	¥3.59	4.89%	2
4	有效	859	101,180	0.85%	¥0.17	39.00	¥3.65	4.54%	1

图 8-16　受众特征数据查看

（4）广告创意报告。针对广告，须查看的指标和数据项为点击率、转化次数、转化率，如图 8-17 所示。

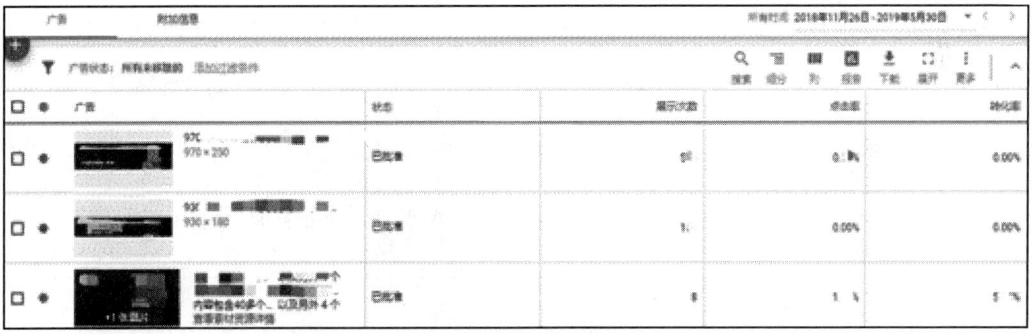

图 8-17　广告查看数据

再营销广告创意报告是所有报告中较为重要的，因为再营销列表是根据提前设置的逻辑进行预设，也就是事前预计管理，而针对再营销列表的广告创意会直接影响最终的效果表现。

（5）广告系列。针对广告系列，须查看的指标和数据项为花费、设备、地区、时间段、频次。同时，动态再营销需要查看的指标和数据中也包含上述提到的指标。

2. 分析各种指标和数据结果

对于前面章节所阐述的内容，尤其是针对不同的目的和目标所须查看的指标来说，分析数据、指标以获取结论，并采取相应的措施，其实是执行上述动作的唯一目的。

对于再营销广告系列的数据分析，最重要的分析是判断其再营销列表的优劣。

（1）再营销列表。对于再营销列表，需要明确地知道什么列表属于较差的列表。

① 列表过于宽泛：受众数量多，没展示；受众数量多，有展示，没点击，CTR 差；受众数量多，有点击，转化差。

② 列表过于局限。受众数量少，没展示。针对较差的再营销列表，就算广告创意再好，

实际的推广效果也会大打折扣,所以优化再营销列表,设置合理逻辑的再营销列表是再营销广告成功的最重要步骤之一。

(2) 展示了广告的位置:位置列表。展示了广告位置的数据分析,与其他展示位置定位广告中的网站列表数据查看分析内容一致。

(3) 广告创意报告。再营销广告中,除了再营销列表,广告创意也是其成功的重要因素之一。

再营销广告创意建议使用自适应广告。

广告创意重点是要关注不同广告针对同一个再营销列表的表现,寻求广告创意上对用户体验的统一,包括文字内容、属性、行为和视觉效果。

(4) 广告系列。从广告系列报告中,与其他展示网络广告中查看的数据一致,尤其是频次一致,可以分析不同的再营销列表的用户分别处于什么阶段,其不同阶段所使用的广告策略也会有所不同。

备注:动态再营销也需要分析这些数据;动态再营销比再营销推广数据分析更为简单。

好的再营销列表:
① 访问了某产品页面但没有购买:List A(某产品所有页面)－List B(提示购买成功页面)＝ List A－List B(3 天、7 天、14 天、30 天、90 天)
② 相关产品拉回头客:List A(A 产品页面)＋List B(B 产品页面)＝List A ＋ List B(3 天、7 天、14 天、30 天、90 天)
③ 购买过回头客:List A(某产品所有页面)＋ List B(提示购买成功页面)＝ List A ＋ List B(3 天、7 天、14 天、30 天、90 天)
④ 访问了某产品页面没有加购(动态再营销更适用):List A(某产品所有页面)－List B(购物车页面)＝ List A－List B(3 天、7 天、14 天、30 天、90 天)

8.2.2 Google 再营销广告优化的切入点与设置

对于再营销广告的优化,其最重要的是对再营销列表进行优化,对再营销列表,即人群的细分,与广告创意优化相结合,就可以形成叠加效应,提高点击率、转化率,从而提高整体转化量。

举例来说,把访问过网站的用户作为一个整体的再营销列表,假设其广告点击率为 1%,达到网站后网站最终形成的转化率为 2%,若此时把访问过网站的用户分成:访问过但没有注册、注册了但没有加入购物车、加入购物车但没有形成订单这几类,而同时总用户量没有改变。但是,针对这些用户,分别分门别类地单独制作适合这几类用户的广告,其点击率 CTR 一定会大于 1%。假设网站转化率没有增加,而整体转化量绝对数却由于 CTR 的提升而得到了提升,所以由于点击率提升,其质量得分也会提升,实际点击费用就会下降,因此变相地降低了每次转化成本,提高了 ROI;而针对不同的用户制作不同的广告创意,本身也是会提升流量用户准确性,提升转化率,因此优化再营销列表与优化广告创意是优化再营销广告最为重要的策略。

除了再营销列表和广告创意的优化外,展示位置、关键字以及广告系列设置也是优化的辅助手段。

1. 再营销列表优化

对于再营销列表的优化,可以从多个维度(一维、二维、三维)进行分析,逐个进行拆分讲解。

(1) 产品线横向维度(一维)。如图 8-18 所示,以女性购物网站为例,产品线细分用户列表。

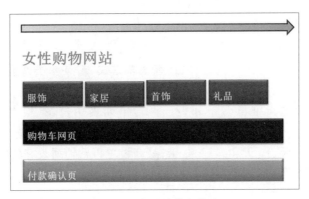

图 8-18　产品线横向维度

选择访问过服装产品线的用户作为再营销列表,推荐首饰产品线,其作用一般是利用产品的互补性、协同性,提高整体客单价。例如,访问过婚纱的用户,向其推荐花童服饰或者礼服产品。选择访问过家居产品线的用户作为再营销列表,向其推荐家居产品线中最受关注的某一个产品。其作用是以爆款产品直接触动用户实现转化。

(2) 转化流程纵向维度(一维)。如图 8-19 所示,以女性购物网站为例,按转化流程细分用户列表。

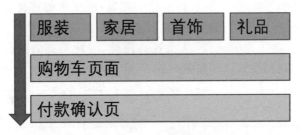

图 8-19　转化流程纵向维度

以 B2C 网站为例,可以设置以下几种再营销列表:访问过网站,没有注册成为会员;访问过网站(产品),没有加入购物车;加入购物车,但没有形成订单;形成订单,但支付没有成功。

每个阶段都会产生不同的用户再营销列表,而根据用户购买行为漏斗,可以在不同的阶段制订不同的营销策略和广告创意。每个阶段都要找到为何用户不进入下一步动作的原因,是因为产品的价格?产品的质量?物流问题?退换货问题?支付平台问题?还是其他问题?根据不同的问题制作对应的广告创意,解决这些问题,提升再营销列表整体的广告点击率和转化率。

(3) 产品与购物流程(转化流程)相结合(二维交叉)。结合横向与纵向一维再营销列表,可以进一步实现二维再营销列表。二维再营销列表针对性更强,配合针对性广告创意,效果更为显著。

① 访问了某产品页面但没有购买：List A(某产品所有页面)－List B(提示购买成功页面) = List A－List B。

② 购买过回头客：List A(某产品所有页面) ＋ List B(提示购买成功页面) ＝ List A ＋ List B。

③ 访问了某产品页面没有加购(动态再营销更适用)：List A(某产品所有页面)－List B(购物车页面)。

二维交叉模型除了以上列举的几种，还有很多方式，重点在于这些用户列表的组合，对应的广告创意一定要有针对性。

(4) 加入时间轴的三维再营销列表。再营销列表用户，是根据访问过网站的用户Cookie中进行统计的，这个访问后与看广告的时间间隔长短直接影响到最终转化率。一般设置时间轴为3天、7天、15天、30天、90天；最高设置再营销列表有效时间为540天

时间轴的用户必须与二维模型结合，才能达到最佳的再营销效果。可以做如下一些再营销列表定义。

① 提高用户转化：3天内访问过网站，但是没有购买过产品的用户；

② 提醒已购买过产品的用户上新：3个月内购买过产品但最近一个月内没有购买过产品的用户；

③ 激活注册用户：180天内访问过网站的注册会员，但最近3个月内没有访问过网站的用户。

还有很多组合可以搭配，但针对这些组合的用户，广告创意尤其重要，如何提高转化率、转化量，最终取决于对应这些用户列表的广告创意。

有时再营销列表做得越细致，其展示量就会越低，所带来的转化绝对量会降低，因此可以使用类似再营销列表(每手动建立一个再营销列表，系统会自动生成一个对应的"类似"再营销列表)来扩大该类用户的范围，从而提高流量，但使用类似再营销列表，会导致转化率下降。类似再营销列表投放广告如图8-20所示。

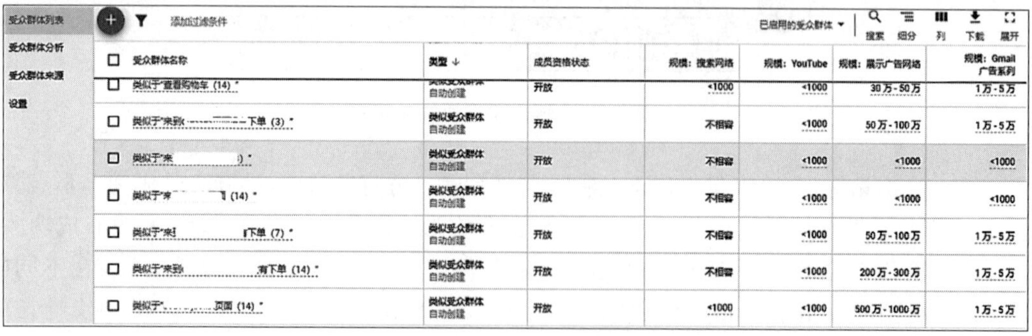

图 8-20　类似再营销列表投放广告

2. 广告创意优化

对不同的再营销列表，广告创意的针对性最为重要，广告文字的优化，这里就不重复讲

解了,这里主要介绍一些广告创意的优化技巧策略,包括:同一个再营销列表使用多种不同方向的广告创意进行测试;找出有可能在某阶段损失用户的所有原因,寻找解决方案并制作广告创意告知用户;相同广告描述,使用不同广告图片素材(如产品、UI等);使用不同的优惠政策(如打折、优惠券、满减券、新用户首单免运费等)。

广告创意的优化需要循序渐进,需要进行A/B测试,根据最终数据呈现的效果,分析广告创意的好坏,并进一步进行优化。

动态再营销无法手动优化图片,图片源自上传的Feed中的产品图片。

3. 其他辅助优化

(1)展示了广告的位置优化。对于再营销广告,因为同样也是展示网络广告,所以展示了广告的网站或应用效果同样需要查看,但与主题定位、关键字定位中网站排除的策略有所不同。

有转化位置,提高出价比例30%;有浏览型转化位置,但没有广告直接转化位置,提高出价比例10%;无任何转化,若位置内容与产品相关,则保留该列表,若不相关,则排除;对出价比例的调整只是一个初步的调整,该比例会随着产品和后期数据效果进行一定的调整,不是一成不变的。

(2)广告系列设置优化。对广告系列的辅助优化,主要有以下几种方式可以操作。

① 受众特征优化:针对不同的受众用户特征进行出价比例的调整。

② 投放设备:针对不同的设备投放的数据效果进行出价比例的调整。

③ 投放地区:针对投放的二级地区数据效果进行出价比例的调整。

④ 时间段:针对投放的时间段进行出价比列的调整。

⑤ 频次:根据不同的再营销列表进行频次上限的限制。

8.3 案例

8.3.1 展示广告优化流程

现状:某电子元件生产商,通过"兴趣"定位投放广告一段时间后,展示量达到每周超过一百万次,点击率正常,但周花费超过5000元,转化效果很差,每周仅获得4~5个转化,每次转化费用超过1000元。

调整方式包括以下几种。

(1)调整"展示了广告的位置",如图8-21所示。

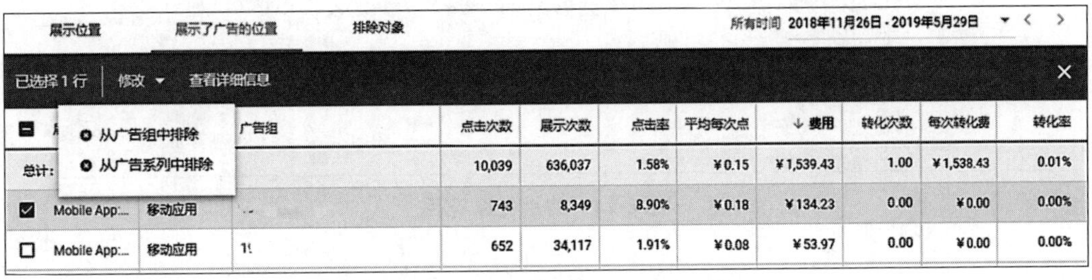

图8-21 调整"展示了广告的位置"

（2）调整兴趣定位出价，如图 8-22 所示。

图 8-22　调整兴趣定位出价

（3）对受众特征进行调整，如图 8-23 所示。

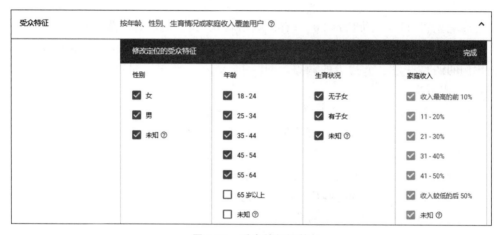

图 8-23　受众特征调整

（4）使用关键字定位缩小受众范围，提升投放精确度，如图 8-24 所示。

调整效果：每周花费 5000 元，获得 15 个转化，每次转化费用为 350 元左右。

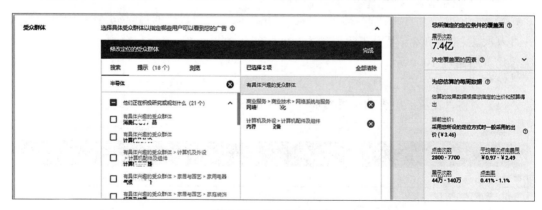

图 8-24　缩小受众范围

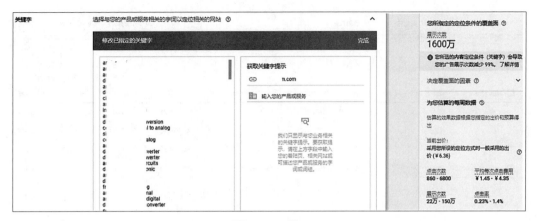

图 8-24 （续）

8.3.2 再营销优化

现状：某销售服装网站使用用户到达网站及网站页面浏览的情况作为再营销受众人群的收集规则，并建立了在营销人群列表。如所有网站访问者、页面访问深度等，如图 8-25 所示。通过调整出价，测试着陆页等调整现有定位方式和广告的方式，每次转化费用仍高达 200 元。

☐	● Visitor - 14 Days	有效	US$0.32（智能）
☐	● Visited >=3x	有效	US$0.54（智能）
☐	● Page Depth > 5	有效	US$0.54（智能）

图 8-25 初始再营销列表

（1）根据转化流程、时间顺序等建立新的再营销列表进行投放，如图 8-26 所示。

☐ 受众群体名称 ↑	类型	成员资格状态
☐ 来到bo…没有查看购物车(3)	组合列表	开放
☐ 来到bo…没有查看购物车(30)	组合列表	开放
☐ 来到bo…没有查看购物车(7)	组合列表	开放
☐ 来到co…没有查看购物车 (14)	组合列表	开放
☐ 来到co…没有查看购物车 (3)	组合列表	开放
☐ 来到co…没有查看购物车 (30)	组合列表	开放

图 8-26 建立新的再营销列表

（2）查看“展示了广告的位置”报告，将需要调整的展示位置筛选出来，如图 8-27 所示。

（3）设置这些位置为“观察”，并调整出价比例，如图 8-28 所示。

（4）调整再营销定位本身出价（广告组出价），如图 8-29 所示。

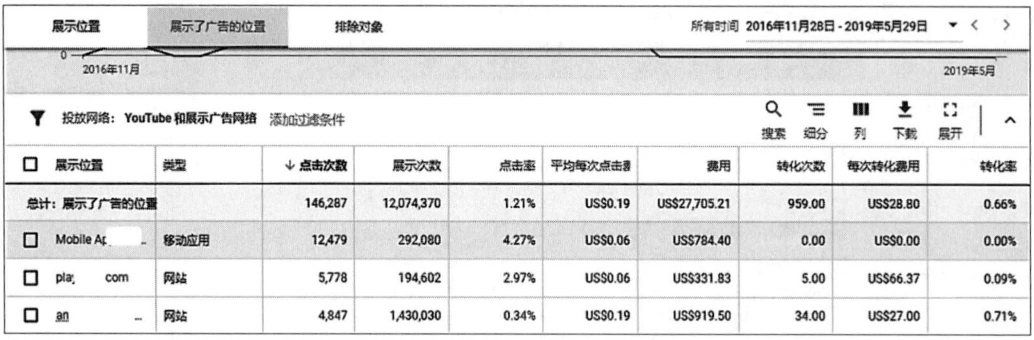

展示位置	类型	↓点击次数	展示次数	点击率	平均每次点击费	费用	转化次数	每次转化费用	转化率
总计：展示了广告的位置		146,287	12,074,370	1.21%	US$0.19	US$27,705.21	959.00	US$28.80	0.66%
Mobile Ap...	移动应用	12,479	292,080	4.27%	US$0.06	US$784.40	0.00	US$0.00	0.00%
pla com	网站	5,778	194,602	2.97%	US$0.06	US$331.83	5.00	US$66.37	0.09%
an ...	网站	4,847	1,430,030	0.34%	US$0.19	US$919.50	34.00	US$27.00	0.71%

图 8-27　筛选“展示了广告的位置”

展示位置	类型	状态	出价调整	点击次数	展示次数	点击率	平均每次点	费用	转化次数	转化率	每次转化费
cr	网站	有效	-5%	197	5,705	3.45%	US$0.15	US$28.79	0.00	0.00%	US$0.00
ac...	网站	有效	+5%	127	4,752	2.67%	US$0.15	US$18.73	5.00	3.94%	US$3.75
pe m	网站	有效	-10%	57	3,748	1.52%	US$0.16	US$9.14	0.00	0.00%	US$0.00
pla ...	网站	有效	-10%	100	8,550	1.17%	US$0.10	US$10.01	0.00	0.00%	US$0.00

图 8-28　整“展示了广告的位置”

广告组 ↑	状态	默认的最高每
bott view	有效	US$0.30 (能)
coats but	有效	US$0.45 (能)
dre view cart	有效	US$0.60 (能)
oute bu cart	有效	US$0.25 (能)
tops w cart	有效	US$0.40 (能)

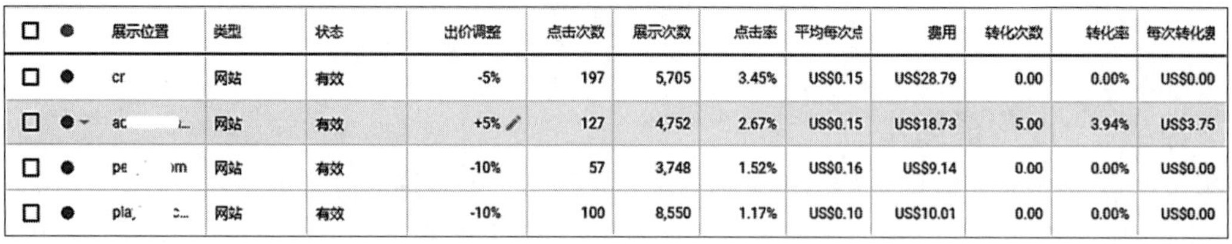

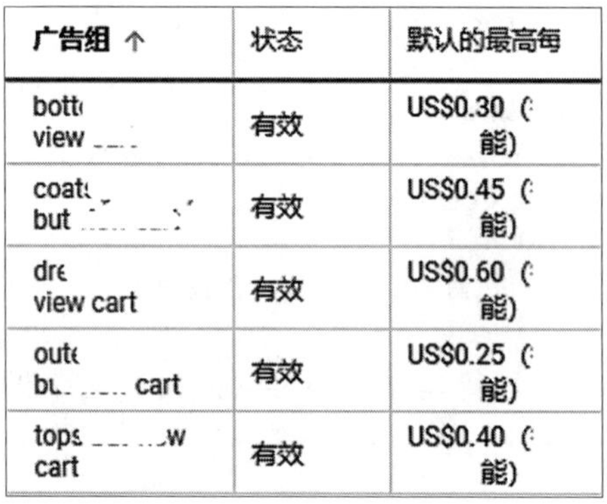

图 8-29　调整再营销定位本身出价

（5）调整受众特征，如图 8-30 所示。

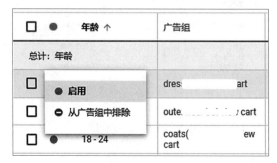

图 8-30　调整受众特征

调整效果:每次转化费用降至 50 元左右,转化数量仍上升 50%。

练习题

1. 选择题(不定项)

(1) 以下哪项不是展示广告的常用报告?(　　)
  A. 广告系列报告　　　　　　　　B. 展示广告关键字报告
  C. 搜索合作伙伴报告　　　　　　D. 受众人群报告

(2) 以下哪些是展示广告定位效果须重点查看的指标?(　　)
  A. 点击次数　　B. CPC　　C. 转化次数　　D. 质量得分

(3) 以下哪些是受众特征报告的作用?(　　)
  A. 了解客户群体特征　　　　　　B. 了解潜力地域
  C. 管理分析多种受众特征定位方式　　D. 对广告策略进行合理调整

(4) 以下哪些是展示广告系列效果须重点查看的指标?(　　)
  A. 转化次数　　　　　　　　　　B. 展示次数
  C. 浏览型转化　　　　　　　　　D. 展示辅助转化

(5) 以下哪项是展示广告点击率的正常范围(除展示位置定位外)?(　　)
  A. 0.1%~0.2%　　B. 0.2%~1%　　C. 1%~2%　　D. 2%以上

(6) 在其他设置、广告素材相同等同等条件下,请对以下各种定位方式所产生的 CPC 机型进行由高到低的排序。(　　)
  A. 展示位置
  B. 受众群体(兴趣/自定义的意向受众群体)
  C. 主题
  D. 展示广告关键字

(7) 在其他设置、广告素材相同等同等条件下,请对以下各种定位方式所产生的转化率进行由高到低的排序。(　　)
  A. 展示位置
  B. 受众群体(兴趣/自定义的意向受众群体)
  C. 主题
  D. 展示广告关键字

(8) 在其他设置、广告素材相同等同等条件下,请对以下各种定位方式所产生的展示量进行由高到低的排序。(　　)
  A. 展示位置
  B. 受众群体(兴趣/自定义的意向受众群体)
  C. 主题
  D. 展示广告关键字

(9) 排除展示了广告的网站的域名格式有(　　)。
  A. 顶级域名　　　　　　　　　　B. 子域名

C. 单级及二级目录　　　　　　　　D. 具体某个网站 URL

（10）以下哪项不是再营销广告需要重点查看的报告？（　　）

A. 广告系列报告　　　　　　　　B. 展示了广告的位置报告

C. 受众特征报告　　　　　　　　D. 兴趣受众群体报告

（11）再营销列表创建的和细分的三个维度是（　　）。

A. 产品线　　　B. 转化流程　　　C. 地理位置　　　D. 时间

2. 简答题

（1）简述展示位置报告和展示了广告的位置报告的区别。

（2）简述兴趣和自定义意向的受众群体的区别。

（3）针对一个销售家具的网站，请举3个好的再营销列表。

（4）简述展示广告关键字和主题定位的区别。

（5）简述图片广告创意的优化技巧。

（6）计算表 8-12 中缺少的指标值，并结合表 8-13、表 8-14 中给出的其他报告，给出在保有整体转化数量不变的前提下，降低整体转换成本的建议。

表 8-12　指标值计算

展示网络关键字	花费/元	点击次数	转化次数	转化成本/元	转化率
足球鞋		15434	163	80.5	
球鞋	17874	24355	220		
男球鞋	10934			77.8	1.10%
女球鞋			197	100.7	0.33%
篮球鞋	12343	18980			0.93%
总计					

表 8-13　展示了广告的位置报告

展示了广告的位置	花费/元	转化次数	转化成本/元
a.com	5000	100	50.00
b.com	15768	185	85.23
c.com	10934	15	728.90
d.com	8903	0	0

表 8-14　年龄报告

年　　龄	花费/元	转化次数	转化成本/元
18～24	12000	65	184.62
25～34	23456	410	57.21
35～44	18934	180	105.19
45～54	8903	20	445.00

(7) 小明为销售手机的网站进行展示广告投放。初期,小明只选择"手机"相关的兴趣受众人群定位,投放一段时间后,产生了大量转换,但转换成本偏高。请给出小明如何能够在保有转换数量不变的前提下,降低转换成本的建议,包括各调整阶段性目标、对应调整方式等。

答案

1. 选择题(不定项)

(1) C (2) ABC (3) ABCD (4) ABC (5) B (6) ABCD (7) BACD (8) DCBA (9) ABCD (10) D (11) ABD

2. 简答题

(1) 参见 8.1.1 节中"1.查看主要报告及重点数据项"中"(3)展示位置(展示了广告的位置)"中相应内容。

(2) 参见 8.1.1 节中"1.查看主要报告及重点数据项"中"(5)受众群体-兴趣群体/自定义受众群体"中相应内容。

(3) 要点:能够使用至少两个维度进行列表创建并言之有理。

(4) 参见 8.1.1 节中"1.查看主要报告及重点数据项"中"(1)关键字-展示广告/视频广告关键字"及"(4)主题"中相应内容。

(5) 参见 8.1.2 节中相应内容。

(6) 计算结果见表 8-15。

表 8-15 指标值计算结果

展示网络关键字	花费/元	点击次数	转化次数	转化成本/元	转化率
足球鞋	1312	15434	163	80.5	1.10%
球鞋	17874	24355	220	81.2	1.20%
男球鞋	10934	12818	141	77.8	1.10%
女球鞋	19838	59697	197	100.7	0.33%
篮球鞋	12343	18980	177	69.7	0.93%
总计	62304	131284	898	69.4	0.68%

参见 8.1.2 节中相应内容。

(7) 参见 8.1.2 节中相应内容。

第 9 章

搜索引擎广告效果评估及优化高阶应用

总体而言,搜索引擎广告效果的评估是一个比较宏观的命题。约翰·沃纳梅克那句名言"我知道在广告上的投资有一半是无用的,但问题是我不知道是哪一半"说的就是在传统广告时代,效果不可统计。

相较而言,互联网广告的一个重要属性,就是效果的可衡量性,较高的可量化性、可对比性、可分析性。数字当然有它的局限性,但是不可否认的是它确实是前进的方向。尤其是搜索引擎广告,基于成熟的技术工具,较为统一的统计口径、较为标准化的测量标准,搜索引擎广告可以通过一系列的工具进行特定维度的具象化评估。

效果有直接效果和间接效果之分。直接效果就是交易行为、销售额、客户量的直接转化,以及下载量等。间接效果就是用户的相关行为,或者说被定义的有效的、有价值的用户行为。

当然,"效果"是一个较为宏观而宽泛的说法,对效果的界定因模型构建的维度差异,各个维度的核心的参数、常量、变量差异,推演逻辑差异,计算方法差异,统计口径、模型差异,要寻找到普适性的切入角度就成为一个宏大的命题。

本章基于实务操作和实践经验,同时依托全球被最广泛应用的 Google 及其产品与应用,从 Google 构建的逻辑出发,阐述搜索引擎广告效果的评估及其对应的高阶应用。

9.1 基于数据的效果评估及广告优化

相较于基于统计模型的效果评估,基于数据的效果评估和优化更加扁平化和直观,在实务操作中,实用性更强。

基于数据的广告优化,其主要目的是优化不同维度下的数据表现,其所使用的方式、方法与前几章中的操作和优化相同,不同之处在于其优化策略。

不同的数据表现,对应的优化策略完全不同,其实对于账户优化而言,不同的基础数据项或基础维度,其优化的方法有很多种,其操作方法也有很多变化,而多种基础数据(例如展示量、CPC、花费)项交叉组成不同的关键数据、指标项(例如每次转化成本、转化数),其优化操作就需要一定的高维度的策略性和顺序属性。

9.1.1 寻找数据关键点

在庞大的数据量、基础数据的基础上,寻找哪些数据、参数、指标在实际操作中尤为关键,即关键数据项。

数据是不变的,变化的是看数据的用户,不同目的的用户所看的数据项会有所不同。对于搜索引擎推广营销而言,以下数据是所有数据查看项的集合:展示量、点击量、点击率、每次点击成本、花费、转化率、转化次数、每次转化费用、PV、跳出率、访问时长、新访者与回访者比例、ROI 等。

就像前几章提到过,每个数据项都有不同的含义以及说明的问题,而每个数据项的指标对应的优化和操作也有所不同,但最终的优化策略还是会落在重点关注的关键数据项中进行进一步分析。

无论是搜索还是展示网络广告,又或者是购物广告,其真正的关键数据项只有点击量(流量)、转化成本(每次转化费用)、转化次数(如询盘量、订单量等)。针对关键数据项,找到其主要矛盾即优化点,则是真正为后期制订优化策略的核心。关键数据项的矛盾点如图 9-1 所示。

流量	成本	转化数
多	多	多
多	多	少
少	少	少

图 9-1 关键数据项的矛盾点

1. 主要矛盾分析：成本高

转化成本（每次转化费用）过高，之前的章节中提到很多方式可以优化，很多的优化项可以降低转化成本，但往往优化的办法越多，越无从下手，接下来介绍一种解决这一难题的方法，叫作拆分因子法，之后的主要矛盾分析也会用到这个方法。

$$转化成本＝消费÷转化量＝(CPC×点击量)÷转化量＝CPC÷CVR(转化率)$$

把关键数据项（高维度结论性的数据、指标结果）拆分（降维）成多个基础数据项，根据每个基础数据项的问题，列出其优化方式和步骤，按照操作从易到难，数据呈现效果时间遵循从短到长的原则，进行顺序排列和按步优化。

拆分因子得到可能出现的数据项问题是CPC过高，或者CVR过低导致。

（1）CPC（每次点击费用）高。对于CPC过高，其优化的步骤操作遵循从易到难的原则，先降低出价，后优化质量得分（质量得分优化参考前几章中优化质量得分章节的优化操作）。

（2）CVR（转化率）低。转化率过低，一般考虑流量前端和网站后端问题。提高流量的质量即优质流量的筛选（增加否定词、修改匹配方式、暂停……可参考前几章流量优化章节中的优化操作）同样遵循从易到难的原则进行顺序操作。

网站后端：Landing Page（首陆页）优化、转化流程优化、促销活动等，这类优化流程较长，起效较慢，一般作为最后的优化方式进行优化。

无论是CPC还是CVR，最终整体的优化策略，按照见效从快到慢的原则，一个个实现优化操作，而每做一个优化操作，必须等待数据积累后，进行前后数据对比。若无效，则改回原有操作，进行下一步操作；若有效，则进一步优化。

2. 主要矛盾分析：转化数少

对于转化数少的情况，先要确定其整体预算是否在合理范围内，若在合理范围内，则再进行接下来的数据效果评估和优化策略制订；若预算不合理，则先调整预算，再进行后期操作。

$$转化数＝点击×CVR＝展示×CTR×CVR$$

拆分因子得到可能出现转化数少的原因是展示过少，或点击率过低，或转化率过低。

（1）展示低。展示量过低有两种可能，即关键字太精确和关键字量过少，因此遵循优化操作顺序原则，先修改匹配方式（参照第7章中流量扩量优化的匹配形式优化操作），再进行扩词（搜索关键字列表、关键字工具，制作新关键字列表）。

（2）CTR低。对于点击率，需要分不同情况分析，若是展示量高、点击率低，则优化关键字相关操作为先（否定关键字、匹配形式）；若在展示量低的情况下进行第一步展示量提升后，发生的点击率较低，则直接进行关键字重组，优化创意、提高排名，然后再过滤不精准关键字（否定关键字）。

（3）CVR低。同成本高小节中的优化步骤和操作。拆分因子最重要的是，要把公式中的因子拆分到足够细致，这样才能更快、更有效地找到对应的优化数据项，从而进行合理的策略制订。

3. 主要矛盾分析：流量少

对于流量过少的情况，同样先要确定是由于预算原因还是其他原因，如果是预算原因，则先调整预算,再进行后期分析。

$$点击量=展示\times CTR$$

(1) 展示低。与转化量少的操作方式一样,但由于这里只看点击,没有转化这一数据项,因此后续需要对地域进行限制,在时间限制上做扩充的优化(提高地域或时段出价,增加新的投放区域或投放时段)

(2) CTR 低。同转化量低小节中的优化步骤和操作。无论什么关键数据项,其优化操作后都需要时间进行数据积累,再进行后期的循环判断,对于一名账户操作及优化人员而言,优化一个广告账户,如何面对十几甚至是几十个广告系列、广告组及与其对应的成千上万的关键字,着手分析并进行操作,这是非常庞大及纷繁复杂的工作量,为了达到真正高效的优化操作,其操作技巧可以参照以下几点。

① 找出有影响力的关键字:按点击量或消费排序。
② 找出有问题的推广计划,推到推广单元,推到关键字。
③ 宏观地把握数据,找出影响整个计划的关键字,找出同类问题关键字。

查找问题关键字详见第 7 章数据分析技巧中的内容。

寻找关键数据项及利用数据项进行因子拆分,找到对应的基础优化数据项,接下来介绍一些有效的常用的评估及优化应用,帮助理解及更好地制订优化策略。

9.1.2 象限法评估及优化应用

象限法是一种分析方法,是一种工作指南法,是提高工作效率、管理效果的催化剂。二维象限法是以事务(如事件、工作、项目等)的两个重要属性作为分析的依据,进行分类分析,找出解决问题的办法的一种分析方法。

二维象限分析法在营销管理活动中广泛应用,对销售管理起到指导、促进、提高的作用。它在战略分析、产品分析、市场分析、客户管理、员工管理、时间管理、领导艺术等方面都有使用,以其简短明了的风格,深受营销管理者的喜爱。

将事务的一个重要属性 a 作为 x 轴,将事务的另一个重要属性 b 作为 y 轴,组成一个坐标轴,再在坐标轴上进行刻度划分,用直线画成"田"字形,这样就形成了二维、四象限的分析方块。

x 轴、y 轴的刻度以数字和大小、高低、长短、是否等一些概括一种情况下的两种表现为主。对于刻度表现的判断有定量和定性两种方法,通常采用最多的是定性的方法,个人或团体根据对事务属性的认识判断评定刻度表现。

在分析的过程中,先将每项事情进行两个属性的分析、权衡,再将事项逐一填入每个象限方块中。完成后,总结同一象限方块中事项的特点,找到解决办法。

互联网的分析思维中,通过对两种及两种以上维度的划分,运用坐标的方式表达出想要的价值,由价值直接转变为导向性策略,从而进行一些落地的推动。象限法是一种策略驱动的思维,常用于产品分析、市场分析、客户管理、商品管理等。

搜索引擎营销在二维象限法中的应用,其主要坐标轴以关键数据项为基准,而关键数据项的选择,最重要的是能明确相应的关键字或产品,这里一般使用 CTR(点击率)和 CVR(转化率)作为关键数据项。

如图 9-2 所示，根据 CTR 和 CVR 两个关键数据项划分的二维象限，其对应的关键字或产品的数据特征尤其明显。接下来重点分析不同象限中的具体数据现象以及对应的优化策略和操作技巧。

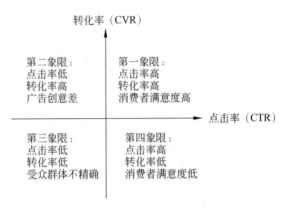

图 9-2　坐标轴象限分析

第一象限：点击率高、转化率高的广告，说明人群相对精准，是一个高效率的广告，即满意的消费者。

第二象限：转化率高、点击率低的广告，说明广告内容针对的人群和产品实际受众符合程度较高，但广告不够吸引目标用户，需要优化广告内容，吸引更多的人，即糟糕的广告内容。

第三象限：点击率低、转化率低的广告，说明广告和网站对应的人群与网站对应的人群不符，即不精准人群。

第四象限：点击率高、转化率低的广告，说明点击进来的人大多被广告吸引了，转化低说明广告内容针对的人群和产品实际受众有些不符，或网站无法让用户形成信任而转化，即失望的消费者。

利用象限法对数据进行拆分，可有效地找出关键字的问题及核心矛盾产生的维度。

把关键字或产品归类到四个象限中，根据象限的关键数据项，寻找对应的问题和解决方式。

无论针对哪种象限的关键字或产品广告，其优化操作顺序的原则必须遵循本章中 9.1 节中的原则进行操作。

1. 满意的消费者

对于满意的消费者，其优化重点是扩大其满意消费者人群，如图 9-3 所示，分析其对应的优化基础项。

扩大满意的消费者，也就是提高该类关键字的点击量，从提高点击量的操作策略上在展示和点击率上进行着重优化。

（1）点击率优化。对于该类满意的消费者用户，提高其点击率，由于本身点击率已经较高，因此更多的操作技巧在于优化创意，而不是在匹配形式或者广告组中的关键字分组中进行更多的修改。广告创意优化详见之前章节中的优化技巧。

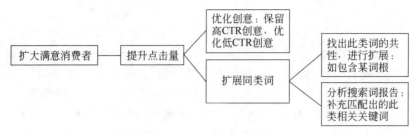

图 9-3 扩大满意消费者人群

（2）扩充同类词。由于该类词点击率和转化率都较好，因此从转化率角度出发，也就是从用户精准性出发，增加的关键字与账户中表现好的关键字必须属于同类精准词。搜索词报告是最有效增加同类词的方法之一，也是最优先进行优化操作的步骤。所有增加点击率或者增加新的相关关键词，必须在预算充足并且该关键字排名高的前提下进行后期判断和优化（排名高低的判定查看第 7 章中出价调整策略中的内容）。

2. 失望的消费者

对于失望的消费者，则要从两个角度进行分析。第一，从前端出发，因为点击率高，意味着关键字和广告相关性强，但从另一个角度分析，其关键字或其他类型的广告使得用户与网站不相关，即带来了不精准的用户（人群定位错误）。第二，从网站端看，用户为何不进行转化，其根本原因出现在产品或网站本身，分析网站内部原因也是这类词的优化策略之一。

图 9-4 展示了失望消费者诱惑所考虑的数据优化项。

图 9-4 失望的消费者

（1）查看人群用户匹配性。查看是由于关键字或其他定位方式带来的流量不相关问题还是网站本身的问题，最重要的数据分析项是目标网页的跳出率、访问深度和用户停留时间。

① 若跳出率高，则意味着用户看到的网页和广告不匹配。
② 若访问深度低，则意味着用户进入了网站但没有寻找到他要的内容。
③ 用户停留时间短，意味着网站与他要的内容相差甚远。

判断以上问题可以看出关键字或者其他定位方式是否需要进一步更改和修复。

（2）着陆页问题。目标页面问题，往往有几个明显特征出现：跳出率高；跳出率低，访问深度高，但是没进入转化流程；跳出率低，但退出率高。

优化着陆页一般使用选择新着陆页或着陆页转化按钮添加，或者着陆页体现更多广告中的内容等方式。

（3）网站问题。对于网站问题，包括转化流程和产品本身问题，先判断是否为流程问题，其主要标准是查看转化流程各步骤的退出率，若发现正常的流程过渡页变成了退出页面，则该页面需要进行优化，寻找出导致用户离开的问题，并进行解决。例如，是否是物流费用，或者货运时间导致用户在填写物流信息的时候进行了退出（关闭浏览器）。

产品优势问题，往往表现在用户查看了产品页面，却不加入购物车，或者已经形成订单，但最后却不付款，代表用户在犹豫，在进行产品的比较或其他的思考。

针对以上问题，对应的优化操作步骤在第 7 章中有详细说明。

3. 不精准人群

对于不精准人群，重点在于账户中的一些与定位相关的因素。主要考虑的问题如图 9-5 所示。

图 9-5　不精准的人群

① 选择的关键字或定位人群是否正确？
② 广告排名是否过低？
③ 关键字和广告相关性是否过低？
④ 关键字匹配形式是否过于宽泛？
⑤ 目标页面即着陆页（Landing Page）是否选择正确？

针对不精准的人群，可以简单地从账户的 3 个主要元素进行分析和优化：关键字、广告创意、着陆页。

（1）关键字。不精准的人群，即主旨关键字没有寻找正确，要寻找产品在推广地区真正的用户搜索词是什么，需要结合 Google 趋势和关键字工具寻找主旨关键字（详细可参照制作关键字列表章节内容）。关键字匹配形式过于宽泛，需要进行修改，修改成更为精准的匹配形式，例如广泛匹配变成加修饰符的广泛匹配或词组匹配等。排名过低，导致有效的用户无法看到广告，提高出价可以帮助提升广告排名。对于关键字的优化，无论是匹配形式更改、出价调整，还是重新制作新的关键字列表，都必须定期地进行否定关键字的排除，以保证点击率，从而保证广告的质量得分。

（2）广告创意。确保广告创意与关键字相关，与网站内容相关，具体优化方式查看第 7 章的广告创意优化章节。

（3）着陆页。这里的着陆页优化不同于前面章节中阐述的针对几个人群的着陆页内容优化策略，这里更多的是强调选择更适合广告创意与关键字的着陆页面，即页面的选择，而不是修改着陆页的内容。

4. 糟糕的广告

对于糟糕的广告，这个象限的关键字或产品，要比前 3 个象限优化较为容易，但是其持续的优化时间却可能是最长的。由于优化广告在于通过广告表现的数据对比，进行广告创意的筛选，因此足够的数据积累是优化的重点，足够的数据累积期和操作的静默期是必要的条件，所以该优化所需要持续的时间是最长的。图 9-6 展示了优化糟糕的广告的因素。

图 9-6 糟糕的广告

优化创意查看第 7 章对应的广告创意优化章节。

这一象限的优化与纯粹的广告创意优化又有所区别,必须注意以下几点:目标页面不可以更改,包括目标页面内容;预算必须充足,即由于预算而丢失的展示份额不可以出现;不能在优化的广告组中进行关键字的优化(否定或加词);不可进行广告组或关键字的出价调整;不可以对账户中的地区、时间、人群定位等设置进行优化和改动。

对上述的各种数据、指标加时间杠杆,在象限内叠加的状态便可分析出在不同的象限内、不同的分析维度上、不同的指标乃至不同的行为轨迹、操作流程、基础数据间产生的对立现象和矛盾现象。

不同象限内的关键字进行调整后,不会是一成不变的,会根据数据的变化改变自身所处的象限,这也就意味着,所有的象限优化都是循环、动态的操作。

9.1.3 决策树评估及优化应用

相较于象限法,决策树是另一种拆解、分析数据的有效方法和模型。

决策树更容易被初学者所理解和掌握,其原理是将关键数据项进行因子拆分后,根据不同因子对数据项产生结果可能出现的各种情况进行假设、总结和分类,再利用决策中的排除法寻找导致关键数据项出问题的基础数据项,并进行合理的决策和优化操作。

对决策树的关键数据项主要以效果差为出发点进行账户分析和优化,以转化效果差为例,如图 9-7 所示,其主要问题出在 CPA 高和转化数量少这两个问题上。

对于决策树的操作执行,必须遵循以下几点规则:必须把所有问题都排查完,才可以进行优化操作;根据寻找的所有问题,以影响程度从大到小进行排序,依次解决;优化操作从易到难,从快到慢进行;每次优化操作只能解决其中一个问题,不可同时优化;每次优化后必须保证数据积累,前后数据对比,可追溯操作。

对于不同的广告主而言,效果随不同阶段的推进和推演,其定义会有所变化,主要在前端数据和后端数据项中进行分析,关键数据项取决于不同阶段的不同目的。

对于决策树的应用,最重要的是找到关联数据项,而寻找关联数据项最简单的技巧是该项有明显的、好坏的数据、指标作为参考和界定,如展示量、点击量、点击率、每次转化成本、转化量等,而没有固定数据、指标界定的数据项作为决策树因子项,如预算、花费、CPC、展示份额、质量得分等。快速设计一棵符合广告主核心需求的决策树是后期优化的关键要素。设计一个决策树的优化策略,要先学会寻找优化点,然后才可以实施优化操作的选项和设置。

1. 推广效果转化漏斗

分析推广效果转化漏斗是快速设计决策树和优化项最简单的方法,如图 9-8 所示。

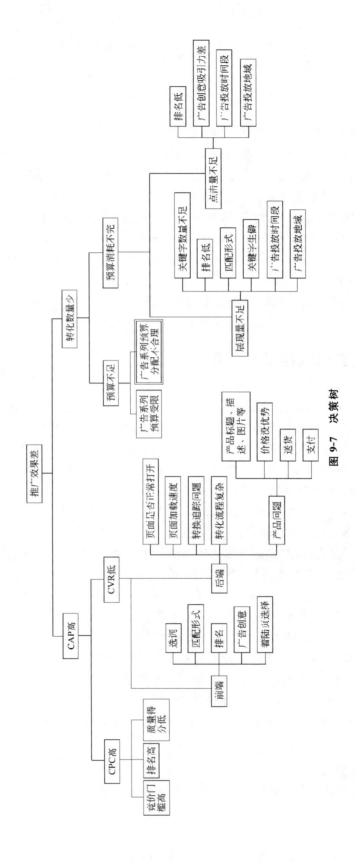

图 9-7 决策树

第 9 章 搜索引擎广告效果评估及优化高阶应用

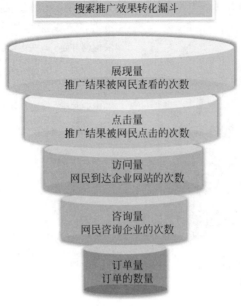

图 9-8 转化漏斗

对于广告效果而言,广告主希望推广效果转化漏斗之间的差值越小越好,而从整个漏斗看:

① 第 1~2 层:这两层之间的比值为点击率,而这部分基本是在账户层面上进行优化,因此寻找这两层的优化点就是在账户中进行查找。

② 第 3~4 层:从点击到访问称为抵达率,注重的是网站加载速度;从访问到咨询称为转化率,注重的是网站的转化流程,这些优化点基本出现在网站本身。

③ 第 5 层:从咨询到订单到成单率,对于 B2C 来说,会影响其成单率的因素有网站和人员(客服);而对于 B2B 来说,会影响其成单率的因素只有人员。

针对推广效果转化漏斗中每个层级对应的广告优化因素如图 9-9 所示。

账户层级的优化较为简单,但需要仔细而全面地罗列出所有的因素。对于网站端的优化,由于修改优化过程较慢,因此要结合每个广告主各自的具体情况而定。把影响推广效果的因素全部罗列后,再利用之前学到的每个优化点的操作技巧,按照优化基本原则进行优化。

2. 决策树中的数据分析

寻找完优化数据项以及优化因子,对账户进行前期的数据分析,以及后期的优化后,数据对比后的数据分析,是检验优化策略是否正确的关键操作。

对于账户的数据分析或网站的数据分析,必须同时关联分析,否则会进行效果误判。

数据分析需要注意以下几点。

① 数据分析可以帮助广告主优化精准流量,带来销售机会,但网站后端的用户体验、产品分析更是至关重要的,直接影响广告主的销售结果。

② 要明确广告主的网站、产品所处的阶段,其营销目标是否符合当前的市场策略和市

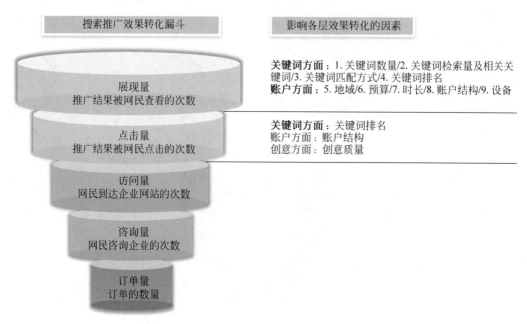

图 9-9　转化漏斗各个层级对应的广告优化因素

场定位。

③ 转化成本高,转化量低的关键字或渠道是否一定不好,须暂停?这个答案是不一定,根据该关键字或渠道所处用户购买阶段的层级是否属于辅助性转化或浏览型转化,并且其不同阶段广告主的不同目标,其最终答案也会不同。

④ 优化调整前后,要做数据对比,保证每次优化是有意义的,无论每次操作是正确还是错误,必须从中得出结论,才是最重要的。

9.2　基于广告目标的优化

上文提到,广告主基于不同的营销目标、不同的效果表现,对效果的定义不同,其优化的策略也会有所不同,本节着重介绍不同广告目标的优化策略及操作技巧。

1. 搜索引擎广告的目标

对于搜索引擎广告,不同阶段广告主碰到的账户以及广告效果数据表现有所不同,其目标也会有所不同,很多广告主认为目标可以是提高流量、提高转化,甚至降低转化成本、实现盈利等,但这只是很宏观的一个目标,对于广告账户优化操作反而会变得无从下手,所以制订目标是基于广告目标优化中最重要的环节之一。

在做任何优化工作之前,制订其工作目标是至关重要的,这往往可以节省优化时间,提高优化效率。

2. 什么样的目标才是有效的目标

只有将账户中的数据与宏观目标进行结合,才是有效的目标制订,例如将每次转化成本降低到 30 元以下,又如将每次点击成本降低到 1 元以下等。明确的目标,配合二维象限法和决策树法的应用,对应渠道和关键字的数据,才可以正确快速地寻找出需要优化的关键字或渠道。有了目标和数据,才可以为不同数据表现的渠道或关键字进行待操作事项表(To Do List)的制作。制作操作列表是优化成功必不可少的一步。

3. 如何制作待操作事项表

一个目标可以制作出很多条待操作事项表(To Do List),9.1 节的象限法和决策树的应用详细地讲解了列出操作步骤的方法。

这里举一个简单的例子帮助读者理解如何制订一个目标和操作步骤。

广告主(老板)的目标:客户希望账户平均每次转化成本可以在 30 元以下;

现账户数据情况:上个月总共得到 570 个销售线索,而平均获得每个销售线索的成本为 40 元;

优化的目标:降低每次获得销售线索的成本到 30 元,并且保证转化数量不变。

待操作事项表:寻找花费较高,并且没有转化的关键字或渠道,暂停;寻找每次转化成本高于 30 元的关键字或渠道,降低 CPC;优化质量得分,从而降低整体的 CPC。

从上面这个案例中可以发现,To Do List 是一个策略,是操作指南,每一条策略和指南都对应一些操作步骤和优化技巧,针对不同的渠道,其优化技巧在前几章中都已详细介绍。所以,优化最重要的不是会不会优化操作,而是会不会制订优化策略,只有合理地制订优化目标和策略,才能真正达到提高整体效果的目的。

广告主的营销目标是优化的前提条件,而数据分析的基础建立在营销目的上,按营销目的主要划分为三类:品牌知晓,主要目的是提升品牌知名度;流量增加,主要目的是给网站增加流量,带来优质访问流量;销售促进,主要为网站带来销售业绩和销售机会。

不同营销目的下的关键数据指标见表 9-1。

表 9-1 不同营销目的下的关键数据指标

营销目的	关键数据指标		
	前端(广告)数据	后端(网站)数据	其他数据
品牌知晓	展示量、点击量、关键字和广告创意的点击率	品牌搜索量、网站新访客	…
流量增加	点击量、点击率、每次点击费用(CPC)	网页浏览量、每次会话浏览页数、跳出率、平均会话时长、用户数	…
销售促进	花费、点击量、点击率、CPC	交易次数、ROI、转化成本(CPA)、转化率	平均订单价值、转化漏斗、流失率

9.2.1 品牌知晓目标

品牌知晓的提升,是为了提高整体品牌的知名度。品牌知名度是指潜在购买者认识到或记起某一品牌是某类产品的能力。研究表明,无论消费者接触到的是抽象的图画、名称、音乐还是其他东西,接触的次数与喜欢程度之间呈正相关关系。

1. 品牌曝光价值

用户对品牌接触次数的增多,可以提升整体品牌知晓的程度,所以这里就要引出品牌曝光价值这一概念。

什么是品牌曝光价值？打个比方，通过 N 种渠道进行线上和线下宣传，进行上百万人数的曝光，耗费了数百万元人民币。这么算起来，即意味着 100 万人数的曝光价值。

对于营销推广而言，除了品牌曝光价值，还有转化价值，在很多情况下所做的推广可以带来很多曝光，但是不一定能带来很好的转化。相反，有些情况下所做的推广可以带来非常高的转化，但是曝光率非常有限。不同的事件、不同的目的，所追求的效果有所不同。

品牌曝光最关键的是要做好产品和品牌的推广，低成本的方式就是在网络上推广产品。网民接触互联网的途径有很多，只有利用多种营销方式进行全覆盖式推广，才能取得良好的效果。

2. 品牌建立原则

光有很好的品牌曝光价值，但无法让用户建立产品与品牌的品牌回想，即记住品牌，那其曝光也是没有实际效果的，所以，如何建立一个品牌，更重要的是如何让用户记住品牌，这就得在广告上做文章了。

建立品牌的原则有以下几个。

（1）简单：告诉大家你是谁，是做什么的，就足够了。也就是说，首先要解决的是脸熟，不要奢望在广告里面表达太多的东西，让消费者记住有多少条生产线、有多少个工艺流程，这些都是以后的事情。

（2）直接：对于 Google 的广告，一切创意都围绕产品爆破，尽可能直截了当告诉用户产品的用途是什么，品牌是什么，让产品和品牌形成关联。

（3）出奇：使广告变得与众不同，最不合逻辑就是广告的最符合逻辑，符合广告传播的逻辑。让自身的广告与同行中脱颖而出，最简单的方式是多研究竞争对手的广告，扬长避短。

（4）产品为主角：不能为了创意而忽略产品，应该对产品进行充分的展示，把产品作为整个创意的主角，文字、图片、视频广告，都要遵循以产品为中心的创意，着重突出产品与品牌的关联。

（5）记忆点：人的脑海里经常会浮现出一些断章式的内容，因此突出产品或者品牌的记忆点，在广告创意中尤其重要。例如，产品终身只换不修，XXX（国际知名品牌）指定合作品牌，世界杯指定赞助商，等等。

（6）多说两遍产品名：第一次和别人打交道，为了让对方记住你，就要多喊两遍自己的名字。在广告文字中，或在图片中，尽量至少出现 2 次产品名称与品牌呼应，便于用户记忆。

3. 衡量品牌知晓

对于 Google 广告而言，除了搜索广告，还有展示网络广告、YouTube、Gmail 和购物广告，其营销方式覆盖较多。衡量这些营销方式对品牌知晓度提升的效果是否有效，是合理选择营销方式的一种方法。对品牌知晓的衡量，要分前端数据和后端数据进行分析。

（1）前端数据。对于衡量品牌知晓度，即对品牌曝光价值的衡量，需要更多地看重以下数据项的内容。

展示量：品牌的曝光即网络广告的展示次数，广告被展示几次即代表广告被多少人次看到。

点击量：点击量代表有多少用户对广告有兴趣，进入网站访问。

关键字或渠道与广告创意的点击率：根据品牌建立的创意是否吸引用户，从而判断是否达到品牌建立的效果。

（2）后端数据。除了前端账户的数据，还有一些隐藏的后端数据，也是衡量品牌知晓以及品牌曝光价值的数据因素。

品牌搜索量：通过 Google 趋势，可以查看品牌及相关产品词对应的搜索检索量变化，从而判断其品牌知晓的目的是否达成。

新访客量：通过 Google Analytics 数据后台，并分析从推广渠道进入网站的整体新访客数占比，若新访客数占比高，意味着整体曝光价值高，广告渠道面向新用户多，达到品牌知晓的效果。

品牌的提升，一定程度上可以提升网站整体的转化价值。品牌价值越高，其转化价值越大。

4. 优化品牌知晓目标的广告

了解了如何衡量品牌知晓为目的的广告效果，接下来具体分析如何提高其品牌知晓的广告效果。

（1）提高展示次数：利用第 7、8 章中提高展示次数的方法，可以尝试更多的投放方式和渠道，增加更多的推广区域和时段，以达到提升曝光次数的目的。

（2）提升点击率：从创意出发，针对不同渠道的特点和人群属性，优化其广告创意，具体优化操作详见第 7、8 章内容。

9.2.2 流量增长目标

广告主除了品牌知晓目的外，其大部分会关注网站流量的增长。通常说的网站流量（traffic）是指网站的绝对访问量，是用来描述访问一个网站的用户数量以及用户所浏览的网页数量等指标。

1. 流量增长的衡量

流量增长的衡量不是表面上看到的只是网站流量通过广告的方式带来流量增长这么简单，往往会涉及更多的一些数据参数来判断是否达到流量增长的效果。

网站流量统计的主要指标包括：用户数（users）；网页浏览量（page views）；每次会话浏览页数（pages view session）；跳出率（bounce rate）。

同样，流量增长的衡量需要从前端数据和后端数据进行分析。

（1）前端数据。

点击量：由于注重网站流量的提升，因此关注的是点击量的多少。多少点击量直接代表有多少用户访问了网站。

点击率：点击率代表广告创意和投放关键字或渠道人群的匹配程度，可以判断投放的渠道关键字或人群是否正确。

CPC：对于增长流量的目标，就会关注每个流量的成本控制，所以不同渠道的 CPC 的成本也是对网站流量提升的衡量标准之一。

(2) 后端数据。对于网站流量的增长,后端数据根据流量统计的指标以及一些隐藏的数据指标进行分析,而这些指标需要借助 GA 进行数据分析。

用户数(users):是指通过互联网访问、浏览这个网页的自然人。独立访问量的增加是有效衡量流量增加效果的一个指标。User 与独立 IP 访问者有所区别,比如用户是 ADSL 拨号上网的,拨一次号就自动分配一个 IP,这样用户进入网站,就算一个 IP,当用户断线了而没清理流量器中的 Cookie,之后又拨了一次号,还会自动分配到一个 IP,用户再次进了网站,那么又统计到一个 IP,但是用户数(Users)不变,因为两次都是同一个用户。

网页浏览量(page view,PV):用户每次对网站中的每个网页访问均被记录一次。用户对同一页面的多次访问,访问量累计。因此,PV 值的大小,直接反应通过广告点击进入网站的用户质量的好坏。

每次会话浏览页数(pages view session):当访客进入网站,向 Web 服务器发出第一个请求的时候,对这个访客来讲一个会话便启动了。从这一点开始,在客户浏览站点的过程中,每个请求都会对应一个请求被记录,每次会话浏览页数为单位时间内访客访问页面总数除以会话数,即每次会话浏览页数=网页浏览量÷会话次数。该指标同网上浏览量,用于衡量流量的质量。

跳出率:用户广告点击到网站的跳出率的高低,直接反应用户与网站是否相关,带来的用户的质量好坏。

2. 优化流量增长的 3 个方法

从前几个章节中可以了解到,优化流量提升的方法有很多,这里简单总结一下最有效的 3 个方法以及操作技巧。

(1) 寻找和增加更多关键字、受众人群、渠道。利用关键字工具寻找更多关键字;使用搜索词报告,添加更多相关关键字;询问广告主产品列表,增加更多产品及相关关键字;根据不同的渠道优化策略,增加更多受众和网站列表。使用增加的渠道、受众或关键字,确保预算充足,其他注意事项可查看前几章的优化技巧内容。

(2) 提高点击率。提高关键字,网站列表、受众人群出价用于提高广告的点击率;提高时段,地区、设备的出价比例用于提高对应广告系列中的各个广告点击率;优化质量得分用于提高广告的排名,从而提高点击率(优化质量得分详见各章对应内容)。

对于优化点击率,必须重点关注触发的关键字,网站列表用于进行循环排除或添加。

(3) 广告系列的设置。流量的增加和广告系列的设置也有很多关系,一般以下几种情况会导致整体流量在以上两个优化操作之后没有明显效果:预算过低;定位地区,语言过于限制;广告投放的时段过少;太多的否定(关键字、网站列表或类型)。

之前章节介绍的操作内容繁多,每个操作都可以帮助提升流量,而以上介绍的 3 种方式是简化版,也是可以最快速方式达到效果的操作策略及方法。

9.2.3 以销售促进 ROI 为目标

上文主要还是关注整体广告账户和流量,而对于 B2B 或 B2C 来说,转化或 ROI 的效果提升才是最终的目标。前几章提到如何优化转化率、转化量,以及转化价值的技巧,而本节则帮助大家更好、更快地利用几个重点有效的优化策略和技巧组合，提高以销售促进为目标的效果提升。

1. 销售促进的衡量

投资回报率(return on investment，ROI)是指通过广告推广而应返回的价值(销售)，不同的广告主对于其 ROI 设定不同，但其衡量效果指标大致相同，同样分成前端数据和后端数据分析，而与品牌和流量目的不同，针对 B2C 还会有在订单上的某些数据的分析。

(1) 前端数据。因为看重 ROI，所以很多衡量数据会和费用相关联。

花费：总的花费对应的销售是查看 ROI 最基础的数据。

点击量：整体的点击量与后端数据的转化量形成有效的数据比例，也是分析其效果的数据之一。

点击率：同样是判断广告与不同推广受众、关键字、广告的相关性，它是判断流量质量的依据之一。

CPC：每次点击成本是为了之后更好地调整优化，达到最高 ROI 后再进行判断(CPC 调整达到最高 ROI 章节中有介绍)。

(2) 后端数据。相对于账户的前端广告表现数据，后端的网站转化数据更为关键。

转化量：代表广告推广下以销售促进为目的的推广效果的好坏。

ROI：转化价值是销售与广告花费之间衡量推广的效果指标。ROI 对每个渠道或关键字的表现好坏，直接影响接下来优化的操作策略和步骤。

CPA：转化成本，这对于 B2B 来说更为重要，主要是获得销售线索(Leads)的成本，即 CPL，是衡量推广销售促进的重要指标。

(3) 其他数据

与品牌知晓和流量增加为目的有所不同，网站内部的一些数据也是需要格外关注的。对于 B2C 而言，还需要分析关于订单的一些数据。

转化路径：查看转化路径是否合理，对于销售促进来说也是一个重要指标，这也是影响后端数据的一个重要因素。

流失率：最终订单、询盘的流失率也是反映网站客服或后期订单跟进的一个效果评判标准和 KPI，同样也是影响 ROI 的一个重要因素。

客单价：客单价有别于产品单价，是指每个顾客平均购买商品的金额。客单价即平均交易金额。对于 B2C 来讲，客单价的提升也是提升 ROI 的一个重要因素。

2. 提高 ROI 的 4 个方法

提高 ROI 有很多方法，这里提炼出 4 个最有效、最快速达到效果的优化方法。

(1) 爱惜高转化的关键字、网站、受众、渠道。高转化、低成本的关键字、网站、受众和渠道都是最简单、最快速提高 ROI 的突破口。

添加高转化关键字同类的关键字：例如，有一个关键字 custom mouse mats，这个关键字有转化量，而且转化成本非常低，那就可以添加类似的相关关键字 customised mouse mats、custom mouse pads、custom made mouse pads，所添加的关键字字数必须大于或等于原关键字,并且必须是其同义或相关变体形式关键字。

搜索字词报告:利用搜索字词报告寻找高转化的关键字或网站列表,进行下一步的优化。

寻找低转化成本,但排名过低的关键字、广告或渠道:提高这类关键字或渠道的出价,有效提高转化量,保证其展示份额不因为评级而丢失。

所有的爱惜高转化的操作,必须保证足够的预算作为前提条件。

(2)对表现一般的关键字或广告渠道降低出价。对于有转化的渠道或关键字,辅助转化同样较少,但是每次转化成本却很高,这类关键字或渠道,需要根据 ROI 调整 CPC 的出价,具体出价降低幅度,可以遵循第 7 章中 CPC 调整章节内容。

降低该类关键字或渠道的出价可能导致广告排名降低,甚至导致广告展示量降低,因此要对每次出价调整进行记录,以便优化后的可追溯调整。

优化质量得分,同样可以起到降低每次点击成本的目标,从而提升 ROI。

(3)从广告创意入手提高高质量用户筛选。一般广告的优化是针对广告点击率的提升,但如果在创意中增加一些对转化有帮助的内容,从而在进入网站流量这一层面进行筛选,这样同样可以对广告 ROI 的提升有所帮助。

修改广告创意提升 ROI 的技巧如下:在 B2C 的广告中增加价格,在 B2B 的广告中增加诱导转化的内容(例如,免费下载电子书、免费索取白皮书等);在广告创意中明确说明产品和应用,以防止不相关用户点击;在广告创意中增加可执行操作的语句,例如马上咨询、立即购买、现在就拨打等。

由于在广告中对产品说明进行了一定优化,因此有可能导致广告点击率有所下降,因此时刻关注广告和渠道的质量得分,以确保点击率下降对质量得分影响不要太大,尽可能将点击率下降控制在同一级别上(质量得分分为 3 个级别:好极了、一般、差)。

(4)优化目标网页。对于目标网页的优化,可分成两个层面:一个是选择合适的目标页面;另一个是目标页面的网站修改。选择更合适的目标页面测试不同的广告目标页面,进行 ROI 的比较。

对目标页面的修改可以分成以下几个内容。

① 网站打开速度:整体页面打开速度的快慢直接影响用户的访问体验。速度越快,用户跳出率越低。

② 目标页面内容相关性:用户打开网站之后,会考虑这个网站是不是我在寻找的网站,产品是不是我要找的,所以产品的内容与广告与用户的相关性非常重要,是影响用户点击进入转化流程必不可少的因素。

③ 目标页面内容吸引度:用户点击广告打开网站后,如果没有找到他想找的内容,第二件事就会考虑,这个网站是否有继续浏览的必要性,因此该目标页面上的一些有效的内容,例如促销信息、产品特点、企业背书等,都是很好的提升用户留存率的因素。

④ 目标页面转化按钮:用户寻找到所需要的产品或内容,转化按钮的突出是影响转化率的因素;按钮的颜色、图形、大小和内容文字需要不断地进行修改、测试,以调整到最高 ROI 的表现。

9.3 案例

9.3.1 每天设置的预算都花不完,推广没有效果

现状:某服饰鞋包销售账户,预算为 5000 元/日,当前每日实际花费仅 2000 元,希望获得更多的网站访问及销售。

优化方式如下。

① 添加更多的流量关键字(带来更多的流量):如连衣裙、运动鞋、男上装等,通过大流量较短的产品核心词增加流量。

② 添加更多的效果关键字(转化潜力高):碎花连衣裙、耐克运动鞋等,通过更精确的关键字提升转化量。

③ 重新制订产品推广计划,如裤子计划、珠宝配件计划等,覆盖全产品线。

④ 调整匹配形式,将精确匹配的转化关键字,调整为短语匹配,扩大流量。

⑤ 创意调整为与关键字更匹配,提高关键字质量得分,提升点击率。

9.3.2 有很多的展示了,但是没人点击,网站流量少

场景:某婚纱摄影账户,展现量正常,但点击量少。

优化方式如下。

① 通过"关键字数据报告"查看关键字展现量、点击率,找出低效关键字。

② 优化创意,提升创意与关键字的匹配度。

③ 优化账户结构,必要时对关键字重新分组。

9.3.3 账户花费高,但是没有效果

现状:某物流行业账户,一天消费 300 元,有 290 元集中消费在"一个词",即"南通物流公司"(广泛匹配)。

优化方式如下。

① 调整匹配形式,查看搜索词报告,发现南通物流公司(广泛匹配)匹配出江苏物流公司、江苏运输公司等,需要匹配方式更改为短语匹配。

② 从搜索词报告中查找不相关的关键字并添加为否定关键字,同时从中寻找添加相关性更强的效果词,如"南通货运""南通运输"等。

③ 调整账户结构,如有必要,可以给核心词制订单独的推广系列,避免影响同系列的其他关键字展现。

练习题

1. 选择题(不定项)

(1) 用于效果评估的关键点包括(　　)。

  A. 流量　　　　B. 成本　　　　C. 转化数　　　　D. 点击率

CHAPTER 9

(2) 评估效果发现的主要矛盾包括(　　)。
　　A. 成本高　　　　B. 转化数少　　　　C. 流量少　　　　D. 广告渠道冲突
(3) 以下哪些是分析目标页面的重点数据项？(　　)
　　A. 跳出率　　　　B. 访问深度　　　　C. 停留时间　　　D. 浏览量
(4) 针对"不精准人群"可以进行哪些方面的优化？(　　)
　　A. 关键字　　　　B. 广告创意　　　　C. 目标页面　　　D. 广告频次
(5) 以下哪项不是"品牌知晓"营销目的所需重点关注的指标？(　　)
　　A. 广告展示量　　B. 点击率　　　　　C. 网站新访客　　D. 订单数量
(6) 以下哪项不是"流量增加"营销目的所需重点关注的指标？(　　)
　　A. 广告展示量　　B. 广告点击量　　　C. 网站用户数　　D. 网页浏览量
(7) 根据拆分因子法，优化转换数最终涉及的要素包括(　　)。
　　A. 展示量　　　　B. 点击率　　　　　C. 展示份额　　　D. 转化率
(8) 根据拆分因子法，优化点击量最终涉及的要素包括(　　)。
　　A. 展示量　　　　B. 点击率　　　　　C. 展示份额　　　D. 排名

2. 简答题
(1) 列举象限评估法中四个象限表现出的不同特点。
(2) 阐述根据拆分因子法优化转化成本中涉及的优化要素及优化方式。
(3) 简述推广转化漏斗的 5 个层级以及涉及的优化因素。
(4) 简述优化流量增长的 3 个方法。
(5) 某美妆销售网站，每日预算 5000 元，每日仅花费 2000 元，且平均日订单仅 10 个。请制订阶段性优化方案，使得每日花费至少达到 4000 元，订单数增加至 50 个。
(6) 某眼镜销售网站，每日花费 10000 元，平均日订单 150 个，ROI 仅 2。请制订优化方案，在现在每日销售额不变的情况下将 ROI 提升至 3。

答案

1. 选择题（不定项）
(1) ABC　(2) ABC　(3) ABC　(4) ABC　(5) ABC　(6) D　(7) ABC　(8) AB

2. 简答题
(1) 参见 9.1.2 节中相应内容。
(2) 参见 9.1.1 节中"1.主要矛盾分析：成本高"中相应内容。
(3) 参见 9.1.3 节中"1. 推广效果转化漏斗"中相应内容。
(4) 参见 9.2.2 节中"2. 优化流量增长的 3 个方法"中相应内容。
(5)(6) 参见 9.2.2 节中相应内容。

第10章

搜索引擎营销常用工具

10.1 Google Analytics

Google Analytics(Google 分析,GA)是一个由 Google 所提供的网站流量统计服务工具。Google 分析现在是互联网上使用最广泛的网络分析服务。

随着整个网站的消费过程变得越来越复杂,交错在不同的设备、网站、社交网络中,如何准确把握客户在网站上的互动,了解各种推广渠道能够产生的价值,最有效地达到营销目标,就要使用到 Google 分析,用以分析用户的实际行为,不断改善推广活动效果。

技术上,只要在观察的目标页面放入 GA 所提供的一小段代码,每当运行这个网页时,即会发送如浏览者的所在国家或地区、经由什么关键字进入该页等相关数据至 GA 服务器,并集成友好的、易读的信息给网站站长。

10.1.1 Google Analytics 概述

消费者在购买产品的过程中,行为轨

迹、决策流程、执行过程是极为复杂的。从对商品产生兴趣，接着与商家开始互动，到最后完成交易、转化。在线下场景，想追踪这个过程的难度非常高，既不易执行，效率又很低。而在互联网的线上场景和生态中，通过成熟的科技与技术，许多工具已经能够追踪消费者的线上行为，收集且测量消费者在线上浏览网页的行为资料，并进行整理与统计。GA 是网络流量追踪工具中，应用最广泛且认可度最高的工具。

通过 GA，使用者（商户）能够探索访客与网站的互动方式、交互逻辑，深入了解网站上访客的行为，同时测量网站上的访客流量与使用足迹，再经整理绘制出口径一致的统计报表，协助使用者评估网站活动的绩效，起到决定性的辅助决策作用，最终达到持续优化网站的效果。

1. GA 的运作模式

申请一个 GA 账户并填入追踪的目标网站后，使用者就会取得一串网站追踪程序代码（code），将这串程序代码复制后，加到网页的代码中，GA 便开始收集网页的流量资讯。收集后的资料，再回传到 GA 系统进行进一步整理与分析，最后以报告的形式在 GA 的账户中呈现。详细的设置部分会在之后进行讲解。

2. GA 的常用报告功能

（1）维度与指标。维度（dimension）是指数据的描述性属性或者特点。例如，"国家或地区"是带来网站流量，产生会话的国家，如"美国"或者"加拿大"。指标（metric）是指量化的衡量标准，有总数形式和比率形式两种，例如"会话数"指的是网站产生会话次数的总量。维度与指标的关系见表 10-1。

表 10-1　维度与指标的关系

维　　度	指　　标
国家或地区	会话数
美国	100000
加拿大	20000

（2）关键指标。GA 能够提供大量的指标数据，以进行分析。那么，哪些指标是我们需要重点关注的关键指标呢？

① 会话（sessions）：会话是指定时间段内在网站或应用中发生的一系列用户行为。一次会话可能包括几个网页浏览，达成一个目标等。会话数表示网站的所有用户发生的会话次数总和，是 Google 分析中最重要、最基础的概念，因为所有功能、报告和指标都是基于会话开始，并且受会话的计算方式的影响。

上文提到"指定时间段内"，GA 默认这个时间段是 30min，如果一个用户的一个会话超过 30min 处于不活动状态，那么就判断这个会话结束，报告中呈现的会话数值记为 1，如果过了几分钟，这个用户有了活动（例如重新打开某页面），那么 GA 判断其为一个新的会话，会话报告中呈现的会话数值就增加到 2。另外，过了午夜 12 点或者广告系列出现了变更，即用户通过一个广告系列来到网站，然后离开，通过另一个广告系列又返回网站，也会被系统判断此次会话结束。

上文中提到的广告系列,并非只是指 Google Ads 的广告系列(campaign),而是指任一渠道中某一项推广活动,比如 SEO 的某一系列外链。当然,Google Ads 的广告 campaign 也属于这里提到的广告系列的一部分。

② 用户数和新用户数。用户数是指在任何指定日期范围内有多少用户与网站或应用发生了互动行为,是发起的访问网站的唯一身份的用户数量统计。

同样是衡量网站到访流量的基础指标,会话数与用户数有什么区别呢?通常,会话数大于用户数。因为一次访问网站,会被计为一次会话和一位用户,这位用户在选定时间内后续发生的每次会话都会增加 1 个计数,但是用户数仍为 1。例如,小明早上 10 点来到网站浏览一些内容后离开,下午 2 点又回到网站浏览了另一些信息后离开。那么,GA 这一天对小明的网站行为统计的会话数为 2,用户数为 1。而新用户数统计与网站发生互动行为的所有用户中,在指定时间范围内,首次产生行为的用户数量。例如,小明在选定时间段内与网站发生了 3 次行为,那么会话数计为 3,用户数为 1,新用户数为 1;过了两天,仍在这段时间,小红第一次与网站发生了 2 次行为,那么会话数计为 5,用户数为 2,新用户数为 2;又过了两天,仍在这段时间,小明与网站发生了 2 次行为,小红也发生了 1 次行为,则会话数计为 8,用户数为 4,新用户数仍为 2。

③ 网页浏览量(PV):选定时间段内浏览的所有网页的总页数。系统会计入对单页的重复浏览。

④ 唯一身份浏览量(unique pageview):同一用户在同一会话期间产生的网页浏览量,表示该网页在被浏览(一次或多次)期间的会话次数。网页浏览量和唯一身份浏览量用一个简单的示例进行对比,假设网站上有网页 A、B、C,产生了一个会话,有这样的浏览行为:网页 A—网页 B—网页 C—网页 B—网页 A—网页 B。那么,这 3 个页面的网页浏览量和唯一身份浏览量如下。

网页浏览量——网页 A:2,网页 B:3,网页 C:1。

唯一身份浏览量——网页 A:1,网页 B:1,网页 1。

因为 A、B、C 3 个页面的浏览量都是这次会话产生的,即网页 A、B、C 在被浏览期间的会话次数为 1。

⑤ 跳出与跳出率:跳出是指网站上的单页会话。例如,用户访问网站且只打开了一个网页,然后就离开了网站,就计为一次跳出。跳出率则指所有这些单页会话在所有会话中占的比例。

⑥ 退出率:从某个或某组特定网页退出网站的次数所占的百分比。

退出率与跳出率的区别:退出率着重于分析网页浏览量的效果,可以定义为会话中"最后一页"的浏览量占该网页总浏览量的百分比;跳出率着重于分析用户会话行为的效果,可以定义为会话中"唯一网页"的会话占由该网页开始的所有会话的百分比。某个网页的跳出率基于由该网页开始的会话。

示例:假设一个网站有网页 A、B、C,这个网站连续几天每天都只有一个会话,5 天内有以下网页浏览行为:

第一天,网页 C—网页 B—网页 A—离开网站;

第二天,网页 C—离开网站;

第三天,网页 B—网页 A—网页 C—离开网站;

第四天,网页 A—离开网站;

第五天,网页 A—网页 C—网页 B—离开网站。

首先,计算每个网页的总浏览量:

网页 A:4,网页 B:3,网页 C:4。

然后分别计算退出率和跳出率。

退出率计算如下。

网页 A:$2\div 4\times 100\%=50\%$。网页 A 的总浏览量为 4,在网页 A 上发生了 2 次(第一天和第四天)离开网站的行为,即"最后一页"浏览量为 2。

网页 B:$1\div 3\times 100\%=33.33\%$。网页 B 的总流量为 3,在网页 B 上发生了 1 次(第五天)离开网站的行为,即"最后一页"的浏览量为 1。

网页 C:$2\div 4\times 100\%=50\%$。网页 C 的总浏览量为 4,在网页 C 上发生了 2 次(第二天和第三天)离开网站的行为,即"最后一页"的浏览量为 2。

跳出率计算如下。

网页 A:$1\div 2\times 100\%=50\%$。2 次会话由网页 A 开始,其中 1 次(第四天)只访问网页 A 就离开了网站。

网页 B:只有一次会话由网页 B 开始,且没有只访问 B 页面(第三天)。

网页 C:$1\div 2\times 100\%=50\%$。2 次会话由网页 C 开始,其中一次(第二天)只访问网页 C 就离开了网站。

⑦ 每次会话浏览页数:也称作平均浏览页数,指每次会话中的平均网页浏览量,即选定时间段中的总浏览量÷总会话次数。

⑧ 平均会话时长:选定时间段内所有会话的总持续时间(以秒为单位)÷会话次数。其中所有会话的总持续时间为每次会话的持续时间的和。

那么,对于每次会话时长的计算,系统是通过此次会话最后一个网页"匹配"到的时间点减第一个网页"匹配"到的时间点得出的。又由于在此会话的最后一个网页上是否产生"互动匹配",计算方式又有所区别。

这里先解释一下"匹配"和"互动匹配"的概念。匹配是指系统将收集到的数据发送给 GA 的行为。例如,某个放置了 GA 代码的网页成功打开,那么 GA 代码也随之加载,GA 就记录了这一次网页活动行为,获得了一系列数据,形成一次匹配。常见的匹配包括网页跟踪匹配,例如网页 A 打开,然后又打开了网页 B,这样就算作两次匹配;还有事件匹配,常见的事件匹配例如在网页 A 上单击了视频播放按钮开始观看视频,这个单击按钮的动作就为一次事件匹配;另外,还有电子商务匹配和社交互动匹配等。上文中提到的事件匹配就是其中一种典型的互动匹配,而网页跟踪匹配不是互动匹配。

接下来以一个示例说明两种情况下单词会话时长计算的区别。

无互动匹配:在 20:20 打开网页 A 且系统成功进行匹配,然后在 20:50 来到网页 B 且系统成功进行匹配,又在 21:10 打开网页 C 且系统成功进行匹配但没有产生互动匹配,然后离开网站(使得网页 C 成为最后一个网页)。那么,这次会话时间为 21:10~20:20,即 50min(3000s)。

有互动匹配：在20:20打开网页A且系统成功进行匹配,然后在20:50来到网页B且系统成功进行匹配,又在21:10打开网页C且系统成功进行匹配,并在21:30单击了网页C上的某个按钮,使得系统成功进行了互动匹配,然后离开网站(使得网页C成为最后一个网页)。那么,这次会话时间为21:30～20:20,即70min(4200s)。

⑨ 平均页面停留时间：在某个网页或屏幕浏览的平均时间,即所有网页浏览的总时间÷页面浏览量。

⑩ 目标达成次数与目标转化率："目标"是衡量网站或应用完成设定目标的情况。目标达成代表该用户完成了某项推动业务发展或者取得成功。例如,对一个电子商务网站,商品加入购物车或者完成付款,都可以设定为某个目标。目标达成次数具体见目标的设置,下文的相应章节会对其进行阐述。目标达成次数就是在选定时间段内某个设定的目标达到的次数总计；目标转化率就是该目标达成的比率,即目标达成次数÷会话数×100%。

⑪ 电子商务数据(B2C)：对于一个B2C类型的网站,获得商品的销售收入才是最终的目标,上文中提到的目标可以获得如下单数量这些以"个数"为基准的数据,要统计实际的每个订单的金额、产品的销售额,就要用到一系列的电子商务数据。常用的电子商务数据有两大类。

第一类,销售业绩数据。

收入：在选定时间段内,该网站或应用通过交易获得的收入金额。例如,一个网站3天内总共获得1000元的订单(含运费及税费等金额,不单指商品销售金额),那么该收入就为1000元。

交易次数：在选定时间段内,该网站或应用完成的交易次数。

平均订单价值：每次交易的平均金额,即收入÷交易次数。

电子商务转化率：完成电子商务交易次数占会话数的比例,即交易次数÷会话数。

税款：电子商务交易可能产生的税款。每个国家对于商品销售可能存在不同的缴税比例,线上交易属于商品销售的一种形式,同样也要遵循相应的税收政策。

运费：订单交付可能存在的物流费用。

退款金额：任何交易都不可能100%地满足购买方的需求,因此一定程度的退换货必然存在,相应的退款金额、GA的电子商务系统也会进行相应的统计。

第二类,产品业绩数据。

产品收入：指交易中销售的某个或某组产品的总金额。

购买的产品数量：电子商务交易中销售的某个或某组产品数量。

唯一身份购买次数：同一用户在选定时间内对某个或某组产品购买的次数。

平均价格：某个或某组产品在交易中销售的平均产品价格,即某个或某组产品总收入÷总销售数量。

平均数量：某个或某组产品在每次交易中销售的平均数量,即某个或某组购买的产品数量÷唯一身份购买次数。

(3) 常用报告。维度与指标结合就生成了大量的数据报告,那么,哪些报告是需要重点关注的关键指标呢？

① 受众群体报告。

受众特征：包括年龄（图 10-1）、性别（图 10-2）。

	年龄	流量获取			行为		
		用户数 ↓	新用户	会话数	跳出率	每次会话浏览页数	平均会话时长
		63 占总数的百分比: 28.77% (219)	36 占总数的百分比: 22.50% (160)	84 占总数的百分比: 25.07% (335)	47.57% 平均浏览次数: 49.25% (-3.41%)	5.51 平均浏览次数: 6.96 (-20.82%)	00:05:33 平均浏览次数: 00:07:32 (-26.36%)
☑	1. 2	24 (47.06%)	14 (38.89%)	40 (47.62%)	42.50%	6.25	00:07:02
☑	2. 3	16 (31.37%)	13 (36.11%)	22 (26.19%)	59.09%	6.73	00:05:30
☑	3. 5	11 (21.57%)	9 (25.00%)	22 (26.19%)	45.45%	4.91	00:04:22

图 10-1　年龄报告

	性别	流量获取			行为		
		用户数 ↓	新用户	会话数	跳出率	每次会话浏览页数	平均会话时长
		66 占总数的百分比: 30.14% (219)	45 占总数的百分比: 28.12% (160)	110 占总数的百分比: 32.84% (335)	46.36% 平均浏览次数: 49.25% (-5.87%)	5.50 平均浏览次数: 6.96 (-21.02%)	00:05:36 平均浏览次数: 00:07:32 (-25.65%)
☑	1. e	43 (65.15%)	31 (68.89%)	68 (61.82%)	48.53%	6.10	00:06:38
☑	2. le	23 (34.85%)	14 (31.11%)	42 (38.18%)	42.86%	4.52	00:03:57

图 10-2　性别报告

地理位置：语言（浏览器语言），如图 10-3 所示；国家或地区，如图 10-4 所示；城市，如图 10-5 所示。从该指标可以了解用户所在地理位置和使用的浏览器语言以及对应的用户行为表现。

	语言	流量获取			行为		
		用户数 ↓	新用户	会话数	跳出率	每次会话浏览页数	平均会话时长
		10,137 占总数的百分比: 100.00% (10,137)	8,685 占总数的百分比: 100.10% (8,676)	16,859 占总数的百分比: 100.00% (16,859)	50.91% 平均浏览次数: 50.91% (0.00%)	3.77 平均浏览次数: 3.77 (0.00%)	00:02:32 平均浏览次数: 00:02:32 (0.00%)
☐	1. zh	7,757 (75.67%)	6,538 (75.28%)	13,270 (78.71%)	51.79%	3.73	00:02:31
☐	2. zl	1,209 (11.79%)	1,033 (11.89%)	1,781 (10.56%)	43.96%	4.29	00:02:45
☐	3. e	758 (7.39%)	667 (7.68%)	1,032 (6.12%)	54.75%	3.17	00:02:13
☐	4. e	142 (1.39%)	113 (1.30%)	213 (1.26%)	40.38%	4.06	00:03:05
☐	5. zl	123 (1.20%)	114 (1.31%)	187 (1.11%)	62.03%	4.05	00:02:37

图 10-3　语言报告

国家或地区	流量获取			行为		
	用户数 ↓	新用户	会话数	跳出率	每次会话浏览页数	平均会话时长
	2,108 占总数的百分比: 100.00% (2,108)	1,736 占总数的百分比: 100.00% (1,736)	2,550 占总数的百分比: 100.00% (2,550)	76.04% 平均浏览次数: 76.04% (0.00%)	1.70 平均浏览次数: 1.70 (0.00%)	00:00:57 平均浏览次数: 00:00:57 (0.00%)
1. United Arab Emirates	1,954 (92.34%)	1,594 (91.82%)	2,385 (93.53%)	76.06%	1.68	00:00:53
2. (not set)	46 (2.17%)	46 (2.65%)	46 (1.80%)	100.00%	1.00	00:00:00
3. United States	23 (1.09%)	20 (1.15%)	23 (0.90%)	56.52%	2.43	00:02:38
4. India	15 (0.71%)	13 (0.75%)	15 (0.59%)	86.67%	1.73	00:00:29
5. United Kingdom	12 (0.57%)	11 (0.63%)	14 (0.55%)	35.71%	4.14	00:10:59

图 10-4 国家或地区报告

城市	流量获取			行为		
	用户数	新用户	会话数	跳出率	每次会话浏览页数	平均会话时长
	4,920 占总数的百分比: 100.00% (4,920)	4,538 占总数的百分比: 100.02% (4,537)	5,684 占总数的百分比: 100.00% (5,684)	84.47% 平均浏览次数: 84.47% (0.00%)	1.89 平均浏览次数: 1.89 (0.00%)	00:00:41 平均浏览次数: 00:00:41 (0.00%)
1. Tu	5 (0.10%)	4 (0.09%)	6 (0.11%)	66.67%	2.50	00:02:03
2. Mu	1 (0.02%)	1 (0.02%)	1 (0.02%)	0.00%	13.00	00:27:40
3. Co	1 (0.02%)	0 (0.00%)	1 (0.02%)	0.00%	7.00	00:03:46
4. Ne	11 (0.22%)	11 (0.24%)	13 (0.23%)	76.92%	1.54	00:00:25
5. Far	2 (0.04%)	2 (0.04%)	2 (0.04%)	50.00%	28.50	00:08:49
6. Ca	1 (0.02%)	0 (0.00%)	3 (0.05%)	0.00%	7.00	00:02:43

图 10-5 城市报告

移动：概览-设备类别报告。随着不同设备的使用量不断增加，在对网站进行分析的时候，需要针对桌面（desktop）、移动（mobile）、平板（tablet）三种不同类型的设备进行分析，如图 10-6 所示。

设备类别	流量获取			行为		
	用户数 ↓	新用户	会话数	跳出率	每次会话浏览页数	平均会话时长
	4,920 占总数的百分比: 100.00% (4,920)	4,538 占总数的百分比: 100.02% (4,537)	5,684 占总数的百分比: 100.00% (5,684)	84.47% 平均浏览次数: 84.47% (0.00%)	1.89 平均浏览次数: 1.89 (0.00%)	00:00:41 平均浏览次数: 00:00:41 (0.00%)
1. le	2,417 (49.12%)	2,238 (49.32%)	2,865 (50.40%)	86.60%	1.80	00:00:33
2. p	2,071 (42.08%)	1,892 (41.69%)	2,308 (40.61%)	82.71%	1.86	00:00:45
3. t	433 (8.80%)	408 (8.99%)	511 (8.99%)	80.43%	2.57	00:01:04

图 10-6 设备类别报告

② 流量获取报告。

所有流量报告：来源/媒介。查看带来流量的各种渠道或者媒介数据，如图 10-7 所示。

来源/媒介	流量获取			行为		
	用户数 ↓	新用户	会话数	跳出率	每次会话浏览页数	平均会话时长
	4,920 占总数的百分比: 100.00% (4,920)	4,538 占总数的百分比: 100.02% (4,537)	5,684 占总数的百分比: 100.00% (5,684)	84.47% 平均浏览次数: 84.47% (0.00%)	1.89 平均浏览次数: 1.89 (0.00%)	00:00:41 平均浏览次数: 00:00:41 (0.00%)
1. g... cpc	2,443(49.27%)	2,221(48.94%)	3,006(52.89%)	87.26%	1.81	00:00:34
2. go... ganic	1,506(30.38%)	1,391(30.65%)	1,603(28.20%)	82.60%	1.84	00:00:44
3. bir... nic	265 (5.34%)	243 (5.35%)	281 (4.94%)	78.65%	2.05	00:00:57
4. (... ne)	231 (4.66%)	216 (4.76%)	264 (4.64%)	79.92%	3.27	00:01:15
5. pinte... ferral	121 (2.44%)	115 (2.53%)	123 (2.16%)	83.74%	1.95	00:00:35

图 10-7　来源/媒介报告

其中来源是指流量来自哪里，例如搜索引擎、其他网站等，最常见的来源有 direct（直接）、google（Google 搜索引擎）、XXXX.com（其他来源网站主域名）。

媒介是指带来流量的方式，例如 CPC（每次点击付费搜索）、organic（自然）、referral（引荐）。

Google Ads：如果将 Google Ads 账号与 GA 账号进行关联，Google Ads 数据就能与 GA 数据自动汇集，方便将广告数据，如广告系列、关键字等与对应网站表现数据进行同步查看与分析，如图 10-8 所示。

Google Ads
广告系列
树状图
附加链接新
出价调整
关键字
搜索查询
日期+时
最终到达网址
展示广告定位
视频广告系列
购物广告系列
Search Console
社交

广告系列/广告系列 ID	流量获取					行为		转化 所有目标	
	点击次数 ↓	成本	每次点击费用	用户数	会话数	跳出率	每次会话浏览页数	目标转化率	目标达成次数
	2,969 占总数的百分比: 100.00% (2,969)	US$326.34 占总数的百分比: 100.00% (US$326.34)	US$0.11 平均浏览次数: US$0.11 (0.00%)	2,443 占总数的百分比: 49.65% (4,920)	3,006 占总数的百分比: 52.89% (5,684)	87.26% 平均浏览次数: 84.47% (3.31%)	1.81 平均浏览次数: 1.89 (-4.45%)	3.73% 平均浏览次数: 3.41% (9.16%)	112 占总数的百分比: 57.73% (194)
1. US- 653489253	1,919(64.63%)	US$141.55(43.37%)	US$0.07	1,579(64.00%)	1,905(63.37%)	89.40%	1.50	2.20%	42(37.50%)
2. US- 648131925	771(25.97%)	US$126.62(38.80%)	US$0.16	652(26.43%)	783(26.05%)	85.70%	1.91	6.13%	48(42.86%)
3. DR... 700522735	141 (4.75%)	US$22.36 (6.85%)	US$0.16	96 (3.89%)	118 (3.93%)	83.05%	3.56	5.93%	7 (6.25%)
4. DR... 692485423	85 (2.86%)	US$12.01 (3.68%)	US$0.14	48 (1.95%)	96 (3.19%)	85.42%	2.85	4.17%	4 (3.57%)
5. d-s... 860991068	45 (1.52%)	US$22.15 (6.79%)	US$0.49	37 (1.50%)	43 (1.43%)	55.81%	4.95	13.95%	6 (5.36%)
6. B... 638325095	8 (0.27%)	US$1.65 (0.51%)	US$0.21	7 (0.28%)	7 (0.23%)	14.29%	15.71	57.14%	4 (3.57%)
7. (nc...)	0 (0.00%)	US$0.00 (0.00%)	US$0.00	48 (1.95%)	54 (1.80%)	81.48%	1.30	1.85%	1 (0.89%)

图 10-8　Google Ads 报告

如何将 Google Ads 账号与 GA 账号进行关联，之后的章节会详细讲解。

③ 行为报告。

行为流：通过行为流报告，查看用户在网站内的行为流向。通过“中途离开”数据，分析各个行为阶段及不同网页的表现，如图 10-9 所示。

网站内容：主要关注所有页面，如图 10-10 和图 10-11 所示。

所有页面报告主要关注页面本身的数据，如网页浏览量、网页停留时间、退出百分比。

着陆页报告更多地与流量数据结合，除了关注页面本身跳出率这些数据外，对应的流量指标（如会话数等）也需要关注。

第 10 章 搜索引擎营销常用工具

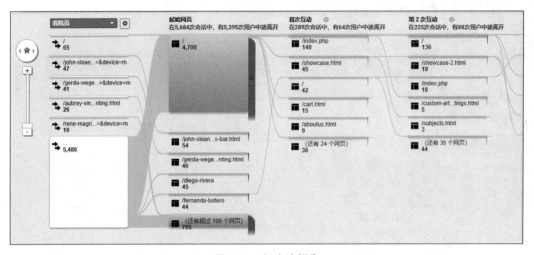

图 10-9 行为流报告

网页	网页浏览量 ↓	唯一身份浏览量	平均页面停留时间	进入次数	跳出率	退出百分比
	10,771 占总数的百分比: 100.00% (10,771)	8,874 占总数的百分比: 100.00% (8,874)	00:00:45 平均浏览次数: 00:00:45 (0.00%)	5,684 占总数的百分比: 100.00% (5,684)	84.47% 平均浏览次数: 84.47% (0.00%)	52.77% 平均浏览次数: 52.77% (0.00%)
1. /	112 (1.04%)	83 (0.94%)	00:00:23	65 (1.14%)	40.00%	33.04%
2. /sh...	81 (0.75%)	63 (0.71%)	00:00:56	5 (0.09%)	40.00%	17.28%
3. /c...ml	62 (0.58%)	31 (0.35%)	00:02:12	5 (0.09%)	60.00%	22.58%
4. /john... pla-2955... =m	47 (0.44%)	47 (0.53%)	00:00:00	47 (0.83%)	100.00%	100.00%
5. /gerd... m=&... levice=m	43 (0.40%)	41 (0.46%)	00:02:33	41 (0.72%)	92.68%	93.02%
6. /sho... html	29 (0.27%)	22 (0.25%)	00:00:41	0 (0.00%)	0.00%	6.90%
7. /aubre... zy/scena...-paintin g.html	28 (0.26%)	26 (0.29%)	00:02:43	26 (0.46%)	92.31%	92.86%
8. /ab	26 (0.24%)	19 (0.21%)	00:00:23	2 (0.04%)	100.00%	19.23%

图 10-10 所有页面报告

着陆页	流量获取			行为		
	会话数 ↓	新会话百分比	新用户	跳出率	每次会话浏览页数	平均会话时长
	5,684 占总数的百分比: 100.00% (5,684)	79.84% 平均浏览次数: 79.82% (0.02%)	4,538 占总数的百分比: 100.02% (4,537)	84.47% 平均浏览次数: 84.47% (0.00%)	1.89 平均浏览次数: 1.89 (0.00%)	00:00:41 平均浏览次数: 00:00:41 (0.00%)
1. /	65 (1.14%)	81.54%	53 (1.17%)	40.00%	7.58	00:03:32
2. /joh...?from=ads&target=pla-295... &key=&device=m	47 (0.83%)	97.87%	46 (1.01%)	100.00%	1.00	00:00:00
3. /g...html?from=ads&targ...3&key=&device=m	41 (0.72%)	95.12%	39 (0.86%)	92.68%	1.07	00:00:11
4. /aubrey-...-a-oil-painting.html	26 (0.46%)	96.15%	25 (0.55%)	92.31%	1.08	00:00:13
5. /rene-m...l?from=ads&target...y=&device=m	19 (0.33%)	63.16%	12 (0.26%)	84.21%	1.21	00:00:22

图 10-11 着陆页报告

网站速度：网页的加载速度直接影响着陆页的体验，因此要特别关注网页计时报告，如图 10-12 所示。

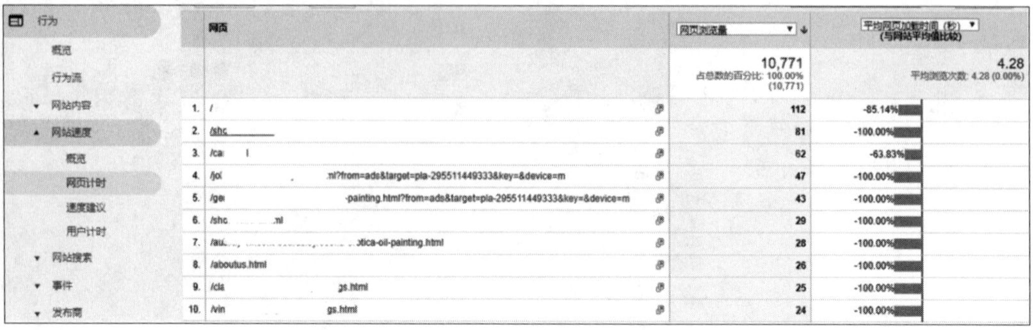

图 10-12　网页计时报告

同时，GA 页给出了速度建议报告，可以根据报告建议的内容对网站速度进行优化，如图 10-13 所示。

	网页	网页浏览量 ↓	平均网页加载时间（秒）	PageSpeed 建议	PageSpeed 得分
1.		112	0.64	共 3 个	74
2.	/sh .html	81	0.00	共 2 个	86
3.	/ca ml	62	1.55	共 2 个	86
4.	/jol key=&device=m	47	0.00	共 5 个	82
5.	/ge 11449333&k ey=&device=m	43	0.00	共 5 个	82
6.	/shov ml	29	0.00	共 2 个	86
7.	/aubre painting.html	28	0.00	共 5 个	81
8.	tml	26	0.00	共 2 个	86
9.	/cla tings.html	25	0.00	共 4 个	83
10.	/vincent js.html	24	0.00	共 2 个	86

图 10-13　速度建议报告

网站搜索：无论是 B2B 还是 B2C，几乎所有的商业网站都有站内搜索功能。了解用户在网站内的实际搜索内容，特别是搜索字词，是非常有效地把握用户行为的方式，设置时可以将其作为搜索广告的投放关键词。GA 也提供了相应的报告内容，如图 10-14 所示。

搜索字词	唯一身份搜索次数总计 ↓	每次搜索的结果浏览量	搜索后退出次数所占百分比	搜索优化百分比	搜索后停留的时间	平均搜索浏览页数
	32,287 占总数的百分比: 100.00% (32,287)	2.01 平均浏览次数: 2.01 (0.00%)	29.19% 平均浏览次数: 29.19% (0.00%)	18.89% 平均浏览次数: 18.89% (0.00%)	00:03:21 平均浏览次数: 00:03:21 (0.00%)	3.10 平均浏览次数: 3.10 (0.00%)
1. W	479 (1.48%)	4.24	46.76%	5.56%	00:06:23	4.37
2. la	399 (1.24%)	1.56	80.20%	4.01%	00:01:57	1.40
3. fl	259 (0.80%)	1.60	63.32%	5.06%	00:01:35	1.30
4. wh	221 (0.68%)	4.24	41.63%	6.62%	00:07:14	4.57
5. Dr	148 (0.46%)	4.33	39.86%	7.49%	00:06:22	5.16
6. Whi	123 (0.38%)	3.21	52.03%	4.56%	00:04:14	2.70

图 10-14　搜索字词

④ 转化报告。如图 10-15 所示，从目标概览报告中获得设置的各目标达成次数、目标转化率等，能够更加直接地衡量网站运营的目的。

第 10 章 搜索引擎营销常用工具

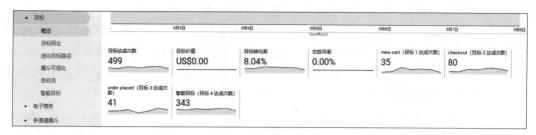

图 10-15 目标概览报告

用户要在网站上达成最终目标,例如电子商务完成购买,过程中需要经过一系列渠道,如先要将商品加入购物车,然后填写物流信息。每一渠道缺一不可,通过目标流报告,如图 10-16 所示,分析哪个渠道可能存在问题,导致用户流失,无法达到最终目的,从而对其进行网站优化。

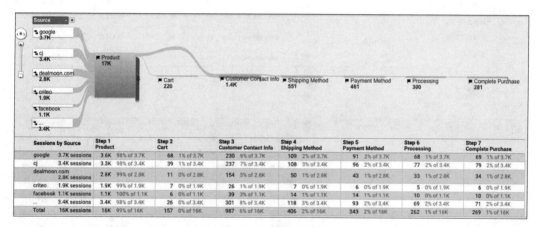

图 10-16 目标流报告

如何设置目标及渠道,获得相应数据,在接下来的章节中会进行阐述。

多渠道漏斗:热门转化路径报告如图 10-17 所示。随着用户使用互联网各项工具越来越成熟,在达成一次网站目标的过程中,该用户可能会通过多个来源/媒介。例如,某位用户在 Google 中搜索足球,看到某网站的广告,单击进入该网站浏览一些信息后,离开网站,到该网站的 Facebook 页面上,通过 Facebook 页面上网站的链接又回到该网站,购买了一个

图 10-17 热门转化路径报告

足球。通过该报告,可以看到一系列的转化通过了哪些渠道/媒介的路径。

电子商务:对于 B2C 的电子商务网站,关于实际的收入金额,产品的销售情况、其他相关费用情况,也是需要重点关注的数据。因此,电子商务报告中的产品业绩报告(图 10-18)和销售业绩报告(图 10-19),对于 B2C 行业,也是常用的重点报告,用于分析网站实际的收入、成本以及产品方面的表现。

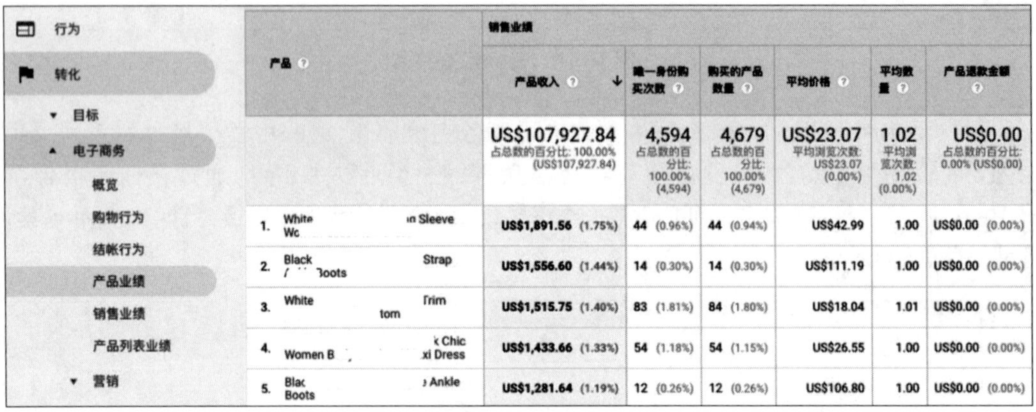

图 10-18　产品业绩报告

图 10-19　销售业绩报告

10.1.2　Google Analytics 的基本设置

要使用 GA 获取需要的数据,以及启用相应的功能,需要先对 GA 进行一些设置。

1. 建立一个数据视图

GA 一共有 3 个层级,分别为账号、媒体资源、数据视图。各项数据指标及报告即数据视图。

(1)建立账号及建立一个媒体资源:如图 10-20 所示,单击"创建账号"按钮,打开新账号创建页面,如图 10-21 所示,选择跟踪内容为网站,命名该账号,并命名媒体资源,填入网站网址,选择行业类别和报告时区。

(2)完成账号和媒体资源的设置后,仍在该页面上,接下来根据所需数据进行共享设置。最后单击"获取跟踪 ID"按钮,如图 10-22 所示。这个时候其实已经建立好了一个新的账号,以及媒体资源和数据视图。

第 10 章　搜索引擎营销常用工具

图 10-20　单击"创建账号"按钮

图 10-21　新建账号及媒体资源

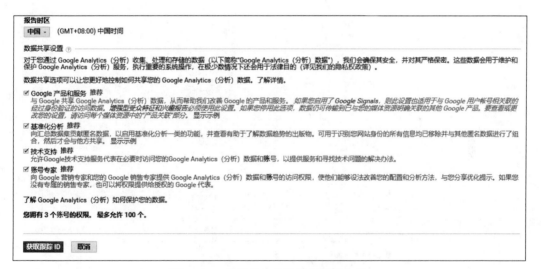

图 10-22　数据共享设置及获取跟踪 ID

（3）在跟踪代码页面复制代码，并按要求粘贴至网页的每个网页的＜head＞标记中，如图 10-23 所示。

（4）之前的章节提到需要将 GA 与对应的 Google Ads 账户相关联，关联这两种账户是在媒体资源设置中进行的，如图 10-24 所示。

但是，在设置关联之前，首先需要在"用户管理"中将需要关联 Google Ads 的账户的用户设置为该 GA 媒体资源的管理员，即拥有全部权限，如图 10-25 所示。

图 10-23　埋放代码

图 10-24　设置 Google Ads 关联

图 10-25　赋予 Google Ads 用户管理员权限

第 10 章 搜索引擎营销常用工具

图 10-20 单击"创建账号"按钮

图 10-21 新建账号及媒体资源

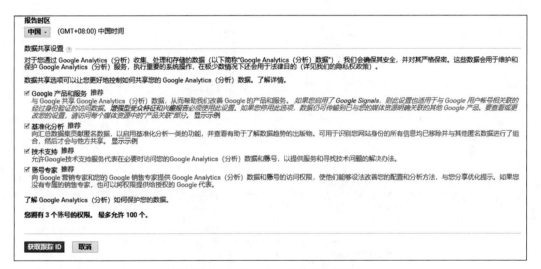

图 10-22 数据共享设置及获取跟踪 ID

（3）在跟踪代码页面复制代码，并按要求粘贴至网页的每个网页的＜head＞标记中，如图 10-23 所示。

（4）之前的章节提到需要将 GA 与对应的 Google Ads 账户相关联，关联这两种账户是在媒体资源设置中进行的，如图 10-24 所示。

但是，在设置关联之前，首先需要在"用户管理"中将需要关联 Google Ads 的账户的用户设置为该 GA 媒体资源的管理员，即拥有全部权限，如图 10-25 所示。

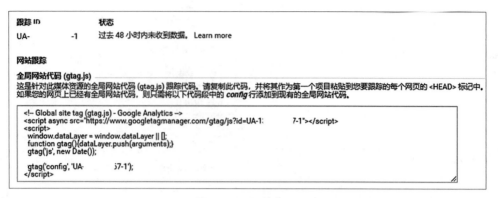

图 10-23 埋放代码

图 10-24 设置 Google Ads 关联

图 10-25 赋予 Google Ads 用户管理员权限

然后来到 Google Ads 关联页面，如图 10-26 所示，刚才关联的 Google Ads 用户中相应的 Google Ads 账户已经自动显示在设置项中，根据需要选择相应的 Google Ads 账户，为该次关联命名，最后选择需要关联的以呈现报告的数据视图，完成账号关联。

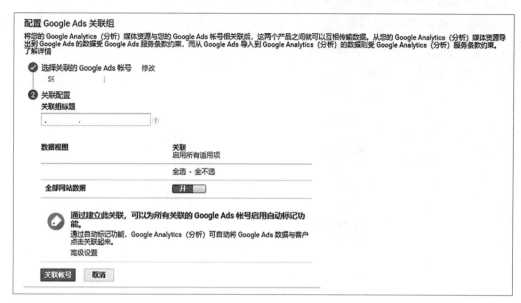

图 10-26　GA 配置关联组

这时候还需要来到 Google Ads 账户中已关联账号的设置界面，单击对应的 GA 媒体视图的关联按钮，在弹出的窗口中关联相应的数据视图，以及设置是否在 Google Ads 账户中导入 GA 数据，如图 10-27 所示。

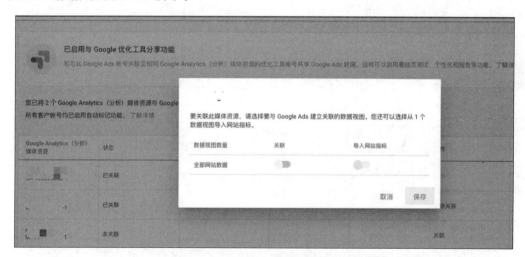

图 10-27　Google Ads 账号设置 GA 关联

在 GA 和 Google Ads 账号中分别完成关联设置后，既可以在 GA 中看到 Google Ads 的广告表现数据，也可以在 Google Ads 中看到相应的 GA 网站表现数据。

2. 设置数据视图

在建立账号和媒体资源的过程中,已经生成一个默认的数据视图,这个数据视图会包含网站的所有数据,通常还会对数据视图进行一些设置。

(1)时区选择:根据网站后台时区选择数据视图时区,保证 GA 数据与网站实际数据在时间上做到同步对应,如图 10-28 所示。

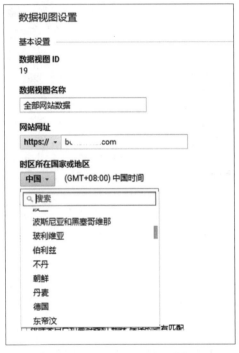

图 10-28　数据视图时区选择

(2)币种选择:如果在电子商务设置里开启了电子商务功能,如图 10-29 所示,那么在数据视图设置里,就要选择该数据视图需要呈现的币种,如图 10-30 所示。

图 10-29　电子商务设置

(3)网站搜索设置:之前的章节中提到过网站内搜索的重要性和数据用途,在数据视图设置中可以设置启用网站搜索跟踪,如图10-31所示。

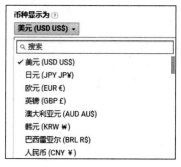

图 10-30　币种设置

图 10-31　网站搜索设置

其中填入的"查询参数"值,需要询问网站技术负责人。一般情况下,当用户搜索网站内容时,搜索词通常会包含在相应网址中,搜索词前面的一部分字符就是查询参数。例如,用户在网站内搜索了 dress 这个词,然后搜索结果页的网址为"xxx.com/search?type=product&q=dress",那么 q 就是查询参数。

3. 设置目标

上文提到过目标的用途和重要性,最常用的目标就是网址目标。对于绝大多数网站来说,用户达到一个设定的目标,都会以网页的形式进行呈现。例如,完成付款后的"thank you"页面,或者提交表单的"成功"页面。到达这类页面,网址打开,就意味着目标达成。以一个电子商务网站完成一次购买为例,说明如下。

(1)在目标设置页面上单击"+新目标"按钮,如图 10-32 所示。

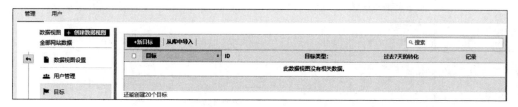

图 10-32　单击"+新目标"按钮

(2)根据目标的实际内容选择一个模板,然后单击"继续"按钮,如图 10-33 所示。

(3)命名该目标,选择目标位置 ID,并选择"目标网址"作为类型,这两项内容会作为报告中相应的数据项名称,如图 10-34 所示。

(4)通过网址规则设置目标网址,如图 10-35 所示。填入网址时,仅需填入主域后的内容,无须填入包含主域的完整网址,例如填入"/thanks.html",而不是"www.xxx.com/thanks.html"。

根据网站目标网址的实际情况,利用"等于""开头为""正则表达式"这 3 种方式进行目标网址的归纳。

① 等于:如果每位用户每次会话到达该目标网址页面的网址都一样,则使用"等于"匹

CHAPTER 10

图 10-33 选择目标模板

图 10-34 目标说明设置

图 10-35 设置目标网址

配类型,并将主域后的内容完整填入。例如,若网站的 thank you 页面的网址为"www.xxx.com/thanks.html",则填入"/thanks.html"。

如果您的网址包含查询的字词或结尾包含参数,则使用"开头为"或"正则表达式"匹配类型。

② 开头为:适合网址开始的一部分没有变化,但后面的部分有所变化。例如,某用户到达的目标网页的网址为"www.xxx.com/thanks？id＝9982251615",另一位用户到达的网址为"www.xxx.com/thanks？id＝99823432615",每次到达该目标网页时,"thanks"之后网址里的 id 都不同,但是开头"www.xxx.com/thanks？"这一部分是固定的,那就可以将"www.xxx.com/thanks？"填入框中。

③ 正则表达式:适用于网址的主体或结尾参数会发生变化,或者两者都会发生变化的情况。例如,有 3 个页面:"/page1/thanks.html""/page2/thanks.html""/page3/thanks.html",那么填入框中的网址就需要用正则表达式写成"/.*/thanks.html"。

(5) 之前的章节中提到完成一个目标,过程中会经历几个不同的渠道,在设置目标的时候,通过设置"漏斗",就可以启动目标流报告,如图 10-36 所示。

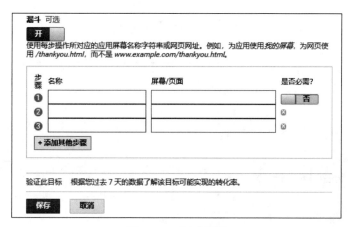

图 10-36　漏斗设置

与上一步中设置目标网址一样,将每一步骤的网页网址填入对应的框中,并进行命名即可。

4. 常用过滤器设置

(1) 自身流量排除:GA 所要收集的是真实用户的网站行为数据,但是实际操作中,广告主自身的推广人员、网站运营人员都会经常访问网站,这种情况就需要利用过滤器把这部分自身流量排除,以免影响真实数据的准确性。如图 10-37 所示,在账号和数据视图级别都可以创建一个新的过滤器。

来到过滤器创建页面,添加过滤条件,如图 10-38 所示。

接下来,在过滤器设置页面命名该过滤器,设置排除方式即可。如果需要排除自身流量,通常情况下会使用排除自身 IP 地址的方式,如图 10-39 所示。

图 10-37 过滤器

图 10-38 添加过滤条件

图 10-39 设置过滤器

（2）数据视图特定流量选取：常用的过滤器还有一种，就是对于某个数据视图，只需要某一部分的流量。例如，美国流量的一个数据视图或者仅搜索引擎广告带来流量的数据视图。以"美国流量"为例，进行设置，如图 10-40 所示，命名过滤器，选择过滤器类型为"自定义"，再选择过滤字段方式为"包含"，过滤字段选择"国家/地区"，在过滤模式中填入国家名，就完成了这个过滤器的设置。

图 10-40 "美国流量"过滤器设置

10.2 Google Tag Manager

10.2.1 Google Tag Manager 概述

Google Tag Manager(Google 代码管理工具,GTM),其中的代码是指一段程序码,可以用这段代码将资讯传给第三方服务(Ex:Google Analytics、Google AdWords、FB Pixel 和 Hotjar 等),也可以通过 GTM 所提供的 Custom HTML Tag,把 HTML、CSS 或 JavaScript 嵌入自家的网站。

Google 代码管理工具是一套代码管理系统(TMS),用于快速更新追踪程式码和相关程序码片段(在网站或行动应用程式上统称为"代码")。只在专案中新增一小段代码管理工具程式码,就可以通过网页使用者界面轻松且安全地部署分析及设定评估代码。

安装代码管理工具后,网站或应用程序就能与代码管理工具服务器通信和交流,接着就可以使用代码管理工具的网页使用者界面设定追踪代码,建立出现特定事件时会启动代码的触发条件,以及建立可简化和自动化代码设定的变量。

这些安装在特定网站或移动应用程序上的代码、触发条件、变量和相关设定组合,被称为"容器"。代码管理工具容器可以取代网站或应用程式中所有其他手动编写的代码,包括来自 Google Ads、Google Analytics(分析)、Floodlight 的代码,以及第三方代码。

Google Tag Manager 的优势:代码管理不用再依赖工程师,分析师/营销人员可自己进行管理。代码管理方便、快速,随时可以删除/增加代码,降低工程人员的维护工作成本。可以协助进行版本控制,万一分析工具的部属出了问题,还可以用旧有的版本还原。提供完整的测试环境,过去总要工程师部属完后,营销人员再到 GA 看资料有没有进来,但 Google Tag Manager 通常有完整的环境提供测试资料的完整性。网页上的 HTML 会更加干净,只要使用 Google Tag Manager 的追踪码即可,其他工具的追踪码大多都不用出现在 HTML 上。可通过 Google Tag Manager 自行控制代码的发布/删除时间,增加管理的便捷性。可控制代码要发布在哪些页面(例如首页、商品页)。可与其他 Google 服务、工具(Ex：Google Analytics 和 Google Ads 等)完美地整合，无缝对接。通过 Google Tag Manager，使用者可以使用更多的非 Google 的产品，可以部署第三方预定义的代码，如 marin、comScore、AdRoll 等，如果找不到想要的第三方代码，可以自定义。Google Tag Manager 不仅可适用于网站，还可用于 iOS 和 Android。跟踪方便，由于网上有很多现存资源，因此可以很容易地跟踪，如 YouTube 视屏播放、打印跟踪、ajax 表单跟踪等。无须关心安全问题：Google Tag Manager 拥有安全管理功能，可以给不同的用户授予不同的权限。可以直接 debug，有 debug 功能、内置错误检验、版本控制，所以可以在上线之前进行事前管理，知道发生了什么。

10.2.2　Google Tag Manager 基本设置

本节介绍如何创建一个 Google Tag Manager 账户，以及通过 Google Tag Manager 对最常用的 GA 和 Ads 代码进行设置，从而免去多次在页面上手动粘贴代码的工作量。

1. 建立一个账号及代码容器

(1) 通过"https://tagmanager.google.com/♯/home"链接登录后，单击页面上的"创建账号"按钮，如图 10-41 所示。

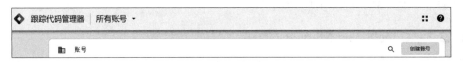

图 10-41　创建新账号

(2) 对账号和容器进行设置：命名账号，选择"国家/地区"，命名容器，选择容器使用位置，如图 10-42 所示。

图 10-42　账号与容器设置

(3) 单击"创建"按钮后，就获得了 Google Tag Manager 的代码，根据要求将其粘贴至网页的相应位置，如图 10-43 所示。

图 10-43　代码设置

2. 设置 GA 代码

在代码板块中单击"新建"按钮，如图 10-44 所示。

图 10-44　新建代码

在代码设置页面，命名该代码，并选择相应的代码类型，如图 10-45 所示。

图 10-45　代码配置-选择代码类型

然后，跟踪类型选择"网页浏览"，勾选"在此代码中启用替代设置"项，然后在输入框中输入 GA 的跟踪 ID，这个 GA 的跟踪 ID 即 GA 的跟踪代码的一段字符"UA-XXXXX-X"，如图 10-46 所示。

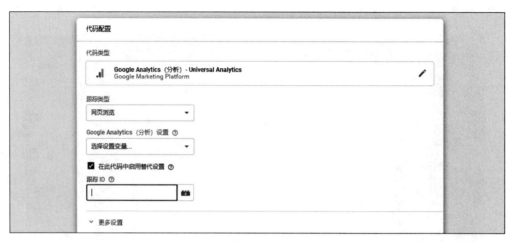

图 10-46　代码配置-跟踪类型及跟踪 ID 设置

接下来,在更多设置中将启用展示广告功能的值设为 True,如图 10-47 所示。其他设置项若无特殊需求,则无须进行设置。

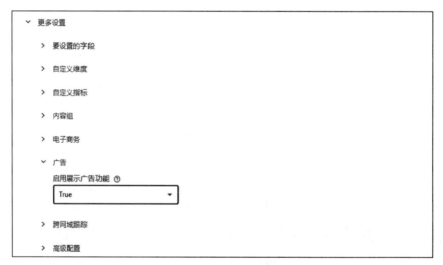

图 10-47　启用展示广告功能

最后,选择触发条件,因为 GA 需要跟踪网站上每一个网页的情况,因此选择默认的"All Pages"即可,如图 10-48 所示。

图 10-48　选择触发条件

3. 利用 Google Tag Manager 设置 Google Ads 转换代码

(1) 首先,在 Google Ads 账户的转化代码界面选择"使用 Google 跟踪代码管理器"选项,获取到转换 ID 和转换标签,如图 10-49 所示。

图 10-49　获取适用于 Google Tag Manager 配置的信息

(2) 回到 Google Tag Manager,新建一个代码,并选择 Google Ads 转化跟踪类型,如图 10-50 所示。

图 10-50　选择代码类型

(3) 在代码配置界面中填入从 Google Ads 中获取的转化 ID 及转化标签,其他项无须设置,如图 10-51 所示。

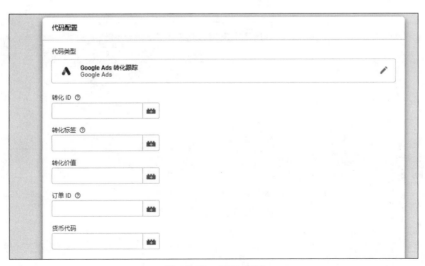

图 10-51　代码配置

（4）选择触发条件，因为转化发生在特定的页面上，所以不能使用默认的"All Pages"作为触发条件。在选择触发器页面上单击右上角的"＋"，新建一个触发器，如图10-52所示。

图 10-52　新建触发器

然后选择"网页浏览"为触发器类型，如图10-53所示。

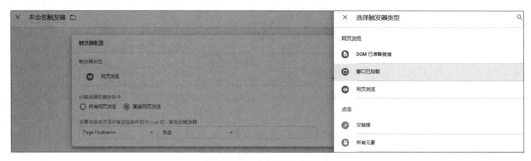

图 10-53　选择触发器类型

最后设置触发器条件。常用的设置类似GA设置网址目标，利用网址字符内容的匹配方式进行设置，如图10-54所示。

图 10-54　触发器的配置

（5）根据系统建议，还需要建立Google转化链接器。同样，新建一个代码的时候选择代码类型为"转化链接器",修改代码无须进行其他设置,触发条件也是 All Pages,如图 10-55 所示。

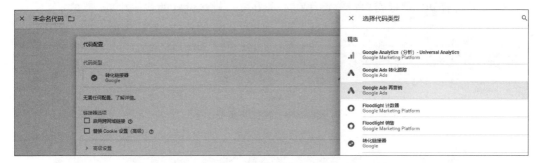

图 10-55　Google 转化链接器的设置

4. 利用 Google Tag Manager 添加 Google Ads 再营销代码

(1) 在 Google Ads—受众群体管理器—受众群体来源页面选择"使用 Google 跟踪代码管理器"项,获取转化 ID,如图 10-56 所示。

图 10-56　获取再营销转化 ID

(2) 回到 Google Tag Manager,同样在新建一个代码的时候选择代码类型为"Google Ads 再营销",将获得的转化 ID 填入即可,无须进行其他设置。因为再营销代码是要跟踪网站的每一个页面,所以触发条件也是 All Pages,如图 10-57 所示。

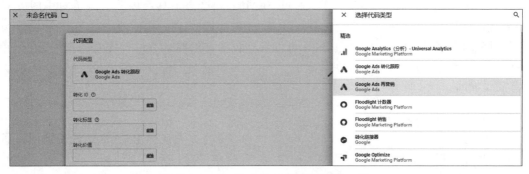

图 10-57　Google Ads 再营销代码的设置

5. 预览与提交

进行代码设置,设置完成后可以先预览,查看代码设置是否正确,如图 10-58 所示,单击右上角的预览按钮,进入预览模式;然后到网站就可以看到代码部署的情况,如图10-59所示。确认无误后,单击"提交"按钮(图10-54右上角),最终设置的代码生效。

图10-58 预览与提交

图10-59 网页代码预览

10.3 搜索引擎优化工具与插件

10.3.1 搜索引擎优化工具概述

1. SEMRush

网址为"https://semrush.com"。通过SEMRush这个工具可以了解竞争对手的关键词策略,分析区域以美洲、欧洲、澳大利亚和亚洲(新加坡、日本、印度)为主。在搜索栏输入竞争对手网址,然后会生成一份报告,你可以看到包括自然搜索及付费搜索的整体分析,可以深入查看细分报告,如Top关键词来源、Top加载页面和广告投放的历史、关键字的难易程度等,如图10-60所示。

2. Google Keyword Planner

网址为"https://ads.google.com"。这是一种谷歌官方关键词工具,也是做关键词拓展的时候最先使用的工具,输入产品相关的单词、短语会得到一系列密切相关的词语。也可以输入1~3个关键词,并且每个关键词的方向要略有不同,这样可以一次拓展更多的主词及相关长尾词,如图10-61所示。

3. Answer The Public

网址为"https://answerthepublic.com/"。输入和产品相关的一个单词,就会有大量的

第 10 章 搜索引擎营销常用工具

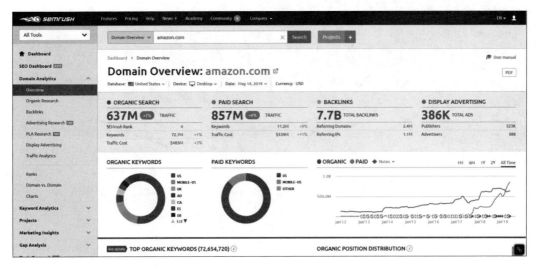

图 10-60　SEMRush

图 10-61　Google Keyword Planner

相关结果出来，主要以长尾词为主。该工具还能拓展很多相关用户问题，可以从问题、介词、对比等拓展分类中找到用户关心的话题，了解常用的语言，挑选出重要的关键字。

比如输入 MacBook cover，就会生成一张全都是相关短语的视觉化图片，这可以作为博客帖子和视频标题。图 10-62 是一个介词拓展分类的示例，供参考。

4. Ubersuggest

网址为"https://neilpatel.com/ubersuggest/"。在 Ubersuggest 上输入一个单词，能生成一个和你的关键词相关的搜索列表，也是拓展长尾词为主，如图 10-63 所示。

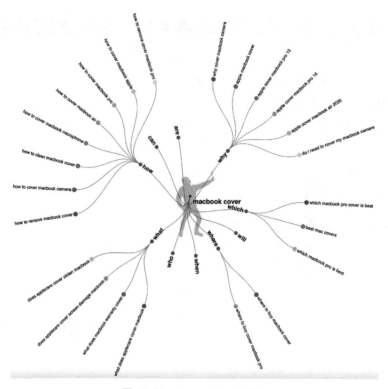

图 10-62　Answer The Public

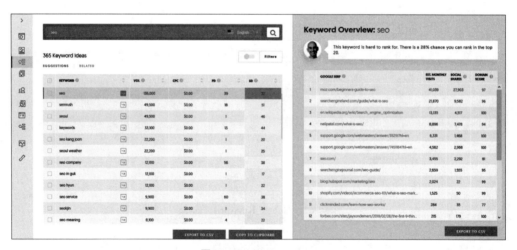

图 10-63　Ubbersuggest

5. Similarweb

网址为"https://www.similarweb.com/"。Similarweb 在分析网站流量方面的功能非常强大,特别是竞品网站流量分析工具,查看竞争对手流量现状、发展及其趋势、主要流量来源渠道、主要引荐流量来源网站、广告平台、用户黏度、访客地域信息、相似网站等,如图 10-64 所示。

第 10 章 搜索引擎营销常用工具

图 10-64　Similarweb

6. Ahrefs

网址为"https://ahrefs.com/"。Ahrefs 的外链分析功能非常全面。另外，Ahrefs 有专门的 broken links（无效链接）的统计数据，可以挑选其中的优质资源进行外链建设，如图 10-65 所示。

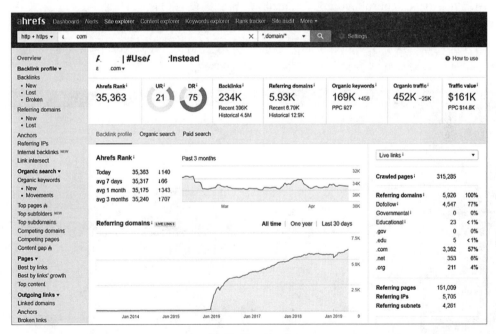

图 10-65　Ahrefs

7. Quantcast

网址为"https://www.quantcast.com/"。Quantcast 利用大数据对网站受众的信息进行分析，输入竞争对手的网站，可以洞察访问者的详细信息及喜好，如性别、年龄、种族、教育、职业收入、喜欢浏览的网站类型、购物喜好等，如图 10-66 所示。

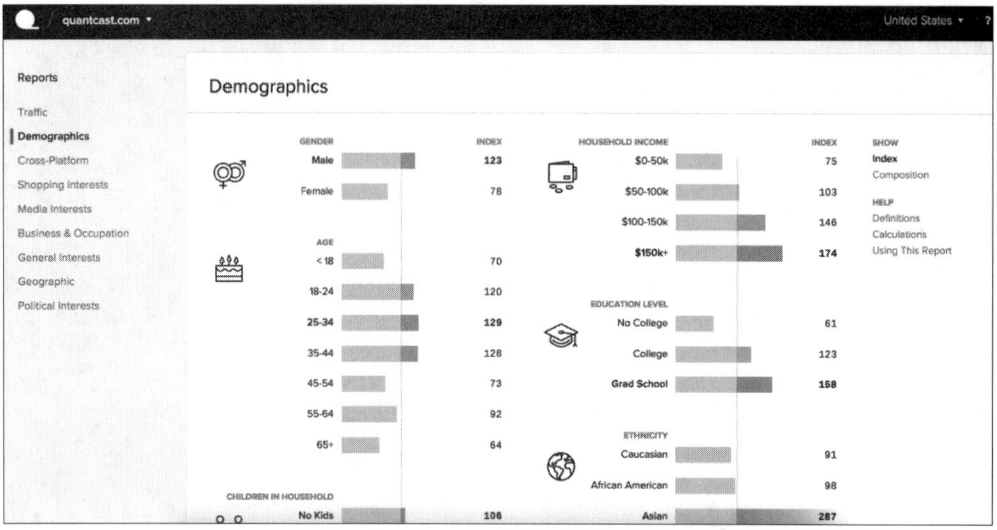

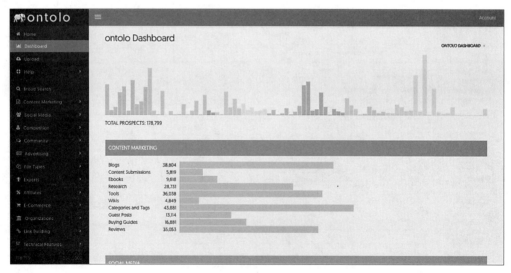

图 10-66　Quantcast

8. Ontolo

网址为"https://ontolo.com/"。Ontolo 是外链建设自动化工具，可以通过关键字挖掘外链资源，然后自动获取相关的联系方式。可以输入竞争对手的品牌、产品词等，分析竞争对手的外链资源。这个工具还有分析外链的功能，支持导入 Moz、Ahrefs、Majestic 的外链，自动分析外链资源的联系方式、社交媒体账号信息等，如图 10-67 所示。

图 10-67　Ontolo

9. Screamingfrog

网址为"https://www.screamingfrog.co.uk/"。从搜索引擎优化的角度对模拟搜索引擎网站内容进行爬行，可以抓取竞争对手网站的整站 URL，对应 title、keyword、description 等信息，如图 10-68 所示。

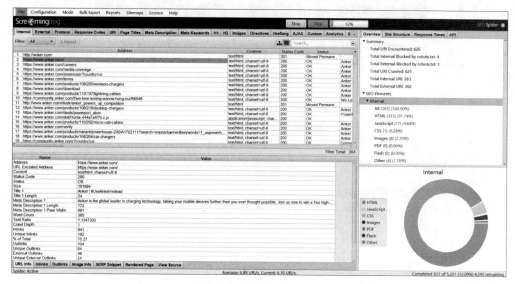

图 10-68　Screamingfrog

10. Google Alerts

网址为"https://www.google.com/alerts"。Google Alerts 用来跟踪网络上任何你感兴趣的主题，比如竞争对手品牌词、产品名，或者其他想要关注的主题。可以对语言、国家、推送频率等进行设置，Google Alert 会根据查询设置将最新相关 Google 搜索结果（如新闻、博客，以及其他类型网页等）定期推送到订阅邮箱，如图 10-69 所示。

11. Talkwalker

网址为"https://www.talkwalker.com/"。Talkwalker 有 alert 的功能，跟 Google Alerts 非常相似，可以作为 Google Alerts 替代、补充功能使用。Google Alerts 只是 Talkwalker 的一个免费产品，它的付费功能主要是监控社交媒体上的讨论，包括 Twitter、Facebook、YouTube、Google＋、第三方博客、论坛和新闻网站等，如图 10-70 所示。

12. Socialmention

网址为"http://socialmention.com/"。Socialmention 是一个社交媒体搜索和分析平台，它可以实时搜索互联网上用户生产的内容，包括博客、评论、书签、新闻、视频、微博等。Socialmention 支持监控的社交媒体超过一百个，包含主流的 Facebook、Twitter、Digg、Google＋等。另外，Socialmention 支持将讨论里面的 Top 用户（红人）信息导出下载，如图 10-71 所示。

10.3.2　搜索引擎优化插件概述

Google Chrome 2018 年的全球市场份额已经达到 61％。作为一款开源浏览器，Google Chrome 强大的扩展程序和定制化是最为人称道的特性之一。Google Chrome 强大的插件

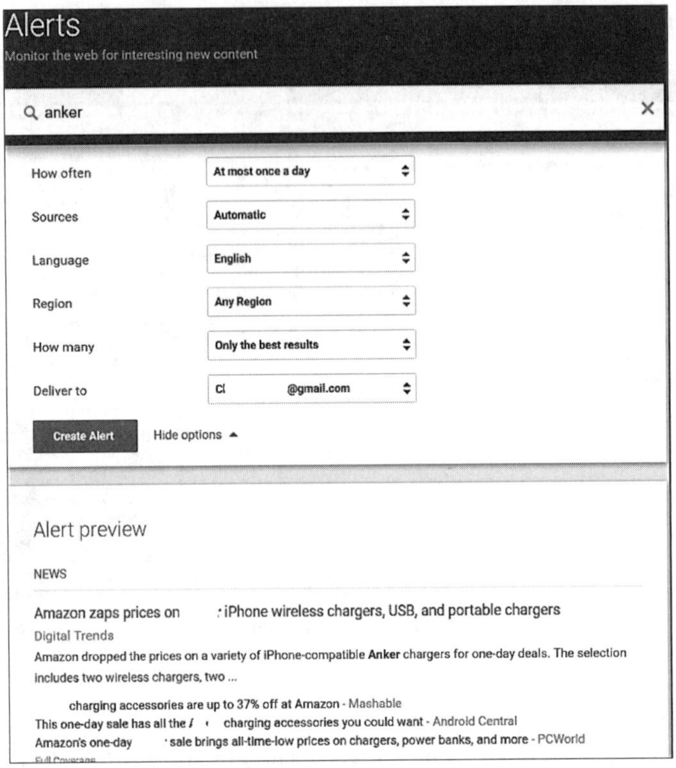

CHAPTER 10

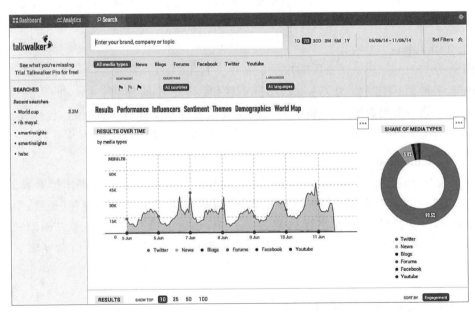

图 10-69 Google Alerts

图 10-70 Talkwalker

第 10 章 搜索引擎营销常用工具

图 10-71 Socialmention

库可以在极大程度上帮助提升工作效率。以下的 20 个实用插件,可以帮助高效地开展数字营销工作,特别是在搜索引擎优化方面。

1. Page Analytics

下载地址为 "https://chrome.google.com/webstore/detail/page-analytics-by-google/fnbdnhhicmebfgdgglcdacdapkcihcoh"。关联 Google Analytics 账户后,可以快速浏览当前页面访问人数、平均停留时间等数据,在网页上直接可以看到每个链接的点击情况,以气泡的形式显示某个链接的点击率,如图 10-72 所示。

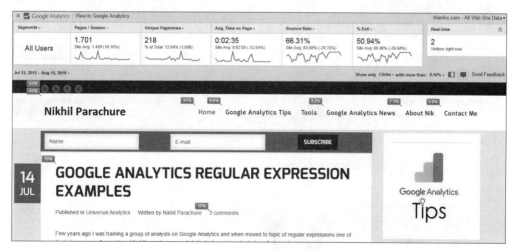

图 10-72 Page Analytics

2. SEO and Website Analysis

下载地址为 "https://chrome.google.com/webstore/detail/seo-website-analysis/

hlngmmdolgbdnnimbmblfhhndibdipaf"。SEO and Website Analysis 是一个全面的一键网站诊断工具，可以对网站进行初步的诊断，且界面简洁。它的网站诊断包括网站搜索引擎优化、移动端、网站使用的友好度、社交媒体以及流量的情况，给出的数据内容非常详细，单击问题旁边的"?"按钮会出现对这个问题的详细解释，如图 10-73 所示。

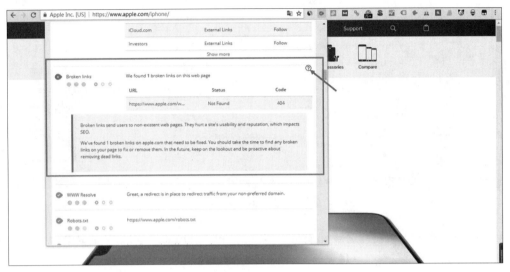

图 10-73　SEO and Website Analysis

3. Link Miner

下载地址为"https://chrome.google.com/webstore/detail/linkminer/ogdhdnpiclkaei-cicamopfohidjokoom"。这个工具可以检查当前页面链接的情况、高亮页面中的所有链接：健康链接为绿色，错误链接为红色，并且会在坏链后标明错误代码。Link Miner 还可以用来检查自己的网站页面是否有死链（404 页面），如图 10-74 所示。

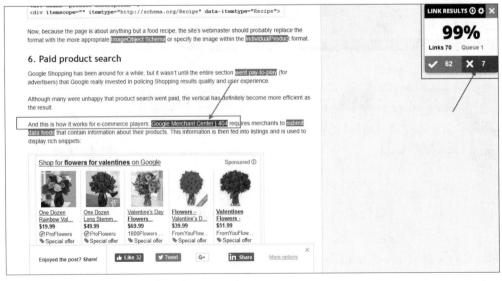

图 10-74　Link Miner

4. Link Redirect Trace

下载地址为"https://chrome.google.com/webstore/detail/link-redirect-trace/nnpljppamoaalgkieeciijbcccohlpoh"。域名重定向检测与分析工具，会跟踪输入网址的跳转过程，如图 10-75 中的"www.addidas.com"被 301 重定向跳转至"www.addidas.co/us"；对网页代码不是很熟悉的营销人员也可以很直观地看到页面的跳转路径。

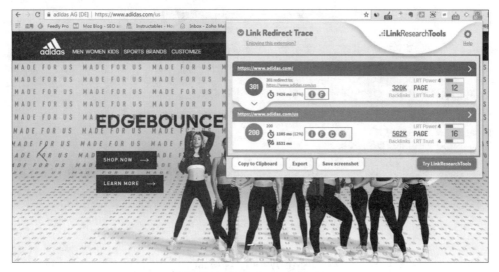

图 10-75　Link Redirect Trace

5. Nofollow

下载地址为"https://chrome.google.com/webstore/detail/nofollow/dfogidghaigoomjdeacndafapdijmiid"。检查当前页面的 Nofollow 页面，并用红色虚线框突出显示，方便查看该页面是否把一些不重要的页面及站外链接正确添加到 Nofollow 标签，避免权重的流失，如图 10-76 所示。

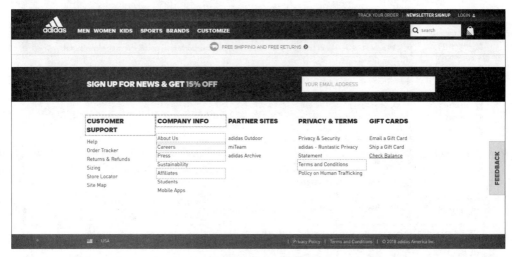

图 10-76　Nofollow

6. Tag Assistant

下载地址为"https://chrome.google.com/webstore/detail/tag-assistant-by-google/kejbdjndbnbjgmefkgdddjlbokphdefk"。Tag Assistant 对访问的每个网页上的跟踪代码进行分析,将发现的错误在图标上通过颜色和数字显示,可以在网站上线前用来调试部署在网站上的代码,如图 10-77 所示。

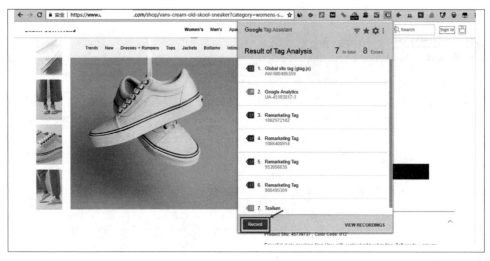

图 10-77　Tag Assistant

此扩展程序可帮助确认网站上 GA 以及 Google Ads、DoubleClick 等谷歌产品的跟踪功能是否正常,点击 Record 记录从进入网站、点击网站链接,到跳出网站等的关键步骤,在完成记录后生成报告,如图 10-78 所示。

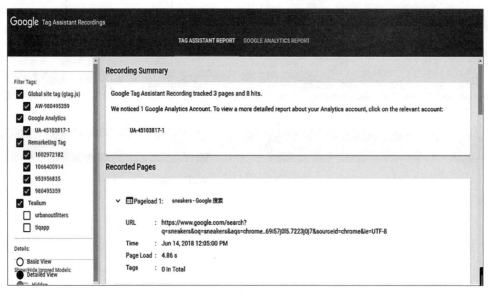

图 10-78　Tag Assistant Record

7. User Agent Switcher for Google Chrome

下载地址为"https://chrome.google.com/webstore/detail/user-agent-switcher-for-g/ffhkkpnppgnfaobgihpdblnhmmbodake"。该工具用于模拟用户代理,测试网站是否在不同的浏览器和/或操作系统中正确显示,现在支持以下浏览器,包括桌面和手机,如图10-79所示。

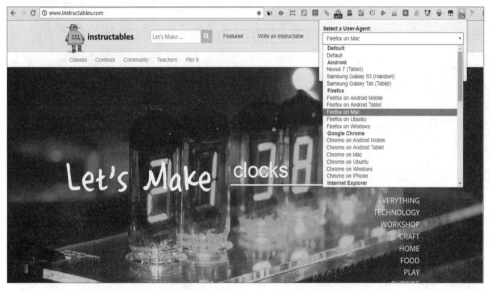

图 10-79　User Agent Switcher for Google Chrome

8. Openlink Structure Data Sniffer

下载地址为"https://chrome.google.com/webstore/detail/openlink-structured-data/egdaiaihbdoiibopledjahjaihbmjhdj"。该工具可用于查看页面中的结构化数据部署情况,支持 Microdata、RDFa、JSON-LD、Turtle 等标记语言,如图10-80所示。

图 10-80　Openlink Structure Data Sniffer

9. Keywords Everywhere

下载地址为"https://chrome.google.com/webstore/detail/keywords-everywhere-keywo/hbapdpeemoojbophdfndmlgdhppljgmp"。Keywords Everywhere 是一个关键词拓展工具,可以在 Google、YouTube、Amazon、Answer the Public 等的(具体支持的搜索工具见"https://keywordseverywhere.com/") SERP 中直接显示关键词的搜索量、CPC 和竞争程度,并且在搜索结果页面右侧显示其他的相关搜索关键词数据,如图 10-81 所示。

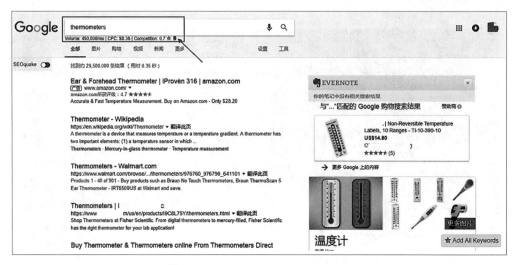

图 10-81　Keywords Everywhere(一)

然后,在 Answer the Public 中查找关键词时可以直观看到每个关键词的搜索情况,如图 10-82 所示。

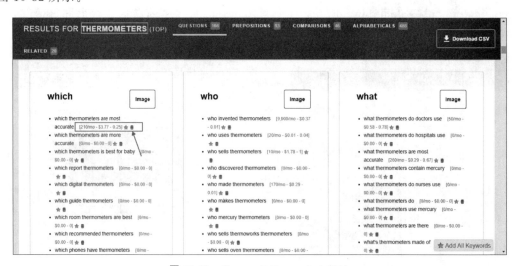

图 10-82　Keywords Everywhere(二)

同样,Keywords Everywhere 也可以分析某个具体页面的关键词,并形成表格数据,支持导出,如图 10-83 所示。

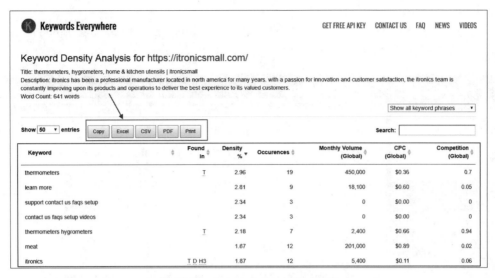

图 10-83　Keywords Everywhere（三）

不过，该插件显示的搜索量偏高，仅作纵向对比是有一定参考价值的。

10. FatRank

下载地址为"https：//chrome.google.com/webstore/detail/fatrank-keyword-rank-chec/jcnfkjjanbdfabigknbedgkfjkljhbdn"。

FatRank 可快速查询网站某个关键词在不同地区的谷歌搜索排名，做简单查询的时候比较方便，不用打开谷歌搜索界面，如图 10-84 所示。

图 10-84　FatRank

11. SEOStack Keyword Tool

下载地址为"https：//chrome.google.com/webstore/detail/seostack-keyword-tool/

labjajhkfjfncpiddbgdimcaldgeognn"。

拓词工具：搜索及推荐主词和长尾关键词，搜刮 Google、YouTube、Bing、Amazon、eBay 等平台的关键词数据，并导出结果，如图 10-85 所示。

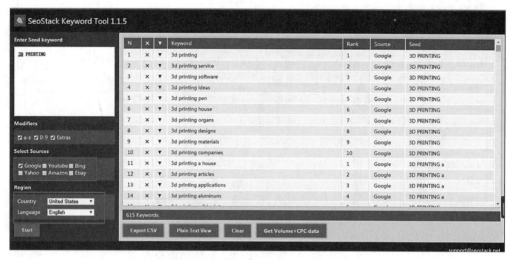

图 10-85　SEOStack Keyword Tool

12．MozBar

下载地址为"https://chrome.google.com/webstore/detail/mozbar/eakacpaijcpapndcfffdgphdiccmpknp"。

MozBar 启用后，会直接在页面上方显示该页面的 PA 和 DA；还可以检查页面中的 TDK、Canonical 标签等基本数据。可以在页面中高亮显示 followed、nofollowed、外链和内链，也可以输入查找关键词，如图 10-86 所示。

图 10-86　MozBar

13. Open SEO Stats

下载地址为"https://chrome.google.com/webstore/detail/open-seo-statsformerly-pa/hbdkkfheckcdppiaiabobmennhijkknn"。该工具用于显示当前页面的一系列搜索引擎优化统计数据，包括 TDK、Whois、全球流量排名、外链、索引页面数量、网页加载时间等，如图 10-87 所示。

图 10-87　Open SEO Stats

14. The Tech SEO - Quick Click Website Audit

下载地址为"https://chrome.google.com/webstore/detail/the-tech-seo-quick-click/ibclohpehkoagiennackaiplhhkolfnm"。该工具整合了平常搜索引擎优化需要用到的工具页面链接，且页面简洁直观，不需要手动复制网站域名，可提高搜索引擎优化工作效率，如图 10-88 所示。

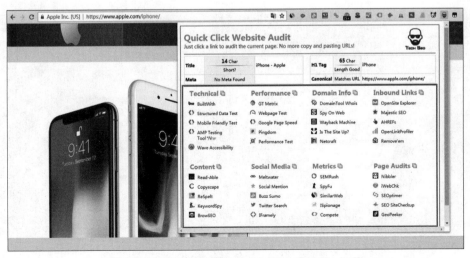

图 10-88　The Tech SEO-Quick Click Website Audit

15. SimilarWeb

下载地址为"https://chrome.google.com/webstore/detail/similarweb-traffic-rank-w/hoklmmgfnpapgjgcpechhaamimifchmp"。SimilarWeb 展示了网站排名、访客、流量来源、关键词等信息，是一款很强大的竞争分析工具。深入了解竞品详细数据，需要付费才能查看，如图 10-89 所示。

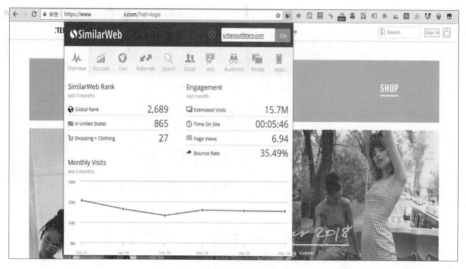

图 10-89　SimilarWeb

16. Meta SEO Inspector

下载地址为"https://chrome.google.com/webstore/detail/meta-seo-inspector/ibkclpciafdglkjkcibmohobjkcfkaef"。Meta SEO Inspector 可以提取页面中的 meta 数据，并对不符合开发规范的内容进行提醒。不点开图标时在图标上会显示发现错误的个数，如图 10-90 所示。

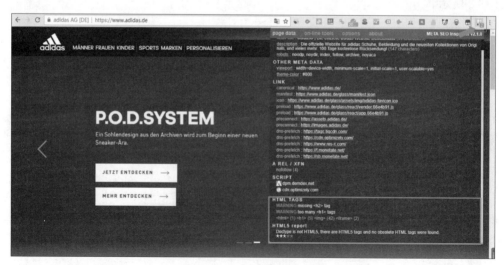

图 10-90　Meta SEO Inspector

同样，也有快速链接到其他重要的工具网站的入口，如社交媒体工具网站、搜索引擎优化数据服务站点等，如图 10-91 所示。

图 10-91　META SEO INSPECTOR

17. SEO Meta in 1 Click

下载地址为"https://chrome.google.com/webstore/detail/seo-meta-in-1-click/bjogjfinolnhfhkbipphpdlldadpnmhc"。

SEO Meta in 1 Click 也是一个查看网站 SEO 数据的工具，页面 TDK、alt、Heading 等相关代码问题会在窗口标注，可以直接查看。这个插件也包含了一些常用工具快捷键，单击该插件在浏览器工具栏中的按钮即可查看当前页面分析结果，如图 10-92 所示。

图 10-92　SEO Meta in 1 Click

18. LinkClump

下载地址为"https://chrome.google.com/webstore/detail/linkclump/lfpjkncoklln-fokkgpkobnkbkmelfefj"。可以用这个工具批量打开多个页面，使用方法：打开插件，按 z 键（可以在设置中更改），然后用鼠标左键拖曳要打开的链接区域，选择完成后放开鼠标左键即可在新窗口中打开所选的所有页面，如图 10-93 所示。

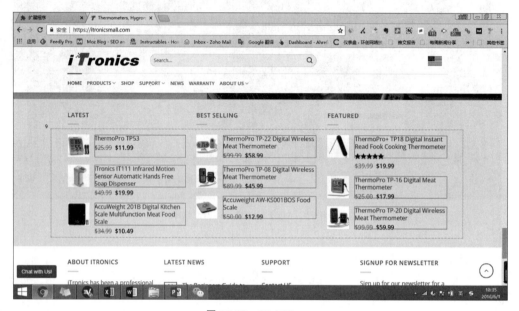

图 10-93　LinkClump

也可以用这个工具批量复制链接。打开 LinkClump 的设置选项，在 Action 中选择 Edit 编辑设定，勾选 Copied to Clipboard，就可以复制框选的所有链接及其 Title，如图 10-94 所示。

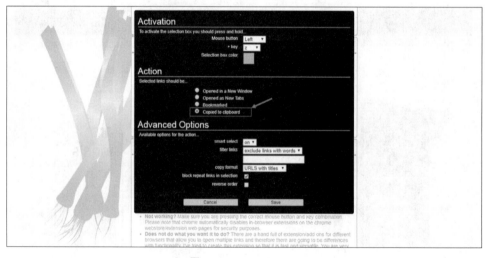

图 10-94　LinkClump

19. BuzzSumo

下载地址为"https://chrome.google.com/webstore/detail/buzzsumo/gedpbnanjmbl-cmlfhgfficjnglidndfo"。使用 BuzzSumo 插件可以直接查看当前页面的不同社交媒体分享量。BuzzSumo 是一个查看文章热度的简单工具,也是一个内容研究工具,它可以通过关键词检索得到分享量最高的文章,方便从其主题中寻找灵感,如图 10-95 所示。

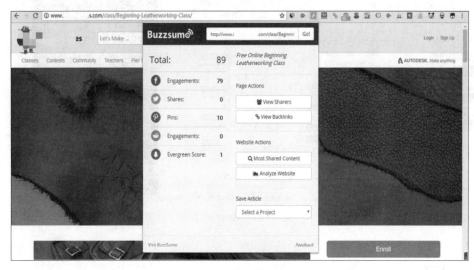

图 10-95　BuzzSumo

20. Hunter

下载地址为"https://chrome.google.com/webstore/detail/hunter/hgmhmanijnj-haffoampdlllchpolkdnj"。Hunter 是一个查找网站相关人员联系方式的插件,停留在网站上,点击插件图标即可获得网站相关联系人的邮箱,有时也可以找到 Twitter 等社交媒体信息,如图 10-96 所示。

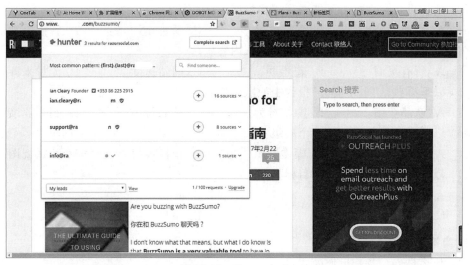

图 10-96　Hunter(一)

CHAPTER 10

点击加号可以存储该联系人的信息,点击邮箱旁边的 sources 可以看到 Hunter 寻找联系人的信息来源,如图 10-97 所示。

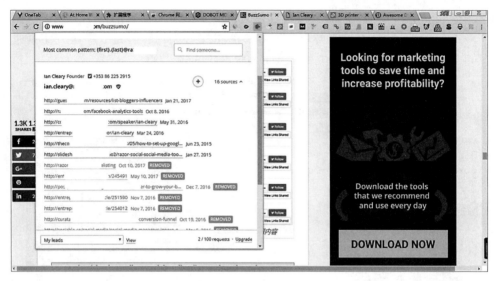

图 10-97　Hunter(二)

练习题

1. 选择题(不定项)

(1) 以下哪些是 GA 常用的关键指标?(　　)
　　A. 会话数　　　　B. 用户数　　　　C. 跳出率　　　　D. 网页浏览量
(2) 地理位置报告能够看到以下哪些维度下的指标?(　　)
　　A. 国家　　　　　B. 省份　　　　　C. 村庄　　　　　D. 城市
(3) 默认设备类别报告下能看到哪些维度下的指标?(　　)
　　A. 桌面电脑　　　B. 平板电脑　　　C. 手机　　　　　D. 智能电视
(4) 以下哪项不是"行为"报告中的默认内容?(　　)
　　A. 所有页面　　　B. 着陆页　　　　C. 网站速度　　　D. 流量来源
(5) 以下哪些是"电子商务"报告中的默认内容?(　　)
　　A. 产品业绩　　　B. 购物行为　　　C. 结账行为　　　D. 销售业绩
(6) 以下哪项不是 GA 的 3 个层级?(　　)
　　A. 账号　　　　　B. 媒体资源　　　C. 指标项目　　　D. 数据视图
(7) 以下哪些是默认的 GA 目标类型?(　　)
　　A. 目标网址　　　　　　　　　　　B. 时长
　　C. 每次会话浏览页数　　　　　　　D. 事件

2. 简答题

(1) 什么是 GA 及其运作模式?

(2) 简述维度与指标的定义。

(3) 举例解释跳出率和推出率的区别。

(4) 小明的网站只针对美国地区,为了在 GA 中只看到美国地区的数据,小明需要进行哪些设置?简述操作步骤。

(5) 什么是 GTM 及其优势?

(6) 简述如何利用 GTM 建立一个 GA 数据视图。

(7) 列举 5 个 SEO 工具并简述其功能。

(8) 列举 5 个 SEO 插件,并简述其功能。

答案

1. 选择题(不定项)

(1) ABCD　(2) ABD　(3) ABC　(4) ABC　(5) ABCD　(6) ABD　(7) ABCD

2. 简答题

(1) 参见 10.1.1 节中相应内容。

(2) 参见 10.1.1 节中"2. GA 的常用报告功能"中"(1)维度与指标"中相应内容。

(3) 参见 10.1.1 节中"2. GA 的常用报告功能"中"(2)关键指标"中相应内容。

(4) 参见 10.1.2 节中相应内容。

(5) 参见 10.2.1 节中相应内容。

(6) 参见 10.2.2 节中相应内容。

(7) 参见 10.3.1 节中相应内容。

(8) 参见 10.3.2 节中相应内容。

图书资源支持

感谢您一直以来对清华版图书的支持和爱护。为了配合本书的使用,本书提供配套的资源,有需求的读者请扫描下方的"书圈"微信公众号二维码,在图书专区下载,也可以拨打电话或发送电子邮件咨询。

如果您在使用本书的过程中遇到了什么问题,或者有相关图书出版计划,也请您发邮件告诉我们,以便我们更好地为您服务。

我们的联系方式:

地　　址:北京市海淀区双清路学研大厦 A 座 714

邮　　编:100084

电　　话:010-83470236　010-83470237

客服邮箱:2301891038@qq.com

QQ:2301891038(请写明您的单位和姓名)

资源下载:关注公众号"书圈"下载配套资源。

书圈

获取最新书目

观看课程直播